D1918037

Rainer Hahn / Andreas Lambrou

Investieren in Asien

TradersJournal

Das 14-tägige Magazin für den Trader

› **Hochwertig**
› **Aktuell**
› **Informativ**

Jetzt **KOSTENLOS** abonnieren unter:

www.traders-journal.de

Der FinanzBuch Verlag präsentiert zusammen mit dem TradersJournal die neue

Trading
Seminar Reihe

Ständig neue Seminare zu allen Themen rund ums Trading,
gehalten von den besten internationalen und nationale Experten und Profitradern,
finden Sie unter:

www.finanzbuchverlag.de /seminare

Trading, Trading-Strategien, Candlesticks, Technische Analyse,
Moneymanagement, Handelssysteme und Psychologie –
hier heißt es: Von den Besten lernen!

Rainer Hahn
Andreas Lambrou

Investieren in Asien

Der große Leitfaden für Investitionen in Fernost

FinanzBuch Verlag

Bibliografische Information der Deutschen Bibliothek:
Die Deutsche Bibliothek verzeichnet diese Publikation in der
Deutschen Nationalbibliografie; detaillierte bibliografische Daten
sind im Internet über **http://dnb.ddb.de** abrufbar.

Gesamtbearbeitung: Druckerei Joh. Walch
Umschlaggestaltung: Stephanie Villiger
Lektorat: Dr. Renate Oettinger
Druck: Druckerei Joh. Walch, Augsburg

unveränderter Nachdruck 2006
© 2005 FinanzBuch Verlag GmbH
Frundsbergstraße 23
80634 München
Tel. 089 651285-0
Fax 089 652096
info@finanzbuchverlag.de

Alle Rechte vorbehalten, einschließlich derjenigen des auszugsweisen Abdrucks
sowie der photomechanischen und elektronischen Wiedergabe.
Dieses Buch will keine spezifischen Anlage-Empfehlungen geben und enthält lediglich
allgemeine Hinweise.
Autor, Herausgeber und die zitierten Quellen haften nicht für etwaige Verluste,
die aufgrund der Umsetzung ihrer Gedanken und Ideen entstehen.

Den Autor erreichen Sie unter:
hahn@finanzbuchverlag.de

ISBN 3-89879-099-1

Weitere Infos zum Thema

www.finanzbuchverlag.de
Gerne übersenden wir Ihnen unser aktuelles Verlagsprogramm

Inhaltsverzeichnis

Vorwort

»Die US-Wirtschaft befindet sich auf Wachstumskurs«. Das hört man jeden Tag in verschiedenen Medien und kann es in zahlreichen Publikationen nachlesen. Dabei wird allzu gerne übersehen, dass dieses Wachstum vor allem aus höherem Staatsdefizit, wachsender Verschuldung und sicherlich auch einigen statistischen Gimmicks, Zaubereien beziehungsweise Täuschungen, wenn nicht gar Betrügereien, generiert wird.

Das neue Millennium hat deutlich gemacht, dass wir höchstwahrscheinlich an bedeutenden Wendepunkten stehen. Die Kapitalmärkte sind in erster Instanz davon betroffen, aber wir haben keinerlei Zweifel daran, dass wir parallel hierzu gesellschaftliche und geopolitische Änderungen erfahren werden. Vor allem ein Wohlstandstransfer nach Asien wird den Beginn des neuen Jahrtausends prägen. Die Jahre des Tigers und des Drachens haben nach zwischenzeitlichen Ermüdungserscheinungen im Zuge der Asien-Krise begonnen. Diese Krise hat die Basis für ein gesundes und nachhaltiges Wachstum in Asien geschaffen und war für die Entwicklung trotz aller negativen Aspekte wichtig.

Gleichzeitig schlägt sich die japanische Volkswirtschaft mit Problemen herum, die sich nicht mehr mit herkömmlichen volkswirtschaftlichen Lösungsmodellen wie Nachfragebelebung durch niedrige Zinsen und höhere Staatsausgaben lösen lassen. Dabei ist es sehr wichtig zu erkennen, dass in diesem Falle nicht die Marktkräfte versagt haben, sondern die Politik der Zentralbanken.

Unser heutiges Zentralbanksystem wurde von zwei bedeutenden Ökonomen geprägt: John Meynard Keynes und Milton Friedmann. Beide haben in ihrer Zeit sicherlich einen wichtigen Beitrag zum Verständnis der wirtschaftlichen Zusammenhänge geliefert. Allerdings möchten wir einige Entwicklungen aufgreifen und in Frage stellen. Während die Zeit nach der großen

Weltwirtschaftskrise (1929–1940) von Keynes (»Keynesianismus«) geprägt wurde, hat Anfang der achtziger Jahre der Monetarismus Einzug gehalten. Beide Theorien haben möglicherweise mit dazu beigetragen, dass die damaligen Stagnationsphasen überwunden wurden und eine neue Wachstumsphase begann. Es ist hinreichend bekannt, dass sich Keynes und Friedmann in ihren Theorien nicht sehr nahe standen. Trotzdem kann man wohl sagen, dass beide in unserem Staatssystem implementiert worden sind. Während Keynes die kurzfristige Lösung der akuten Probleme in einer Ausweitung der Staatsausgaben sieht, plädiert Friedmann für die kontrollierte Ausweitung der Geldmenge seitens der Zentralbanken, die Liquiditätskrisen vermeiden soll. Heute versuchen die westlichen Industriestaaten, ihren oft überdimensionierten Apparat durch den Keynesianismus zu rechtfertigen, und die westlichen Zentralbanken stellen seit Anfang der siebziger Jahre in einer Weise Gelder zur Verfügung, die nicht als antizyklisch, sondern als prozyklisch beschrieben werden muss. Eine richtige Zinspolitik hätte Mitte der neunziger Jahre dazu führen können, dass die Sparquote der US-Verbraucher nicht zu massiv einbricht. Stattdessen wurde durch eine Politik des »billigen Geldes« der Konsum kurzfristig angekurbelt. Die höheren Gewinne wurden nicht dazu genutzt, die Verschuldung abzubauen. Vielmehr fingen die Unternehmen an, ihre Renditen zu erhöhen, indem sie billiges Geld aufnahmen und gleichzeitig das Eigenkapital auf ein Minimum reduzierten. Daher haben es die meisten Unternehmen in den Boom-Jahren der Neunziger versäumt, ihre Eigenkapitalbasis zu stärken. Real wurden trotz der hohen Emissionstätigkeit an den Kapitalmärkten unter dem Strich mehr Aktien zurückgekauft als ausgegeben.

Dennoch lautet das Resümee der meisten Medien heute immer noch, dass wir es in Europa und den USA mit der Ausbildung eines langfristigen Tiefs an den Aktienmärkten zu tun haben, und Anlageberater versprechen uns zweistellige Renditen mit ihren Fondskonzepten. Schaut man sich einige Daten, insbesondere die Zinsentwicklung, an, so kann man sehr leicht der Verführung unterliegen und erwarten, der nächste Aufschwung stehe unmittelbar bevor. Doch die Zinsen zeigen unseres Erachtens nur einen Teil des Prozesses für künftige Investitionsentscheidungen auf. Viel wichtiger ist die Erwartungshaltung in Bezug auf das künftige Absatzpotenzial und die Entwicklung der Gewinnmargen. Schlussendlich wird die »Strapazierfähigkeit« der Unternehmensbilanzen darüber entscheiden, ob neue Kredite aufgenommen werden können. Betrachtet man die Verteilung des Geldes der neu aufgenommenen Kredite, so wird schnell klar, dass diese nicht in neue Investitionen fließen, sondern in den Konsum.

Der US-Verbraucher steht noch wie ein Fels in der Brandung. Doch anhand historischer Betrachtungen lässt sich mit Sicherheit sagen, dass diese Phase nicht ewig andauern kann und sich bereits deutliche Anzeichen einer beginnenden Abschwächung bemerkbar machen.

Dr. Marc Faber, dessen wirtschaftliches Zyklusmodell wir ebenfalls im Rahmen dieses Buches vorstellen, hat die Auslöser verschiedener »Blasen« verglichen und drei Kriterien gefunden, die in allen Investitionsblasen wiederzufinden sind. Auf die USA angewandt, äußern sich diese folgendermaßen:

- Das Geldmengenwachstum und die Kreditaufnahmen übersteigen das Wachstum des Bruttoinlandsprodukts (BIP) und der Sparrate.

- Für einen Dollar an BIP-Wachstum steigt die Verschuldung in den USA mit etwa fünf bis sieben US-Dollar jährlich an. Die Sparrate ist quasi nicht vorhanden und gleicht damit noch nicht einmal das jährliche Staatsdefizit aus.

- Inflation wird eher in steigenden Vermögenswerten als in steigenden Konsumentenpreisen festgestellt.

Seit Ende der neunziger Jahre haben sich die Immobilienpreise in den USA fast verdoppelt, und der Aktienmarkt verbuchte in der zweiten Hälfte der Neunziger erhebliche Gewinne. Eine Inflation war auf der Güterebene kaum erkennbar, und der Konsum wurde hauptsächlich durch die gestiegenen Nettovermögen der Haushalte angeheizt, wohingegen das Reallohnniveau seit mehr als 20 Jahren konstant blieb.

Immer schneller wachsende Vermögenswerte führen zu Überschuldung, Überinvestitionen und übermäßigem, unhaltbarem Konsum. Die Gesamtverschuldung hat in den USA mittlerweile rund 300 Prozent des BIP erreicht. Damit stieg auch die Kapitalisierung der Wertpapiermärkte: Heute machen die USA rund 50 Prozent der weltweiten Aktienmarktkapitalisierung aus – ein Niveau, das zuletzt nur Japan im Jahre 1989 erreicht hatte. Der Index der

»künstlichen Nachfrage« – das Verhältnis von Verbraucherkrediten plus Staatsdefizit auf der einen Seite und dem BIP auf der anderen Seite – hat mit knapp 26 Prozent einen historischen Höchststand erreicht. Zum Vergleich: 1929, vor der großen Wirtschaftskrise, lag dieser Index ebenfalls auf einem Hochpunkt von damals rund sieben Prozent.

Vergleicht man die US-Schuldensituation mit der jüngsten Geschichte, so fallen vor allem zwei Parallelen auf: die deutsche Hyperinflation von 1918 bis 1923 und die Deflationskrise von 1929 bis 1931. Während man in Deutschland nach dem Ersten Weltkrieg versuchte, seine Probleme mittels der Notenpresse zu lösen, was zu dem bekannten und viel diskutierten Verfall der Währung führte, ist über die Situation in Deutschland nach 1925 nur wenig bekannt, und dies wurde durch die politischen Ereignisse überschattet, die eine nüchterne Analyse der damaligen Finanzpolitik erschweren. Deutschland verzeichnete zwischen 1925 und 1929 ein starkes, hauptsächlich kreditfinanziertes Wirtschaftswachstum. Der Optimismus kannte keine Grenzen, und obwohl Deutschland immer noch unter den Folgen des Ersten Weltkrieges und der dadurch ausgelösten Hyperinflation litt, war der deutsche Finanzsektor so zuversichtlich wie nie zuvor. Die Industrieproduktion stieg in dieser Zeit um 120 Prozent, und Deutschland besaß ein nicht unerhebliches Leistungsbilanzdefizit. Dieses zu finanzierende Defizit lag zu der Zeit bei rund fünf Prozent jährlich. Laut Steven Roach, Chefökonom beim Investmenthaus Morgan Stanley, wird die Leistungsbilanz eines Landes zu einem großen Problem, sobald die Fünf-Prozent-Marke übersprungen wird. Dies ist in den USA aktuell der Fall. Das Problem ist umso größer, wenn die Finanzierung durch externe Kredite möglich gemacht wurde. Mittlerweile halten ausländische Investoren mehr als 50 Prozent aller US-Staatsanleihen.

Jeden Tag müssen also zwei bis drei Milliarden US-Dollar in die USA fließen, um die Inlandswährung stabil zu halten und den Glauben an eine starke US-Wirtschaft zu stärken. Auch die deutsche Sparquote reichte in den zwanziger Jahren nicht aus, um das Defizit zu decken, und so begab Deutschland auf Reichsmark notierende Anleihen. Diese Anleihen wurden hauptsächlich von ausländischen Investoren und hier vor allem von der damals größten Kreditgebernation, den USA, gekauft. Die noch junge Weimarer Republik war die ganze Zeit über auf ausländisches Kapital angewiesen. Deutschland finanzierte etwa die Hälfte seines öffentlichen Kreditbedarfs über ausländische Kreditgeber. Als es dann Probleme mit der Rückzahlung dieser Kredite gab und die USA aufgrund eigener Finanzierungsschwierigkeiten Anfang 1929 keine Anleihen mehr kaufen konnten, fiel das Kartenhaus zusammen, und Deutschland stürzte in eine tiefe Bankenkrise, noch bevor der Dow Jones im September 1929 sein damaliges Allzeithoch markierte.

Die Geschichte wird sich zwar nicht eins zu eins wiederholen. Doch als Investor sollte man auf jeden Fall eine Vorstellung davon haben, was passieren könnte, wenn die Finanzierungsfähigkeit eines Landes aufgrund externer Ereignisse zusammenbricht und die Finanziers ihre Gelder abziehen. Im Falle der USA sitzen die Hauptgläubiger in Asien. Sollten sich Japan und China, deren US-Dollar-Reserven mittlerweile bei über einer Billion Dollar liegen, entschließen, kein frisches Geld mehr zur Verfügung zu stellen, würde die US-Konsumblase platzen, und eine internationale Währungs- und Wirtschaftskrise wäre die Folge.

Die Politik der Vereinigten Staaten von Amerika unterscheidet sich also kaum von den Verhältnissen in der Weimarer Republik. Da Alan Greenspan immer noch behauptet, dass man eine Blase erst erkennen kann, wenn sie geplatzt ist, sollte man ihm vielleicht einmal ein Buch in die Hand geben, in dem ihm die Zusammenhänge seiner unverantwortlichen Geldpolitik vor Augen geführt werden. Der einzige Grund, weshalb die USA heute immer noch relativ unbesorgt durchs Leben gehen, dürfte wohl darin liegen, dass die asiatischen Länder eine immense Angst vor einer Währungsaufwertung haben, die ihre Produkte verteuern könnte. Solange die US-amerikanischen Verbraucher in geradezu selbstzerstörerischer Weise Produkte kaufen, die entweder ganz oder teilweise in Asien produziert werden, scheint der Hochpunkt noch nicht erreicht zu sein. Allerdings würden eine Verschiebung der Kaufkraft in den asiatischen Raum und eine US-Konsumschwäche – ausgelöst beispielsweise durch stark steigende Zinsen oder durch ein Platzen der Immobilienblase – das Kräfteverhältnis erheblich von West nach Ost verschieben.

Investoren sollten sich deshalb der künftigen Macht Asiens mit seinen über drei Milliarden Einwohnern bewusst sein und ihr Anlageverhalten dementsprechend anpassen. Das bedeutet: Statt Aktien in den USA zu kaufen, ist es besser, sich stärker nach Asien zu orientieren und einen großen Teil seines Vermögens in den aufstrebenden Volkswirtschaften im Fernen Osten zu investieren.

1 Einleitung

Investieren in Asien wird meist als hoch spekulativ bezeichnet. Lässt man sich als Otto Normalanleger in der Bank beraten oder entscheidet sich sogar für ein Wertpapier aus der südostasiatischen Region, so wird ohne zu zögern erst einmal die Risikoeinstufung des Depots überprüft. »Hochspekulative Käufe dürfen Sie nicht tätigen«, lautet häufig die Antwort der so genannten Experten hinter den Verkaufsschreibtischen der Filialen. Doch man sollte sich zunächst einmal Gedanken darüber machen, warum südostasiatische Wertpapiere als meist riskant eingestuft werden. Der Hintergrund ist nicht, dass in diesen Volkswirtschaften der Staatskonkurs droht. Vielmehr ist diese Einstufung häufig noch auf die Zeiten zurückzuführen, in der die Informationstechnologie nicht ausgebaut war und kaum Informationen über diese Märkte vorhanden waren. Mittlerweile jedoch stehen uns Technologien zur Verfügung, die uns einen regelmäßigen Informationsfluss aus diesen Volkwirtschaften, Branchen und Unternehmen liefern. Wenn man also solche Argumente benutzt wie die Verkäufer der Banken, so dürfte diese Klassifizierung von konservativen und riskanten, also spekulativen Investments längst überholt sein.

Doch nach wie vor sind Informationen über die südpazifischen Märkte in Deutschland rar. Es gibt nur eine Hand voll Informationsquellen, die eine annähernd gute Analyse zulassen und einen kontinuierlichen Informationsfluss bereitstellen. Deshalb sind die Beweggründe der Risikoeinstufung grundsätzlich richtig. Man kauft etwas, das man zuvor nicht gesehen, erlebt oder gefühlt hat. Wie will man also etwas erwerben, das man nicht kennt? Bei Anlagen in deutschen Wertpapieren fällt uns eine Investitionsentscheidung deutlich einfacher. Wir können die Produkte sehen, erleben täglich die Kaufbereitschaft der Konsumenten, können die Nachfrage im Inland einschätzen und erreichen viel schneller analysierbare Informationen über die jeweiligen Investitionsmöglichkeiten. Sicherlich wird für die meisten Investoren eine Marktanalyse südostasiatischer Volkswirtschafen im Sinne des täglichen

Beobachtens vor Ort nicht möglich sein. Aber wenn man die wesentlichen Strukturen, Hintergründe und aktuellen Ereignisse dieser Länder kennt und verstanden hat, kann ein Großteil der vorhandenen Risikofaktoren ausgeschlossen werden. So sollte jeder Asien-Investor über die Grundzüge der einzelnen Volkswirtschaften Bescheid wissen, um Fehlentscheidungen zu verhindern. Wir möchten an dieser Stelle nur ein paar Beispiele nennen, die im Detail in den folgenden Kapiteln ausführlich behandelt werden:

Beispielsweise müsste jedem Asien-orientierten Investor klar sein, dass Malaysia und Indonesien islamisch geprägte Länder sind und somit Investitionen in Bierbrauereien – die es selbstverständlich nicht gibt – sinnlos wären. Stattdessen verfügen diese Länder über ein hohes Volumen von Rohstoffen, die von einem Nachfrageanstieg in einem Umfeld aufstrebender Volkswirtschaften profitieren werden. Auch sollte klar sein, dass Japan ein geradezu innovationssüchtiges Land ist und aus diesem Grund Mobilfunkstandards wie I-Mode (UMTS-ähnliche Geschwindigkeit) viel schneller zum Erfolg wurden, als dies in Europa der Fall zu sein scheint. Man sollte sich auch über die hohe Staatsverschuldung und Deflation in der japanischen Volkswirtschaft und die daraus resultierenden Probleme im Klaren sein. Ein weiteres Beispiel ist, zu wissen, dass sich innerhalb Chinas verschiedene Entwicklungszonen ergeben haben. Die meisten China-Investoren kennen Berichte über Shanghai, Peking oder Guangzhou – also die wirtschaftlich boomenden Regionen Südostchinas –, sind aber über die aktuell verheerend schlechten Zustände im Westen Chinas keineswegs informiert. In den Kapiteln 4, 5 und 6 erklären wir diese Zusammenhänge ausführlich. Oder denken wir an Südkorea: Natürlich erinnern wir uns immer zunächst an Markenprodukte ausländischer Unternehmen, die man auch in Deutschland erwerben kann. Samsung ist solch eine Marke, die in Deutschland bekannt ist. Konsumieren Südkoreaner lieber japanische Produkte, oder sind sie eher national orientiert?, lautet eine der Kernfragen. All diese wesentlichen Faktoren muss man als Investor kennen, um langfristig die richtigen Entscheidungen treffen zu können.

In welchem Land auch immer man aufgewachsen ist, man hat die Mentalitäten und volkswirtschaftlichen Zusammenhänge mitbekommen, die für jeden Einzelnen selbstverständlich sind. Ebenso selbstverständlich ist es aber auch, dass die Lebensweise und volkswirtschaftlichen Korrelationen anderer Nationen nicht mit den einheimischen übereinstimmen können. In Deutschland schauen Konsumenten verstärkt auf suggerierte Qualität. Ein gutes Beispiel dafür ist die Automarke Toyota: Obwohl Toyota in der Pannenstatistik zu den besten Fahrzeugen zählt, werden einheimische Marken in Deutschland wie Mercedes oder BMW immer noch suggestiv als qualitativ hochwertiger empfunden. Doch über die Konsumneigung ferner Mentalitäten wissen die wenigsten Anleger Bescheid. Ein Anleger jedoch, der diese Mentalitäten und Neigungen sowie die historischen Hintergründe kennt und versteht, kann die potentielle Nachfrage der jeweiligen Binnenmärkte besser abschätzen. Außerdem muss man die einzelnen Handelsbeziehungen der Länder kennen, die Aufschluss über die Exportfähigkeit einzelner Branchen und Unternehmen geben. Wir müssen auch erfahren, wenn Schutzzölle (beispielsweise verordneten die USA Schutzzölle für Textilien aus China) auferlegt wurden oder Freihandelsabkommen geschlossen wurden (Japan und Südkorea sind in Planung). Nur so kann man als Investor zielgerichtet agieren und reagieren, und nur so kann man die langfristig richtigen Entscheidungen treffen.

Auch in unserem heimischen Umfeld gibt es zahlreiche Beweise für die weit reichenden Handelsbeziehungen mit Asien. Wir konsumieren bereits seit vielen Jahren japanische Elektronikgeräte von Sony, Panasonic oder Toshiba; fahren Autos von japanischen Herstellern wie Toyota, Honda oder Nissan; telefonieren mit Mobilfunkgeräten von NEC oder Sharp. Jedoch wissen wir nicht, wie die Verkaufsregale fernöstlicher Märkte aussehen. Diese essentiell wichtigen Bestandteile einer erfolgreichen Investition müssen wir uns über andere Kanäle beschaffen. Beispielsweise können wir die Jahresberichte einzelner Unternehmen/Branchen durchforsten und die Entwicklung verkaufter Produkte in den jeweiligen Märkten analysieren. Wir haben auch die Möglichkeit, in unserer Umgebung die Nachfrage nach diversen Produkten zu beobachten. So war eine Investition in Samsung Electronics ziemlich sicher, als man um die Jahrtausendwende plötzlich verstärkt Samsung-Mobilfunkgeräte in den Schaufenstern deutscher Mobilfunkhändler sah. Indirekt konsumieren wir auch einheimische Produkte, die aber in Asien entwickelt und produziert werden: Computerchips oder Mobilfunkgeräte von Herstellern wie Infineon oder Motorola werden als deutsche oder US-amerikanische Produkte vertrieben. Doch bei genauerem Hinsehen erkennt man, dass diese Produkte auf OEM/ODM-Basis (Original Equipment Manufacturing / Original Design Manufacturing) von Nanya Technologies (Taiwan), SMIC (Semiconductor Manufacturing Industries Corporation in

China) oder BenQ (Taiwan) hergestellt wurden. Somit können selbst wir im entfernten Europa die Nachfrage nach asiatischen Produkten täglich beobachten und dadurch eine Einschätzung der Unternehmensentwicklung wagen. Einzig und allein die Informationen über die globalen Unternehmensstrukturen ermöglichen es, die »nahen« Investitionsmöglichkeiten zu erkennen.

Man könnte sich nun fragen, ob Investitionen in Ländern, deren Verhältnisse einem kaum geläufig sind und die sich somit risikosteigernd auswirken, überhaupt sinnvoll sind und sich die Beschäftigung mit den Länderstrukturen überhaupt langfristig lohnt. Aber die Antwort liegt auf der Hand: In den vergangenen zehn Jahren hat sich auf der globalen Investmentlandschaft einiges verändert, das künftig für weiteren Zündstoff sorgen wird. Die Rede ist vom Wandel kommunistischer Volkswirtschaften wie China, Indien oder Vietnam zum freien Kapitalismus. Insgesamt wurden durch die Marktöffnung der genannten Länder knapp drei Milliarden neue potenzielle Konsumenten in die Weltwirtschaft eingebunden – eine Größe, die in Zukunft einiges verändern wird. Wir erleben zurzeit den Beginn einer grundlegenden Neuordnung der Weltwirtschaftsmächte, die von kommunistisch geprägten, unterentwickelten Volkswirtschaften ausgeht. Diese drei Milliarden Einwohner werden Schritt für Schritt Produkte nachfragen, die sie früher nicht kaufen konnten. Uns erwartet eine Nachfragesteigerung, welche die wirtschaftliche Entwicklung Amerikas im 18. und 19. Jahrhundert sogar übertreffen wird. Sicherlich könnte man nun davon ausgehen, dass dadurch insbesondere die bereits entwickelten Industrienationen westlicher Volkswirtschaften von diesem Zuwachs an potenziellen Konsumenten profitieren werden. Doch bevor diese große Menge einen Nachfrage-Pool für die westlichen Unternehmen bildet, muss zunächst einmal Kaufkraft entstehen. Aufgrund der vergleichsweise niedrigen Einkommen sind Arbeitskräfte in den Regionen der Emerging Markets sehr günstig. Dies bewegt bereits seit mehreren Jahren westliche Unternehmen entwickelter Volkswirtschaften an den Standorten neuer kapitalistischer Länder dazu, in diese Ländern zu investieren und die niedrigen Arbeitskosten auszunutzen. Genau an diesem Punkt entsteht zunehmend Kaufkraft in den Emerging Markets. Durch zusätzliches Kapital ausländischer Investoren entstehen inländische Unternehmen und Konzerne, die sich des Know-hows bedienen können, das zuvor westliche Unternehmen ins Land gebracht haben. Auch innerhalb der Emerging Markets entwickelt sich aufgrund der neuen Auslagerungswelle westlicher Unternehmen ein steigendes Know-how. Betrachten wir China und Indien genauer, so stellen wir fest, dass durch die Produktionsauslagerung westlicher Hightech-Konzerne mittlerweile Unternehmen entstanden sind, die westliche Hersteller preislich unterbieten können, und das bei vergleichbar hoher Qualität

Nachdem die Emerging Markets lange Zeit lediglich als reine Auslagerungsmöglichkeiten des Produktionsstandortes galten, werden nun insbesondere im OEM/ODM-Bereich zunehmend R&D-Investitionen (Forschung und Entwicklung) getätigt. Dies bedeutet, dass die komplette Wertschöpfungskette verstärkt in die unterentwickelten Volkswirtschaften fließt. Der Absatz dieser Produkte ist nicht nur im Inland stark, sondern stößt zunehmend auf Interesse im Ausland. Vor allem in wirtschaftlichen Krisenzeiten mit steigenden Arbeitslosenzahlen in Industrienationen ist die Tendenz zum Konsum von Billigprodukten sichtbar. Die dadurch ausgelösten Exportsteigerungen helfen wiederum den heranwachsenden Volkswirtschaften. So sind die Exporte Chinas und Indiens in den vergangenen Jahren mit hohen Prozentraten gestiegen. Die Handelsbilanz wird zusehend positiver, während die Waage – insbesondere in den USA – aus dem Gleichgewicht gerät und die Handelsdefizite in erschreckendem Maße zunehmen. Unübersehbar ist also die erwartete Entwicklung von Wirtschaftswachstum und Nachfrageanstieg der asiatischen Schwellenländer. Dies wird durch zusätzliches Kapital ausländischer Direktinvestitionen unterstützt.

Bislang scheint die erwartete Entwicklung in Asien, die hauptsächlich durch die Öffnung Chinas angeheizt wird, sehr positiv zu sein: Hier wird eine Macht entstehen, wie wir es historisch bereits bei anderen Volkswirtschaften – Japan in den Achtzigern, die Emerging Markets zu Beginn der Neunziger und die USA im Jahre 1999 und 2000 – erlebt haben. Die Euphorie eines nie endenden Wirtschaftswachstums zieht ausländische Direktinvestitionen an, da jeder Investor bei dem lang anhaltenden Boom dabei sein will. Doch wie immer bei euphorischen Ereignissen werden auch hier die Gefahren vollständig verdrängt . Eine hohe Investitionsflut, zusätzlich angetrieben von wenig verantwortungsvollen Zentralbanken in Form der Bereitstellung weiterer Liquidität, bringt eine Vielzahl von schwer wiegenden Problemen mit sich, die wir ausführlich im Laufe des Buches erläutern. Nur so viel sei bereits an dieser Stelle gesagt: Die horrenden Summen von Direktinvestitionen ausländischer Anleger führen zu einer extrem hohen Kapazitätsausweitung. Viele Unternehmen werden neu gegründet und tummeln sich in einem Marktumfeld vieler – inländischer wie ausländischer – Konkurrenten. Hier entsteht ein Angebot, das so groß ist, dass es in keinem Verhältnis zur Nachfrage mehr steht. Diese Entwicklung muss zwangsläufig zu einem Zusammenbruch führen, der Unternehmen in den Konkurs führt, Kapital vernichtet, Arbeitsplätze abbaut, den beginnenden Wohlstand zerstört und die Volkswirtschaften um Jahre zurückwerfen kann. Durch die Öffnung und die hohen Wachstumsraten Chinas in den zurückliegenden Jahren werden die umliegenden Nationen zunehmend von der Entwicklung in China abhängig. Konkret bedeutet das: Bleibt die Nachfrage in China weiterhin stabil hoch, so werden auch die anderen Länder wachsen. Sinkt die Nachfrage, so werden die umliegenden Emerging Markets deutlich schwächere Wachstumsraten erzielen. Innerhalb Asiens hängt die Entwicklung der meisten Volkswirtschaften also von den Ereignissen in China ab.

Manch ein Investor wird an dieser Stelle auch auf die zunehmenden Handelsbeschränkungen reicher Nationen hinweisen, die dem Schutz der eigenen Wirtschaft dienen sollen. Wir haben bereits mehrere Schutzzollerhebungen aus den USA gegenüber chinesischen Produkten erlebt. Langfristig werden die beschränkenden Handelsrichtlinien zunehmend den westlichen Volkswirtschaften schaden, da die potenzielle Nachfrage künftig nicht in den USA oder in Europa liegt, sondern in Asien. Durch den hohen Nachholbedarf südöstlicher Gesellschaften (ausgeschlossen Japan) zerstören die westlichen Volkswirtschaften ihr eigenes Potenzial. Jedes entwickelte Land muss sich nach dem Eintreten einer Sättigung bemühen, neue Märkte zu erschließen. Dies kann jedoch nicht mit Handelsbeschränkungen funktionieren, sondern im Gegenteil durch den Aufbau von neuen Freihandelsabkommen. Länder, die es verstanden haben, frühzeitig Abkommen mit unterentwickelten Volkswirtschaften zu schließen, werden langfristig von dem entstehenden Nachfrage-Boom profitieren. Aus diesem Grund stellen wir in diesem Buch außer China auch die entwickelten Wirtschaftsstandorte Japan und Südkorea vor. Südkorea hat den Weg zu einem entwickelten Land gefunden und ist mittlerweile zur weltweit zwölftgrößten Wirtschaftsnation herangewachsen. Die beiden Länder Japan und Südkorea haben frühzeitig – im Vergleich zu westlichen Industrienationen – das Potenzial in geographisch nahe liegenden Emerging Markets erkannt und große Anstrengungen zum Aufbau erfolgreicher Beziehungen unternommen. Während sich Unternehmen westlicher Kulturen noch mit ihren eigenen Problemen beschäftigen und verzweifelt nach neuem Nachfragepotenzial im bestehenden Umfeld suchen, haben große japanische und südkoreanische Konzerne bereits eine Vielzahl von Joint-

Venture-Unternehmen in China gegründet und profitieren bereits davon. Der frühzeitige Aufbau von Markenprodukten in Schwellenländern ist das wichtigste Fundament für eine erfolgreiche Zukunft. Wenn man beispielsweise Bürger der Generation aus dem Zweiten Weltkrieg zu Qualitäts- und Markenprodukten befragt, so stellt man häufig fest, dass diese bereits während des Krieges oder kurz nach Kriegsende auf dem deutschen Markt etabliert wurden. Ein Marktführer, der zusätzlich Qualität suggeriert, wird auf lange Sicht immer höhere Margen erzielen können, als es Konkurrenten möglich sein wird, die nur auf den Preis abzielen. Am Beispiel der Marke Mercedes ist dies für den deutschen Markt deutlich zu erkennen.

Doch neu erschlossene Märkte bringen für ausländische Unternehmen auch Probleme mit sich. Ein Beispiel ist der Konkurrenzkampf, der durch ein neues Nachfragepotenzial entsteht. Plötzlich stehen viele Unternehmen Schlange, um nachgefragte Produkte zu produzieren und zu verkaufen. Man erinnere sich nur an den Eisenbahn-Boom in den USA im 19. Jahrhundert, als eine Vielzahl privater Unternehmen neue Netze aufgebaut hatte und die Preise für die eigenen Leistungen so selbst zerstörte. Die Sache endete damit, dass die Investoren die Geduld verloren und schlagartig ihre Investitionen stoppten. Dies führte zu mehreren Krisen (unter anderem dem Börsenkrach von 1907 und teilweise 1929 an der Wall Street). Doch aus diesen Ereignissen hat die Menschheit bis heute nicht gelernt. Ob Automobil- und Radio-Aktien während der zwanziger Jahre, Computer-Aktien in den Achtzigern und schließlich der TMT-Boom zum Ende der neunziger Jahre: Alle diese Blasen platzten und führten zu erheblichen Verlusten. Oder betrachten wir die vielen Hersteller von Mobilfunkgeräten. Ob in Europa, den USA oder Asien, es werden Kapazitäten erhöht, obwohl der größte Boom im Produktlebenszyklus bereits Vergangenheit ist. Kaum kommen neue Technologien wie das LCD-Fernsehen auf den Markt, wollen alle Elektronikkonzerne LCD-Fernsehgeräte produzieren und müssen sich dann gegenseitig bei den Preisen unterbieten, um ihre Lager zu leeren.

Es ist also klar erkennbar, dass Wachstumsmärkte mit hohem Verkaufspotenzial nicht für alle Branchen und Unternehmen eine gesunde Entwicklung mit sich bringen. Die Preiskämpfe in hart umworbenen Märkten werden eine Reihe von Unternehmen in die Insolvenz treiben. Wenn das Geschäftsmodell dieser Branchen langfristig aufgestellt ist, können die übrig gebliebenen Marktführer danach die Früchte ernten. Deshalb halten wir persönlich nicht viel von spekulativen Investitionen in Unternehmen, die es mit Konzernen aufnehmen wollen, deren Kapitaldecke viel höher ist – selbst wenn sie einen potenziellen Wachstumsmarkt frühzeitig erkannt haben. Ein bekanntes Beispiel für Investitionen in Märkte und Branchen, die vermeintlich hohes Gewinnpotenzial bieten, war der in Deutschland entstandene Mobilfunkwahnsinn. Investitionen und teure Innovationen waren notwendig, um die Gunst der Konsumenten zu erreichen. Was das Ergebnis dieser wahnsinnigen Expansionsstrategie war, haben wir gesehen: Die Aktie der Deutschen Telekom fiel von ihrem Hoch von 120 Euro unter den Ausgabepreis von 13 Euro, Mobilcom verkaufte seine teuer erworbene UMTS-Lizenz für gerade mal einen Euro, und die Aktie fiel von über 200 Euro auf unter fünf Euro. Sogar staatliche Unterstützung war notwendig, um das Unternehmen vor dem Aus zu retten.

Dies alles sind Beispiele dafür, dass heiß diskutierte Investmentthemen zu einer Überhitzung von Märkten führen, dies zusätzlich eine ungerechtfertigte Hausse am Aktienmarkt verursacht und schließlich in einer Depression endet. Die Unternehmen heizen die Überbewertungen mit Hilfe steigender Investitionen und Preissenkungen mit dem Ziel einer Marktanteilsausweitung an. Obwohl jedes Unternehmen die langfristigen Probleme eines zerstörerischen Preiskampfs kennt, wird dieses Phänomen wahrscheinlich nie zu Ende gehen und immer wieder aufs Neue zu beobachten sein. Wir werden deshalb immer ein Auf und Ab an den Börsen erleben und immer dann Kapital vernichten, wenn wir in Märkten investieren, in denen sich bereits eine Vielzahl von konkurrierenden Unternehmen der beliebten Branchen um die Konsumenten schlägt. Auch die asiatischen Märkte werden trotz ihrer positiven Langfristprognosen von diesen Zyklen betroffen sein.

Wir haben uns in diesem Buch bewusst auf China, Südkorea und Japan konzentriert, da alle drei Volkswirtschaften künftig von der Entwicklung der neuen Märkte Asiens abhängig sein werden und sich alle drei in verschiedenen Entwicklungsphasen befinden. Jede Volkswirtschaft wird in den folgenden Kapiteln mit ihrer historischen und aktuellen Entwicklung sowie mit einer künftigen Einschätzung ausführlich behandelt werden. Unser Ziel, Ihnen die Strukturen und Mentalitäten dieser Nationen nahe zu bringen, steht hier an erster Stelle, um Ihnen die wesentlichen Grundlagen zur erfolgreichen Investition zu liefern. Außerdem werden die Chancen und Risiken herausgearbeitet und Vergleiche mit umliegenden Volkswirtschaften der Emerging Markets und der westlichen Industriewelt dargestellt. Dieses Buch soll ein umfassender Überblick der vielen Chancen bieten, aber auch die Risiken verdeutlichen und Ihnen einen langfristigen Leitfaden geben, um mit guten Renditen an dem Aufschwung zu partizipieren. Für das letzte Kapital haben wir uns noch eine Zugabe überlegt, die Ihnen eine unabhängige und objektive Bewertung geplanter Investitionen ermöglicht. Dieses Bewertungsmodell ist nicht nur für die in diesem Buch behandelten Volkswirtschaften Asiens gültig, sondern ebenso in den restlichen Ländern und anderen Anlageklassen wie beispielsweise bei Rohstoffen individuell einsetzbar. Es wird Ihnen beim Herausfiltern interessanter Investments wertvolle Hilfestellung geben.

2 Länder-Überblick

Tabellenartige Darstellung der Rahmendaten aller asiatischen Länder

Tabelle 1: China

Ländername	Volksrepublik China
Größe	9.597.995 qkm
Einwohnerzahl	Ca. 1,29 Mrd.
Bevölkerungswachstum	1,1%
Hauptstadt	Peking
Sprache	Standard-Hochchinesisch / Minderheitensprachen: • Mongolisch • Tibetisch • Uighurisch • Turk-Sprachen • Koreanisch
Religion	• Atheistische Staatsideologie • Buddhismus • Islam • Taoismus • Protestantisch und Katholisch
Regierungsform	Sozialistische Volksrepublik
Regierungspartei	Kommunistische Partei der VR China
Regierungschef	Wen Jiabao
Währung	Yuan ()
Analphabeten	15%
Klima	Im Norden kontinental / im Süden subtropisch
Bruttoinlandsprodukt	1.377,6 Mrd. USD
BIP / Kopf	1.090 USD
Stelle in der Welt (nach BIP)	6
Inflationsrate	Ca. 3%
Stärkste Handelspartner	Japan USA Hongkong Südkorea Taiwan Deutschland

Tabelle 2: Republik Korea (Südkorea)

Ländername	Republik Korea (Südkorea)
Größe	99.392 qkm
Einwohnerzahl	Ca. 48 Mio.
Bevölkerungswachstum	0,63%
Hauptstadt	Seoul
Sprache	Koreanisch
Religion	• Buddhismus • Protestanten und Katholiken
Regierungsform	Einheitsstaat, Republik mit Präsidialverfassung
Regierungspartei	Millennium Democratic Party (MDP)
Regierungschef	Goh Kun
Staatsoberhaupt	Präsident Roh Moo-hyun
Währung	Won
Analphabeten	3 %
Klima	Vier Jahreszeiten (ähnlich Deutschland)
Bruttoinlandsprodukt	476,6 Mrd. USD
BIP / Kopf	10.013 USD
Stelle in der Welt (nach BIP)	12
Wachstum	5,3%
Inflationsrate	3,4%
Staatshaushalt	118,4 Bio. Won
Auslandsschulden	144,6 Mrd. USD
Auslandsforderungen	184,0 Mrd. USD
Stärkste Handelspartner	USA Japan China

Tabelle 3: Japan, Nippon, Nihon

Ländername	Japan, Nippon, Nihon
Größe	377.887 qkm
Einwohnerzahl	Ca. 127 Mio.
Bevölkerungswachstum	0,1%
Hauptstadt	Tokio
Sprache	Japanisch
Religion	• Shintoismus • Buddhismus • Christentum
Regierungsform	Parlamentarische Demokratie
Regierungspartei	Liberaldemokratische Partei (LDP)
Regierungschef	Junichiro Koizumi
Staatsoberhaupt	Kaiser Akihito
Währung	Yen
Analphabeten	0 %
Klima	Unterschiedliche Gebiete, die bis ins Subtropische reichen
Bruttoinlandsprodukt	4,2 Bio. Euro
BIP / Kopf	32.957 Euro
Stelle in der Welt (nach BIP)	2
Inflationsrate	-0,9%
Stärkste Handelspartner	Asean-Länder USA

Tabelle 4: Königreich Thailand

Ländername	Königreich Thailand
Größe	513.115 qkm
Einwohnerzahl	Ca. 64 Mio.
Bevölkerungswachstum	0,8%
Hauptstadt	Bangkok
Sprache	Thailändisch
Religion	• Buddhismus (95%) • Islam (4%) • Christentum, Hinduismus, Animismus
Regierungsform	Konstitutionelle Monarchie
Regierungspartei	Thai Rak Thai (TRT)
Regierungschef	Dr. Thaksin Shinawatra
Staatsoberhaupt	König Bhumibol Adulyadej
Währung	Baht
Analphabeten	6 %
Klima	Tropisch
Bruttoinlandsprodukt	139 Mrd. USD
BIP / Kopf	2.178 USD
Stelle in der Welt (nach BIP)	33
Inflationsrate	1,8%
Stärkste Handelspartner	USA Japan Singapur China Malaysia

Tabelle 5: Republik Indonesien

Ländername	Republik Indonesien
Größe	2,02 Mio. qkm
Einwohnerzahl	210 Mio.
Bevölkerungswachstum	2%
Hauptstadt	Jakarta
Sprache	Indonesisch
Religion	• Islam (88%) • Christentum (8%) • Buddhismus • Hinduismus
Regierungsform	Präsidialrepublik
Regierungspartei	„Regenbogenkabinett"
Regierungschef	Megawati Soekarnoputri
Staatsoberhaupt	Megawati Soekarnoputri
Währung	Ruphia
Analphabeten	16 %
Klima	Feuch, tropisch-heiß
Bruttoinlandsprodukt	191 Mrd. USD
BIP / Kopf	880 USD
Stelle in der Welt (nach BIP)	26
Inflationsrate	Ca. 10%
Stärkste Handelspartner	Japan USA Singapur Südkorea China

Tabelle 6: Republik Indien

Ländername	Republik Indien
Größe	3.287.000 qkm (ungefähr die Fläche der gegenwärtigen EU)
Einwohnerzahl	Ca. 1,1 Mrd.
Bevölkerungswachstum	1,9%
Hauptstadt	New Delhi
Sprache	Hindi und Englisch
Religion	• Hinduismus (83%) • Islam (12%) • Christentum • Buddhismus
Regierungsform	Parlamentarische Demokratie (Bundesstaaten)
Regierungspartei	Congress Party von Sonia Gandhi
Regierungschef	Manmohan Singh
Staatsoberhaupt	Dr. A.P.J. Abdul Kalam (11. Präsident Indiens)
Währung	Rupee
Analphabeten	42 %
Klima	Monsunzeit Juli-September – heiße Trockenzeit April-Juli
Bruttoinlandsprodukt	465,85 Mrd. USD
BIP / Kopf	449 USD
Stelle in der Welt (nach BIP)	13
Inflationsrate	4%
Stärkste Handelspartner	USA China Großbritannien Deutschland

Tabelle 7: Malaysia

Ländername	**Malaysia**
Größe	330.000 qkm
Einwohnerzahl	23,3 Mio.
Bevölkerungswachstum	
Hauptstadt	Kuala Lumpur
Sprache	Malaiisch
Religion	• Islam (50%) • Buddhismus • Konfuzianismus • Christen
Regierungsform	Konstitutionelle Wahlmonarchie und Parlamentarische Demokratie
Regierungspartei	Regierungskoalition unter Führung der UMNO
Regierungschef	Perdana Menteri
Staatsoberhaupt	König Yang di-Pertuan Agong XII of Malaysia
Währung	Ringgit (RM)
Analphabeten	16%
Klima	Feuchtheißes Tropenklima
Bruttoinlandsprodukt	95,2 Mrd. USD
BIP / Kopf	4.084 USD
Stelle in der Welt (nach BIP)	36
Inflationsrate	1,5%
Stärkste Handelspartner	USA Singapur Japan China Thailand

Tabelle 8: Philippinen

Ländername	Philippinen
Größe	300.000 qkm
Einwohnerzahl	80,4 Mio.
Bevölkerungswachstum	2,3%
Hauptstadt	Manila
Sprache	Philipno
Religion	• Christentum katholisch (85%) • Christentum evangelisch (5%) • Islam
Regierungspartei	LAMP
Staatsoberhaupt	Gloria Macapagal Arroyo
Währung	Philippine Peso
Analphabeten	6 %
Klima	Tropisch
Bruttoinlandsprodukt	77,1 Mrd. USD
BIP / Kopf	959 USD
Stelle in der Welt (nach BIP)	42
Inflationsrate	1,5%
Stärkste Handelspartner	USA Japan China Niederlande Taiwan Malaysia Singapur

3 Historische Entstehung

Sie werden sich möglicherweise an dieser Stelle fragen, warum wir die historische Entwicklung behandeln, obwohl wir uns eigentlich mit den künftigen Entwicklungen der Finanzmärkte beschäftigen wollen. Die Antwort ist ganz einfach: Wer die historischen Strukturen, die Zyklen von Kriegen, die Anfänge des Handels, die ersten Wirtschaftsbeziehungen, die Kolonien sowie die religiösen und mentalen Eigenheiten eines Landes nicht kennt, versteht auch die Grundzüge der aktuellen außen- und innenpolitischen Beziehungen und die wirtschaftlichen Strukturen der jeweiligen Volkswirtschaften nicht. Investoren brauchen diese Basis, um ein Verständnis dafür zu entwickeln, warum einzelne Länder miteinander bestens wirtschaften können, während der Aufbau neuer Handelsbeziehungen zwischen anderen Nationen eher schleppend verläuft. Im Laufe der Historie haben sich Mentalitäten gewandelt und gefestigt. Sie sind immer auf bestimmte Einflüsse zurückzuführen, und die wiederum geben Aufschluss über die gute beziehungsweise schlechte Zusammenarbeit zwischen verschiedenen Volkswirtschaften. Außerdem sollte man aus den Fehlern seiner Vorfahren lernen. Da sich die Psychologie der Menschheit nicht grundlegend ändern wird, benötigt man die Erkenntnis früherer Fehler, um rechtzeitig reagieren zu können. Kennt man die Fehler früherer starker Volkswirtschaften nicht, die zu schweren und langen Krisen geführt haben, wird man auf ähnliche Fehler zu spät reagieren.

Wenn wir uns über historische Ereignisse unterhalten, so bewegen sich die Gespräche meist über Entwicklungen der westlichen Welt. Wir kennen die Historie des Römischen Reiches, wissen über das Großdeutsche Reich Bescheid, und auch die wesentlichen Daten und Entwicklungen der Entdeckung Amerikas sind uns bekannt. Doch wie sich fernöstliche Staaten entwickelt haben, welchen Einflüssen sie unterlagen und wie sich die Mächte innerhalb dieser Region verschoben haben, ist den wenigsten Menschen aus dem westlichen Kulturkreis bekannt. Einfacher wird es, wenn es um Beziehungen zwischen westlichen und asiatischen Volkswirtschaften geht, beispielsweise die Kolonien Großbritanniens, wie etwa Hongkong. Doch dass bereits das mächtige China um die Zeit von Christi Geburt oder im zwölften Jahrhundert wichtige Hinweise auf die aktuelle Situation der globalen Verhältnisse geben können, ist im Westen kaum Gegenstand der historischen Betrachtung. Wir können auch nicht aus der Beziehung zwischen Japan und der Sowjetunion um das Jahr 1990 lernen und auch die Zusammenhänge der militärischen Auseinandersetzungen zwischen Japan und Korea nicht verstehen, wenn wir die Kolonialzeit zu Beginn des 21. Jahrhunderts nicht kennen. Wir wundern uns über die aktuelle Forderung Chinas, Taiwan wieder in die chinesische Volksrepublik zu integrieren. Auch die Gründe für die Teilung Koreas in Nord und Süd müssen einem geläufig sein, wenn man die aktuelle Diskussion verstehen und beurteilen will. Kurzum: Wir benötigen diese historischen Informationen, um uns ein Bild von der Entwicklung von Religionen, Mentalitäten und Bedürfnissen der einzelnen Länder machen zu können.

Insbesondere die Zyklen von entstehenden Herrschaftssystemen, deren Kreisläufe stets ähnlich ablaufen, sind für jetzige Investitionsentscheidungen

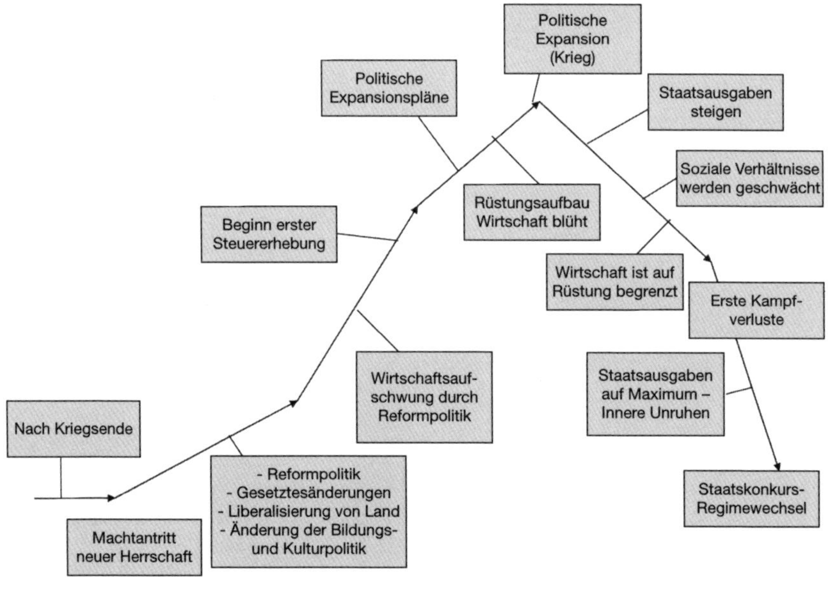

Erklärung der Abbildung: *Wirtschaftlicher Aufbau, Liberalisierung von Land für Bauern, Steuererhebungen, Aufbau von Rüstungsindustrie und Planung von Expansionspolitiken sowie Beginn von Invasionen zur Erweiterung der Wirtschaftsmacht mit der Folge finanzieller Schwierigkeiten und schließlich Zerfall einer großen Macht.*

Zyklusmodell für Staat und Wirtschaft (Hahn/Lambrou) *Quelle: Eigene Darstellung*

von elementarer Bedeutung. Die folgende Grafik verdeutlicht, wie ähnlich die Entwicklung einer Weltmacht mit ihren Höhen und Tiefen verläuft. Sicherlich gibt es den einen oder anderen Unterschied, aber im Wesentlichen sind die Phasen auch heute noch die gleichen wie in historischer Zeit.

Nach der Lektüre dieses Kapitels werden Ihnen viele Zusammenhänge der aktuellen Wirtschaftsbeziehungen klarer sein. Sie können dadurch die aktuellen außen- und wirtschaftspolitischen Ereignisse dieser Länder besser beurteilen und so Ihre Anlageentscheidungen auf ein wesentlich sichereres Fundament stellen. Für einen Investor ist es unabdingbar, dass er sich in seinem Anlagegebiet auskennt, damit er aus früheren Entwicklungen und Ereignissen die richtigen Schlussfolgerungen für seine Anlageentscheidung ziehen kann. Ohne dieses Basiswissen fehlen wichtige Informationen und damit das Fundament für Investitionsentscheidungen. Dazu ein Beispiel: Wenn Sie sich in Deutschland ein Haus bauen, so schauen Sie das Grundstück, auf dem Sie es bauen wollen, zunächst genau an. Sie werden sich auch über das Umfeld bestens informieren, bevor Sie sich für den Kauf entscheiden. Wurde dieser Bauplatz vor vielen Jahren als Ablageplatz von Sondermüll verwendet, so werden Sie dieses Grundstück nicht kaufen. Genauso wichtig für die Immobilienentscheidung ist ausreichendes Basiswissen auch für Investitionsvorhaben.

Weil westlichen Anlegern, die in Asien investieren wollen, dieses Basiswissen meist fehlt, ist das Investieren in diese Region meist mit einem mehr oder weniger großen Risiko behaftet. Diese Informationslücke wollen wir schließen und Ihnen im Folgenden einen Überblick über die wichtigsten historischen Ereignisse und Entwicklungen geben, die in Ihre Investitionsentscheidung Eingang finden sollten.

3.1 China

Die historische Entwicklung Chinas beginnend mit der Shang-Dynastie

Die Anfänge der chinesischen Geschichte sind unbekannt. Es gibt Funde, die auf ein Alter von 500 000 Jahren geschätzt werden. Die ersten historisch nachvollziehbaren Ereignisse Chinas datieren die Forscher in die Shang-Dynastie bis 1050 vor Christi. Zu dieser Zeit entwickelte sich die Wirtschaft aus kriegerischen Auseinandersetzungen. Man produzierte und lieferte Waffen für die Expansions- und Sicherheitspolitik. Zu dieser Zeit entstanden die ersten Schriften, die den Grundstein für die chinesische Kultur legten. Doch überwiegend wurde die Wirtschaft durch die Landwirtschaft angetrieben. China bestand in der Shang-Dynastie aus mehreren Kleinstaaten. Das Reich der Mitte, so wie wir es heute kennen, entwickelte sich zunächst im Osten und integrierte die westlichen Staaten zu einem späteren Zeitpunkt. China war ein hierarchisch organisierter Feudalstaat mit strenger Rangordnung, bei der der König die Erbfolge bestimmte. Aus den vielen, durch Machtkämpfe geprägten »Kleinstaaten« entwickelte sich im Laufe der Jahre – diese historische Phase ist die Zhou-Zeit – eine zentralisierte Verwaltungsstruktur. Parallel dazu entwickelten sich die ersten Ansätze des Konfuzianismus, aus dem viele asiatische Sprachen und Kulturen hervorgegangen sind.

In der darauf folgenden Qin-Dynastie ab 221 vor Christi wurden erstmals viele chinesische Gebiete unter einem Kaiserreich zusammengefasst. Dadurch wurde der Staat mit seinen Verwaltungsstrukturen weiter zentralisiert, und die Gesetze wurden durchgehend vereinheitlicht. Politische Bewegungen, die an der philosophischen Bildung Chinas Anteil hatten, wurden verboten. Wesentliche Bestandteile der Gesetzgebung waren darüber hinaus der staatlich organisierte Ausbau von Straßen und Wasserwegen sowie eine einheitliche Sprache. Zur Landesverteidigung, aber auch zur Unterstützung der Expansionskriege wurden Schutzwälle errichtet, aus denen später die weltberühmte Chinesische Mauer erbaut wurde.

Die Qin-Dynastie begründet den ersten Nationalstaat Chinas

Die zentralisierte Qin-Dynastie hatte durch ihre radikalen Reformen große Aufstände ausgelöst; bereits 15 Jahre nach der zentralisierten Verwaltungsstruktur kehrte man zum feudalen Staatssystem auf der Grundlage des Konfuzianismus zurück. Es war der Beginn eines ausgedehnten staatlichen Beamtenapparates, der die spätere Verwaltungsstruktur maßgeblich prägte. Die anschließende Han-Dynastie umfasste beinahe das gesamte heutige China und bildete aufgrund ihrer geographischen Macht die Grundlage für die Fortsetzung der Expansionspolitik des neuen Kaiserreiches. Teile der Mandschurei und Korea wurden eingenommen und in die konfuzianische Ideologie eingebunden. Diese prägte auch die Gesellschaft Koreas, die wiederum ihre Ideologie und das damit verbundene Wissen an Japan weitergab. Die vielen Kolonien, die in Zentralasien aufgebaut wurden, ermöglichten über die Seidenstraße erste Handelskontakte mit dem Mittelmeerraum, in dem zu diesem Zeitpunkt Rom die führende Position innehatte. China stieg auf diese Weise zu einer Weltmacht auf.

Die Expansionspolitik mit ihren zahlreichen Kriegen führte zu hohen finanziellen Belastungen und löste soziale Krisen aus. Die Bevölkerung wehrte sich gegen die massiven Steuererhöhungen, ganze Branchen wurden der öffentlichen Hand übergeben, und die Währungen gerieten unter Druck. Daraus entwickelte sich ein zahlenmäßiges Missverhältnis zwischen den Bauern und den Beamten. Die daraufhin ausbrechenden Bürgerkriege führten im Jahr 25 nach Christus zu einem Machtwechsel innerhalb der militärischen Führung. Das »große Reich« wurde schließlich zerschlagen und in kleinere »Großstaaten« aufgeteilt.

Diese Zerschlagung nahm der östliche Kern Chinas zum Anlass, die militärische Führung zu übernehmen und sich die westlichen Staaten Chinas einzuverleiben. Die Erweiterungsstrategie der östlichen China-Staaten im ersten Jahrhundert nach Christus leitete eine lange Phase von Machtkämpfen und blutigen Bürgerkriegen ein. Es begann die »Periode der Spaltung«. Zwischen den Jahren 220 und 589 nach Christus war das Leben in China von Kriegen begleitet, die die Wirtschaft stark belasteten. Das Große Reich wurde in dieser Zeit mehrmals vereint und anschließend wieder zerschlagen. Erst im Jahre 589 nach Christi Geburt wurde unter der Sui-Dynastie das Neuchinesische Reich gegründet.

Bau der chinesichen Mauer unter der Herrschaft der Sui-Dynastie

Die Sui-Dynastie nahm das Verwaltungssystem der Han-Dynastie als Vorbild. Unter der Führung von Yang Jian wurden zahlreiche Reformen in Angriff genommen, beispielsweise die Konsolidierung der Staatsfinanzen und die Eignungsprüfung der Beamten. Außerdem sollte das Land gegen ausländische Invasoren abgesichert werden, was zum Aufbau der Chinesischen Mauer führte. Zusätzlich wurden Infrastrukturprojekte ins Leben gerufen, was unter anderem den Bau des Kaiserkanals zwischen Hangzhou und Peking zur Folge hatte. China wurde wieder zu einer großen Macht in Zentralasien. Doch die Führung der Sui-Dynastie lernte erneut nicht aus den Fehlern der Geschichte und nutzte den wirtschaftlichen Aufschwung abermals zur Erweiterung des Reiches. China entwickelte sich zur Seemacht und nahm Teile Vietnams, der Mandschurei und den Norden Koreas ein. Die Folgen waren wiederum die gleichen: Die Gier nach Macht wuchs, die finanzielle

Belastung des Landes wurde unerträglich, und die Bevölkerung probte den Aufstand. Es kam, wie es kommen musste: Die finanziellen Belastungen aus dem verlorenen Krieg gegen Korea und die Aufstände der chinesischen Bevölkerung führten im Jahr 618 zum Ende der Sui-Dynastie.

Im gleichen Jahr übernahm die Tang-Dynastie die Macht. Eine neue bürokratische Ordnung wurde geschaffen, die das Land wieder resozialisierte. Die Prüfungen, denen sich die neuen Beamten unterziehen mussten, wurden überarbeitet, und die Staatsdiener mussten umfassende literarische Kenntnisse aufweisen. Die Tang-Dynastie wird als die hochkulturelle Entwicklungsphase Chinas bezeichnet, die Dichter und Philosophen hervorbrachte. Die Leitung der Tang-Dynastie setzte auf den Außenhandel und machte aus der Militärmacht Chinas die führende Wirtschaftsmacht Zentralasiens. Der wirtschaftliche Einfluss der Chinesen reichte wieder bis Korea, der Mandschurei und Vietnam, wo die vorherigen Kriege verloren worden waren. Hauptsächlich verdiente der Staat durch Steuereinnahmen, die aufgrund der wirtschaftlichen Blüte höher waren denn je zuvor. Doch die Geschichte wiederholte sich auch hier: Die hohen Steuereinnahmen verleiteten die politischen Machthaber Chinas, erneut aufzurüsten und den Militärdienst bei den Bauern einzuführen. Wieder einmal führte ein perfektes Herrschaftssystem zu hohen Steuern, zu Militärzwang für Bauern und in der Folge zu sozialen Unruhen. Dies und die daraufhin einsetzende Landflucht drückten die Steuernahmen wieder nach unten und brachten die Herrschenden in finanzielle Bedrängnis. Die zuvor von Seiten des Staates veranlasste Privatisierung von Land und Unternehmen wurde rückgängig gemacht, die Wirtschaft wurde weitgehend verstaatlicht. Die Tang-Dynastie brach im Jahre 900 nach Christus zusammen.

Neue Stabilität und ein Wirtschaftsboom unter der Song-Dynastie

Nach vielen Reichsteilungen und Bürgerkriegen begann im Jahr 960 unserer Zeitrechnung die Herrschaft der Song-Dynastie. Sie dauerte bis 1279 nach Christi und war von kulturellen Fortschritten, etwa in der Malerei, begleitet. Die Wirtschaft kam voran, zahlreiche Innovationen entstanden. In dieser Zeit wurde unter anderem der Buchdruck erfunden, der für ein hohes Bildungsniveau innerhalb Chinas sorgte. China entsandte in dieser Zeit immer mehr Gelehrte in die asiatischen Nachbarländer und brachte somit sein Wissen und die Kultur weiter voran. Auch der wirtschaftliche Einfluss Chinas in den Nachbarländern stieg mit dem wirtschaftlichen Know-how, beispielsweise in der Textilindustrie. In diesem Wettbewerb gerieten die Nachbarstatten wie etwa Korea in die wirtschaftliche Abhängigkeit und wurden zum Tributstaat Chinas erklärt. Peking wurde im zwölften Jahrhundert erstmals die Hauptstadt des Landes. Die wirtschaftliche Entwicklung verlief besonders in der Provinz Süd-Song mit einer enormen Dynamik. Neu entwickelte Bewässerungssysteme ermöglichten den Anbau von Tee und neuen Reissorten. Das Handwerk gewann durch Innovationen an Bedeutung, und der Handel entwickelte sich in allen Ecken und Nischen des Marktes. Vor allem Porzellan wurde zum Exportschlager. Die staatlichen Einnahmen aus der Besteuerung des Handels zogen mit den Steuereinahmen auf Grundbesitz gleich. Der Umstand, dass sich vor allem das südliche China positiv entwickelte und somit ein wirtschaftliches Ungleichgewicht zwischen dem Süden und dem Norden entstand, ermöglichte es der Mongolei unter Führung von Dschingis Khan, in Nordchina einzumarschieren. 1215 nach Christus eroberte die Mongolei Peking und vier Jahre später Korea. Nach einem Bündnis zwischen der Provinz Süd-Song und der Mongolei wurden die Mongolen in Nordchina und Korea immer mächtiger. Die Mongolen setzten ihre große Macht ein und drangen schließlich – trotz des Bündnisses – auch in Süd-Song ein, das im Jahre 1279 nach Christus vollständig von den Mongolen eingenommen wurde. Die Mongolei beherrschte nun Gesamt-China und große Teile Koreas.

Papiergeld und Staatsverschuldung führen zum Untergang des Kublai Khan

Im Jahre 1271 gründete der Sohn Dschingis Khans, Kublai Khan, die Yuan-Dynastie. Unter der Führung der Mongolen erfuhr China einen enormen Entwicklungsschub. Handelsrouten und Kommunikationsstrukturen wurden verbessert. Ausländische Händler, die durch China reisten, brachten neues Handwerk, neue Techniken und Nahrungsmittel ins Land. Aber auch die mächtigen Mongolen wiederholten die Fehler ihrer Vorgänger und gingen daran, ihren Herrschaftsbereich auf Vietnam und Japan auszudehnen, was jedoch missglückte. Die Folgen waren auch hier finanzielle Belastungen durch die Kriege und eine zunehmende Staatsverschuldung. Im Jahr 1368 schließlich mussten die Mongolen die Macht an die Herrscher der neuen Ming-Dynastie abgeben.

Und erneut– wen wundert's –wiederholte sich die Geschichte: Zunächst übernahm eine neue »Militärmacht« die Regierung, trieb die Wirtschaft voran, liberalisierte meist Gründstücke, erhöhte die Steuern immer mehr und sanierte damit den Staatshaushalt. Dann ging es im »bewährten« Stil weiter: Machthunger der Politiker, Expansionskriege, finanzielle Belastungen, Unruhen in der Bevölkerung, Machtwechsel in der Regierung – immer wieder das gleiche Spiel.

Entstehung einer neuen Machtstruktur, der Ming-Dynastie

So geschah es auch 1368 unter der Herrschaft von Taizu, der als Kaiser die Ming-Dynastie ausrief. Unter Taizu wurde zunächst die Militärverwaltung unter die zivile Verwaltung gestellt, um das neue Reich zu sichern. Zum ersten Mal in der Geschichte Chinas erhielt die Militärverwaltung einen »niedrigeren« Status. Außerdem wurden viele Regeln im Verwaltungs- und Beamtenapparat aus der Song Dynastie übernommen. Erneut wurde Land an die Bevölkerung verteilt, Bewässerungssysteme wurden aufgebaut. Zusätzlich wurde eine Steuerreform eingeführt, die den strapazierten Staatshaushalt wieder sanierte. Während der Ming-Dynastie entstanden große Industriezentren in der Landwirtschaft, Textilindustrie und Porzellanherstellung. Die ersten Handelsbeziehungen mit Japan wurden aufgenommen, und zu Beginn des 16. Jahrhunderts erreichten die ersten europäischen Seefahrer die chinesische Küste. Portugiesen, Niederländer und Engländer brachten die erste Bedrohung aus dem Ausland. Währenddessen versuchten auch die Mongolen, ihren Einfluss in China wieder zu erhöhen. Erneut waren es die hohen Kosten für das Militär, die finanzielle Schwierigkeiten und Unruhen innerhalb der Ming-Dynastie auslösten und schließlich im Jahr 1644 zum Sturz der Ming-Dynastie führten. Ausländische Machthaber eroberten China, es folgte die Qing-Dynastie, anschließend die Herrschaft durch die Mandschus. Romane legten die Grundlagen der Umgangssprache, die bis heute gebräuchlich ist. Im Bereich der Porzellanherstellung erreichte die chinesische Keramik ihren Höhepunkt.

Chinas letzte Kaiserfamilie vor dem Übergang zur Republik China

Während der Qing-Dynastie wurde die Verwaltung neu geordnet, die Wirtschaft erhielt Wachstumsimpulse. Der Handel mit Europa, insbesondere mit Großbritannien, wurde zwar mit Widerwillen aufgenommen, förderte jedoch die chinesische Wirtschaft. Die Handelsbilanz war für China zunächst positiv. Mit dem Opium-Handel – die Exporte waren zollfrei – jedoch wendete sich das

Blatt: Das von den Briten aus Indien nach China eingeführte Opium schwemmte ein Flut von Süchtigen ins Land. Das Handelsvolumen war so groß, dass beispielsweise rund ein Viertel der indischen Staatseinnahmen aus dem Opiumhandel stammten. Doch viel schwer wiegender als das Problem der Süchtigen waren die nun ausbleibenden Silberimporte aus England, die während der Zeit des chinesischen Handelsüberschusses nach China flossen. Um dies wieder zu ändern, machte China einen folgenschweren Fehler: Die Regierung beschlagnahmte britische Handelsschiffe und entfachte damit große Spannungen zwischen beiden Ländern. Diese waren die Grundlagen für den im Jahre 1840 ausgelösten Opium-Krieg. Mit dem ersten »Friedensvertrag« von 1842 wurde den Briten eine Reihe von Handelsvorteilen eingeräumt, beispielsweise die Aufhebung des chinesischen Handelsmonopols. Die schlechten Erfahrungen Chinas mit dem Westen in Gestalt von Zwangsverträgen mit Frankreich und den USA taten ihr Übriges. Nach einer kurzen Pause brandete der Opium-Krieg erneut auf. Vor dem Hintergrund der innenpolitischen Schwächung Chinas wurden weitere Verträge zu Gunsten der westlichen Streitmächte unterzeichnet, die weitere Vorteile im Handel brachten. Beispielsweise erhielt der Westen die Nutzungsrechte für zusätzliche zehn Häfen. Solche »ungleichen Verträgen« prägten die Beziehungen zwischen dem Westen und China bis 1943. Dennoch gelang es China, seine Macht im asiatischen Raum auszubauen. So wurde Tibet zum Protektorat und Nepal für tributpflichtig erklärt.

China verliert nach Verlust der Opium-Kriege geopolitischen Einfluss

Der westliche Einfluss und die einseitigen Verträge im Zuge der Opium-Kriege hemmten die soziale und ökonomische Entwicklung Chinas. Der Untergang der Qing-Dynastie war nach dem Abtreten Hongkongs an den neuen Kolonialherrscher Großbritannien besiegelt. Die westlichen Imperialisten hatten nun die Macht über China. Aufstände im Land, die sich im Zuge des westlichen Einflusses für die eigene Industrie stark machten, lösten die Industrialisierung im Schiffsbau und in der Textilindustrie aus. Doch der Mangel an Kapital und qualifizierten Mitarbeitern führte dazu, dass die meisten Unternehmen in ausländischen Besitz übergingen oder Pleite machten. Der Bildungsmangel erforderte Modernisierungsmaßnahmen, die durch konservative Kräfte kurzfristig verhindert wurden. Doch ab 1905 wurde die Schulbildung zum Mittelpunkt der Modernisierungsbewegung erklärt.

Gegen Ende des 19. Jahrhunderts wurde China aufgrund seiner wirtschaftlichen Schwäche von den Imperialmächten immer stärker abhängig und musste schließlich seine Vorherrschaft beispielsweise über Korea und Burma abgeben. China entwickelte sich zu einer halbkolonialen Region. Japan, das sich dem westlichen Einfluss nicht mehr widersetzen konnte und den Handel für den eigenen wirtschaftlichen Aufschwung nutzte, bekundete sein Interesse an Korea, was schließlich im Jahr 1894 in den Chinesisch-Japanischen Krieg mündete. Der Krieg ging zugunsten Japans aus und zwang China, Korea und Taiwan abzutreten. Die außenpolitischen Probleme Chinas und die dadurch hervorgerufene weltpolitische Schwäche nahm Russland als Chance war: Es erhielt das Pachtrecht für zwei Häfen in Liaodong. Diese Hafenverpachtung führte nur wenige Jahre später zum Russland-Japan-Krieg. Japan gewann auch diesen Krieg und erhielt durch die Kämpfe im chinesischen Gebiet zusätzliche Teile wie die Süd-Mandschurei. Zwischenzeitlich eroberten Deutschland und Frankreich Kolonien in China.

Schwere Kämpfe und hohe Reparationszahlungen Chinas an den Westen waren die Folge von Aufständen gegen die Imperial- und Machtherren im Jahre 1900. Zu dieser Zeit war China sowohl finanziell und wirtschaftlich als auch sozial am Tiefpunkt angelangt. Die westlichen Mächte besaßen die vollständige Kontrolle über China.

Es folgten schwierige Jahre für das Land, das mit dem Ende des 2000-jährigen Bestehens des Kaiserreiches durch die Gründung der Republik China im Jahre 1911 in ein neues Zeitalter eintrat. Nach einigen Jahren kleinerer Machtkämpfe der Revolutionsbewegung und Nachfolger der Monarchie gelang es der diktatorischen Militärführung 1916 endgültig, die Republik China durchzusetzen. Doch auch in der neuen Staatsform gelang es China nicht, sich von ausländischen Einflüssen zu befreien. Japan nutzte die weltweiten politischen Spannungen des Ersten Weltkrieges und besetzte die deutsche Kolonie in China Tsingtao. Es war weiterhin bestrebt, China in koloniale Abhängigkeit zu bringen. Nach dem Ende des Ersten Weltkrieges wurden Japan im Jahr 1919 als Alliierten-Sieger die Kolonialrechte über Tsingtao zugesprochen.

Die Kommunisten ergreifen die Macht in Chinas junger Republik

Im Jahr 1921 wurde in Shanghai die Kommunistische Partei Chinas (KPCh) nach einem steigenden Einfluss des Kommunismus aus Russland im

Zuge der Bewegung des 4. Mai gegründet. Unter den zwölf Gründungsmitgliedern war unter anderem Mao Tse-tung, der der KMT-Partei angehörte. Die KMT war eine antiimperialistische Bewegung und schloss sich kurz darauf mit der KPCh zu einer Einheitspartei zusammen. Die Parteien freundeten sich mit der revolutionierten Sowjetunion an und erhielten Aufbauhilfen, die unter anderem dem Schutz gegen den Westen dienten. Als Folge innerer Unruhen spaltete sich die KMT in einen linken und einen rechten Flügel. Nach dem Bürgerkrieg erhielt Mao Tse-tung im Jahre 1928 schließlich politische Ämter und formierte die chinesische Rote Armee. Nach weiteren Machtkämpfen innerhalb des kommunistischen Lagers nutzte Japan im Zuge seiner neuen Expansionspolitik die Gunst der Stunde und marschierte 1931 in China ein. Zunächst wurde die rohstoffreiche Mandschurei besetzt. Dann benannten die Japaner den letzten Kaiser der Qing-Dynastie wieder als Kaiser und besetzten im Jahr 1934 weitere Teile im Nordosten Chinas.

Die zunehmenden Aggressionen Japans führten im Jahre 1937 zum zweiten Chinesisch-Japanischen Krieg. Erst nach der Kapitulation Japans im Zweiten Weltkrieg gingen auch die kriegerischen Auseinandersetzungen zwischen China und Japan zu Ende. Innerhalb dieser acht Jahre baute Japan seine Macht in China aus und war im Besitz großer Gebiete Nord- und Zentral-Chinas sowie der wichtigsten Häfen. Begleitet war die schwierige Kriegszeit von inneren Machtkämpfen unter den – wieder zersplitterten – Parteien KMT und KPCh, die im Rahmen des Chinesisch-Japanischen Konflikts einen Bürgerkrieg entfachten. Im 1943 übernahm Mao Tse-tung die Führung. Zügig umgesetzte innenpolitische und wirtschaftliche Verbesserungen sowie eine strikte Linie gegen den Kriegsgegner Japan ließen ihn zu einem beliebten Staatsoberhaupt aufsteigen. Die Alliierten, deren unfaire Verträge mit China bis zu diesem Zeitpunkt weiterhin Bestand hatten, wurden annulliert, und China wurde von den westlichen Mächten USA und Großbritannien mit Finanzspritzen für die Rüstung im Krieg gegen Japan unterstützt. Der Krieg endete schließlich mit zehn Millionen chinesischen Toten im September 1945.

In Anschluss an den Zweiten Weltkrieg brach in China im Jahre 1946 ein entsetzlicher Bürgerkrieg aus, der mit den aus dem China-Japan-Krieg übrig gebliebener Waffen geführt wurde. Dieser Bürgerkrieg war die Folge von Parteimachtkämpfen der KMT und KPCh. Mit dem Ende des Bürgerkrieges 1949 begann schließlich die Ära Mao Tse-tung. Bei den Vereinten Nationen wurde der chinesische Staat unter Mao Tse-tung jedoch nicht anerkannt und stattdessen von Taiwan vertreten, was sogar bis 1971 Bestand hatte. Unter Mao wurden neue, grundlegende Reformen festgelegt, die sowohl soziale Veränderungen als auch einen Wechsel in der Wirtschaft bewirkten. Mit Hilfe einer Bodenreform wurde der Grundbesitz enteignet, Industrien wurden verstaatlicht, und der Außenhandel wurde zum Staatsmonopol erklärt. Die Verstaatlichung der Industrien entpuppte sich aber schnell als Problem, da die staatlich organisierten Unternehmen nicht über genügend Rohstoffe verfügten und aus dem Ausland aufgrund von Devisenschwierigkeiten deren Einfuhr nicht möglich war. China wurde in der Bildung und Erziehung mehr und mehr zu einer sozialistischen Gesellschaft geprägt. Arbeit wurde verteilt, die Führung und Erziehung der Jugend wurde vom Staat übernommen, und die Religionsbewegungen wurden streng kontrolliert. Die erste Verfassung der neuen Regierung unter Mao Tse-tung wurde im September 1954 erlassen; sie beinhaltete die zuvor genannten Sozialreformen. Nach der neuen Verfassung strebte Mao die Lösung vom sowjetischen Sozialismus an. Doch nach dem Tod Stalins änderte sich auch die politische Richtung der Sowjetunion, die das Verhältnis der beiden Staaten zueinander auf Distanz brachte. Die Verbindungen zwischen China und der Sowjetunion endeten schließlich Anfang der sechziger Jahre nach zunehmender Kritik Chinas an der neuen sowjetischen Regierung. Die entstandenen Spannungen führten sogar so weit, dass im Jahre 1968 chinesische Truppen auf sowjetische Streitkräfte trafen und erste Anzeichen eines neu entfachenden Krieges auftauchten. Auch die Spannungen mit Indien verschärften sich Mitte der fünfziger Jahre um die definierten Grenzen, die im Jahre 1962 zum Chinesisch-Indischen Krieg führten, der jedoch rasch zugunsten Chinas entschieden wurde. Vom Westen hatte sich China mittlerweile nahezu vollständig isoliert.

Mao´s Kulturrevolution

Mao setzte seine Politik zur Bildung einer sozialistischen Gesellschaft weiter fort und modifizierte aufgrund diverser Schwierigkeiten seine »Politik der drei roten Banner« im Jahre 1962 um neue Freiheiten. Die Politik der »drei Freiheiten« beinhaltete die private Bodennutzung und die Liberalisierung des Handels (allerdings nur mit Gütern, die auf privatem Grund erzeugt wurden) sowie eine Verstärkung materieller Anreize. Die einzelnen Phasen waren stets mit innerparteilichen Querelen verbunden, die die ohnehin schon schwache Wirtschaft weiter belasteten. Die divergierenden Vorstellungen innerhalb der Parteien waren nicht unbegründet, zumal durch den sich installierenden Kommunismus unter Mao ein wirtschaftliches Desaster entstand. China versuchte insbesondere in der Landwirtschaft, Maschinen durch Arbeitskräfte zu ersetzen. Dieses Unterfangen endete in einer katastrophalen Hungersnot. Man spricht davon, dass sie bis zu 20 Millionen Menschenleben gefordert hat. Mao setzte sich jedoch schließlich durch und legte im Jahre 1963 den Grundstein zur Kulturrevolution. Diese Bewegung, die unter anderem durch die KPCh unterstützt wurde, verschärfte die Freiheitseinschränkung, indem die restliche feudale Ideologie und Religionsfreiheit beseitigt werden sollten. Dies führte im Jahre 1965 zu großen Aufständen von Studenten, die sich schließlich in den »Roten Garden« organisierten. Es begann erneut eine Zeit großer Unruhen, mit Terroranschlägen durch die Roten Garden und blutigen Kämpfen. Die Auseinandersetzungen bestanden nicht nur zwischen den Roten Garden und der Armee, sondern eskalierten mit Arbeiterbewegungen und spitzten sich im Jahre 1967 zu. Bis zur Auflösung der Roten Garden im Jahre 1968 zählte man zwischen 400 000 und einer Million Opfer.

Die Überführung Chinas von der Planwirtschaft in die Marktwirtschaft

1972 öffnete sich China erstmals gegenüber der westlichen Welt. Dies geschah im Zuge eines Treffens mit dem US-Präsidenten Nixon. Es war der erste Schritt zu einer diplomatischen Beziehung der im Kalten Krieg befindenden Mächte. Der größte Streitpunkt, der bis heute aktuell ist, ist die Taiwan-Frage. Mao konnte sich trotz der schwer wiegenden Konflikte an der Macht halten, selbst als der Einfluss der Volksbefreiungsarmee im Parteigremium immer größer wurde. Im Jahre 1976 starb Mao Tse-tung. Die Führung übernahmen in der Zeit nach Maos Tot unterschiedliche Kräfte. Ab 1978 schob sich Deng Xiaoping zunehmend in den chinesischen Machtapparat, und 1980 gelang es ihm, die Mao-Anhänger aus der Regierung zu drängen. Als Vorsitzender des Militärausschusses und Oberbefehlshaber der Armee wurde Deng Xiaoping im Jahre 1983 zum inoffiziellen Führer der Volksrepublik China. Deng war die zentrale Figur für die Entwicklung Chinas, und er ist es bis zur heutigen Zeit. Wesentliche Reformen spielten sich in der Wirtschaft ab, und ein weiterer zentraler Punkt war die Einführung der Ein-Kind-Politik, die im Jahre 2000 wieder aufgehoben wurde. Schritt für Schritt befreite der im Westen hochgeachtete Politiker Deng seine Wirtschaftsstrategie von sozialistischen Ansätzen. Die Wirtschaftspolitik beinhaltete unter anderem die Erlaubnis, private Unternehmen zu gründen, und eine allmähliche Verselbstständigung der Staatsbetriebe, die schließlich in die Privatisierung geführt werden sollten. Außerdem ermöglichte es die Regierung unter Deng Xiaoping, dessen Politik die ehemaligen kommunistischen Ziele mehr und mehr verdrängte, ausländischen Unternehmen, in freien Sonderzonen Investitionen zu tätigen. Dadurch erhielten chinesische Staatsbetriebe Zugang zu Maschinen und Know-how industrialisierter Länder.

Im Jahr 1993 wurde die entscheidende Verfassungsänderung durch Deng Xiaoping beschlossen: der Übergang von der Planwirtschaft in die soziale Marktwirtschaft. Auf diese Weise schuf man die letzte und entscheidende Voraussetzung zur Privatisierung von Staatskonzernen. Trotz dieser Reformen, die sich wirtschaftlich positiv auf die Bevölkerung auswirkten, gab es weitere Demokratisierungsbewegungen, die ihren Höhepunkt am 4. Juni 1989 mit dem Desaster am Platz des himmlischen Friedens in Peking erreichten. Zwischen 3000 und 4000 Studenten, die an der Demokatisierungsveranstaltung teilnahmen, wurden getötet. Außenpolitisch hatte diese Maßnahme, die von Deng Xiaoping ausging, negative Auswirkungen, die Europäische Gemeinschaft reagierte mit Sanktionen. 1993 wurde Deng Xiaoping von Jiang Zemin als Staatsoberhaupt abgelöst, wobei Deng Xiaoping weiterhin der Parteichef blieb.

Unter der Führung Jiang Zemins blieb der Kurs auf wirtschaftliches Wachstum und Liberalisierung unverändert; Einzelheiten schildert Kapitel 4.1. Weitere wesentliche Reformen waren die Bekämpfung von Korruption und die weltweit beobachteten Menschenrechte. Doch trotz der westlich orientierten Wirtschaftspolitik blieb China kommunistisch. Außenpolitisch betrachtet erzielte das Reich der Mitte mit der Rückgewinnung Hongkongs und Macaos als Sonderwirtschaftszonen Erfolge. Doch die Wirtschaftsreformen brachten China nicht nur Positives, sondern – vor allem in den ersten Jahren – auch viele Schwierigkeiten, die bis heute nicht beseitigt sind. Eines der größten Probleme waren die vielen Entlassungen der früheren Staatsbetriebe, die aufgrund der Privatisierung Stellen abbauen mussten. China selbst sprach von einer Arbeitslosenquote von drei Prozent – eine ungeheuer hohe Quote für eine Planwirtschaft. Allein 1998 und 1999 gerieten im Zuge der Privatisierungen etwa elf Millionen Arbeitskräfte in die Arbeitslosigkeit. Aber das jährliche Wirtschaftswachstum betrug weiterhin rund zehn Prozent. Der letzte wichtige Schritt der Akzeptanz Chinas in der Weltwirtschaft war die Aufnahme des Landes in die Weltwirtschaftsorganisation WTO im Januar 2002.

3.2 Japan

Historische Entwicklung bis zum 13. Jahrhundert

Japan trat im dritten Jahrhundert durch die Zusammenfassung von vielen Kleinstaaten in das Königreich Yamatai ein. Es hatte erstmals einen großen Zusammenschluss der kleinen Königreiche erreicht, sodass der historische Beginn Japans auf diese Zeit zurückzuführen ist. Wie auch in Korea, wurden die Grundelemente der Zivilisation, beispielsweise die Schrift, aus China eingeführt. Für Japan bildete die westliche Halbinsel Korea die entscheidende Brücke zum damals sehr mächtigen China. Aus Korea übernahm Japan bereits sehr früh die entscheidenden wirtschaftlichen Einflüsse, zum Beispiel die Technik des fortschrittlichen Reisanbaus, landwirtschaftliche Geräte wie die Sichel, die Bearbeitung von Eisen und kollektive Arbeitsgänge in der Landwirtschaft. Im sechsten Jahrhundert kamen immer mehr koreanische Gelehrte nach Japan, die außer der chinesischen Kultur auch Know-how für den Hausbau, Medizin, Musik, Literatur und die buddhistische Schrift mitbrachten.

Im siebten und achten Jahrhundert baute Japan unter Kaiser Shomu die Grundsätze der »Taika-Reformen« aus. Diese Reform beinhaltete im Wesentlichen den Aufbau eines zentralisierten Verwaltungssystems. Es wurden Gouverneure in Provinzen ernannt, Verwaltungssysteme mit einer Registrierung der Bürger geschaffen, das Volk entmachtet und den Bauern Land zur Bewirtschaftung zugeteilt. Außerdem wurden das Steuersystem und das Rechtssystem aufgebaut. In dieser Zeit wurden die grundlegenden Weichen für die hierarchischen Strukturen in Japan gelegt, die teilweise bis heute Bestand haben. Insbesondere litten, ähnlich wie in den Nachbarländern China und Korea, die Landwirte: Sie hatten mit hohen Steuern und Abgaben zu kämpfen, die ihnen die Regierung auferlegte. In den Beamtenstatus konnten nur Personen aus Adelsfamilien ernannt werden, sodass Bauern oder andere »unterklassige Schichten« keine Möglichkeit hatten, andere Funktionen innerhalb der Gesellschaft zu übernehmen.

Die erste kulturelle Blütephase Japans begann im Jahre 794 mit der staatspolitischen Entscheidung, die Hauptstadt von Nara nach Heiankyo unter der Führung von Kaiser Kammu zu verlegen; sie läutete die Heian-Zeit ein. Die Haian-Zeit, eine kulturell erfolgreiche Epoche, endete im zwölften Jahrhundert. Bis zu diesem Zeitpunkt trafen die Kaiser die politischen Entscheidungen auf dem im siebten Jahrhundert eingeführten zentralisierten Verwaltungssystem. Bis in das zehnte und elfte Jahrhundert hinein trieben Malerei, Bildhauerei und Schriften

(Literatur) die kulturelle Entwicklung Japans voran. Diese Epoche endete im zwölften Jahrhundert. Von dieser Zeit an konnte der Adel der Landprovinzen seine Rechte durchsetzen und erhielt sein Land zurück. Die machtpolitischen Strukturen indes verblieben unverändert bei den regierenden Kaisern.

In der sich anschließenden Epoche (zwölftes und 13. Jahrhundert) wurde Japan von regionalen Bürgerkriegen erschüttert, die zunächst durch Kriegerfamilien in den ländlichen Provinzen hervorgerufen wurden. Der Grund war, mehr Land von den bäuerlichen Nachbarn zu erhalten. Während dieser inneren Unruhen entwickelten sich die ersten ausgebildeten Wirtschaftsstrukturen; sie legten die Grundlagen für das spätere Wirtschaftswachstum. Durch die landesweiten Unruhen mussten die Krieger mit Waffen und Lebensmitteln versorgt werden. Dadurch entwickelten sich eine erste »Massenproduktion« und ein landesweites logistisches Handelssystem.

Wirtschaftsentwicklung ab dem 14. Jahrhundert

Bereits vor dem 14. Jahrhundert baute Japan mit seinen westlichen Nachbarn aus Ostasien erste Handelsverbindungen auf. Im 14. und 15. Jahrhundert ging Japan Wirtschaftsbeziehungen mit China ein und entwickelte sich nun auch außenpolitisch weiter. Die ersten Handelsbeziehungen liefen über den Schiffsweg auf. Die Exporte Japans bestanden zunächst aus der Lieferung von Schwertern, Schwefel und veredelten Edelhölzer, die unter anderem von den Philippinen bezogen wurden. Im Gegenzug importierte Japan aus China Kupfermünzen, Seidenstoffe, Porzellan und insbesondere Bücher. Die importierten Kupfermünzen wurden recht schnell als Zahlungsmittel anerkannt, sodass sich auf diesem Wege das erste Bankenwesen entwickelte. In dieser Zeit entstanden auch die ersten Leihhäuser, die mit den heutigen Kreditinstituten vergleichbar sind.

Ebenfalls im 14. Jahrhundert wurde, auf der Grundlage der ersten Erfahrungen im Handelssystem und in der Logistik, ein Reislager in Form eines Großhandels in Kyoto aufgebaut. Die Reisbauern organisierten sich selbst und schufen sich durch Reisauktionen einen ersten Markt auf Basis von Angebot und Nachfrage. Die Führer dieser Organisation wurden immer mächtiger. Um die Auswüchse dieses Systems einzudämmen, hielten die leitenden Händler absichtlich Reis im Lager zurück, um das Angebot klein und die Preise hoch zu halten. Doch die Macht der Organisationen wurde immer größer. Auch andere Industriezweige schlossen sich zu Organisationen in Kyoto zusammen.

So entstanden für die damalige Zeit riesige Handelszentren für die Bereiche Textilien, Eisen und Bambus sowie mächtige Handwerkszünfte. Doch die erneuten Unruhen mit bürgerkriegsähnlichen Zuständen ließen die mächtigen Produktions- und Handelsbetriebe zerfallen, da der Schutz durch die Fürstentümer nicht mehr gewährleistet war. Diese ersten Handelsansätze bildeten eine wesentliche Grundlage für die künftige Wirtschaftsentwicklung.

Im Jahre 1542 strandete ein portugiesische Handelsschiff an der Westküste. Dies nahm Japan zum Anlass, Kontakte zum entfernten Europa zu knüpfen. Die Hafenbetreiber und Provinzfürsten Japans erkannten rasch die Chancen der Handelsbeziehungen mit Portugal. Doch die Aussichten auf gute Geschäfte führten umgehend zu Machtkämpfen unter den Provinzfürsten. Die ersten Jahre der Handelsbeziehungen lohnten sich für Portugal nicht. Schließlich trat das Land immer häufiger als Händler zwischen China und Japan auf, da die Beziehungen zwischen China und Japan durch die sich anbahnenden erneuten Unruhen gespannt waren. Kurz vor Ende des 16. Jahrhunderts baute Japan Handelsbeziehungen mit Spanien, England und den Niederlanden auf. Von ihnen profitierte die Regierung sehr stark, weil für die Einfuhr und Ausfuhr von Waren Zölle erhoben wurden.

Nach dem Ende des Bürgerkrieges im 16. Jahrhundert übernahm der Sieger Kaiser Hidyoshi die Führung. Er entschied sich für eine Expansion nach China. Dieser Plan schloss die Invasion des Nachbarn Korea ein. Der Feldzug begann im Jahre 1592. Die Japaner entsandten Truppen und überrannten Korea innerhalb kurzer Zeit bis zur Hauptstadt Seoul. Nördlich davon begannen dann die blutigen Schlachten mit China. Es dauerte sechs Jahre, bis 1598 der Krieg durch den Rückzug Japans aufgrund des Todes seines Herrschers Hidyoshi beendet wurde. Als größter Verlierer blieb Korea zurück, deren Land durch Japan und China nahezu vollständig zerstört worden war.

Entwicklung ab 1600

Nach dem Tod des Herrscher Hidyoshi wechselte die Regierung, und es wurde ein erneuter Umzug der Regierung beschlossen, der in Japan üblicherweise bei einem Machtwechsel vollzogen wurde. Die neue Residenzstadt des Machthabers Ieyasu wurde nach Edo – das heutige Tokio – verlegt. Die europäischen Einflüsse brachten in dieser Epoche immer mehr christliche Missionare nach Japan. Diese unterschiedlichen Einflüsse und die alteingesessene Glaubensrichtung des Buddhismus brachten zunehmend Probleme mit sich. Im Jahre 1620 entschloss sich die Führung schließlich, die Handelsbeziehungen mit Europa (Portugal, Spanien, England, Niederlande) aufzulösen, und vertrieb die Missionare aus dem Land.

Zwischen der Mitte des 17. und dem Beginn des 18. Jahrhunderts, das gänzlich ohne europäische Außenhandelsbeziehungen ablief, verbesserte sich in Japan die Infrastruktur enorm. Es wurde ein riesiger Binnenmarkt aufgebaut, der zur Urbanisierung führte. Die Landflucht bewirkte die Bildung von Ballungszentren, in denen sich Produktion, Handel und Handwerk räumlich konzentrierten. 1732 bildeten drei Städte das »wirtschaftliche Dreieck« Japans: Osaka, Kyoto und Tokio (Edo). Mittlerweile stieg Tokio mit über einer Million Einwohnern gemeinsam mit Peking (China) zur weltweit größten Stadt auf. Osaka war mit etwa 400 000 Menschen die weltweit größte Hafenmetropole.

Ab Ende des 18. Jahrhunderts konnte Japan dem Druck des imperialistischen Westen nicht mehr standhalten und wurde zur Öffnung des Landes gezwungen. Es dauerte schließlich bis 1854, als die US-Amerikaner die Öffnung gegenüber dem Ausland durchsetzen konnten. Es folgte die Epoche der japanischen Modernisierung. Nach mehreren Aufständen verschiedener Volksgruppen wurde Japan im Jahre 1868 wieder zum Kaiserreich erklärt, und es wurden die wesentlichen Reformen des modernen Japan eingeleitet. Zu ihnen gehörten die Gründung der Zentralbank (Bank of Japan), der Aufbau eines einheitlichen Währungssystems, der Ausbau der Infrastrukturen wie Straßen, Eisenbahnnetze und Schiffbau, der Aufbau von Post- und Telegraphensystemen, die Gründung der Börse und die Einfuhr ausländischer Experten für die technologische Entwicklung. Zusätzlich wurde ein Steuersystem geschaffen, das den Wandel der »Naturalsteuer« in eine »Geldsteuer« umsetzte. Dadurch steigerte Japan seine Staatseinnahmen von jährlich zwei Millionen Yen auf 60 Millionen Yen. Japan entwickelte sich weiter und ging daran, ein Energienetzwerk (Kohleförderung) aufzubauen. Private Unternehmen wurden unterstützt, und man gründete parallel dazu staatliche Firmen, die bei Erreichen der Gewinnzone ebenfalls privatisiert wurden. Es folgten schließlich weitere Reformen wie die freie Berufswahl für alle Gesellschaftsschichten, Abschaffung der Privilegien der Samurai-Klasse, Wandel der »Naturalsteuer« in eine »Geldsteuer« und freier Erwerb von Land. 1889 erließ die neue Regierung der »Meiji-Zeit« eine neue Verfassung nach dem Vorbild Deutschlands von 1871. Der wesentliche Unterschied dieser Verfassungen war Artikel 3, der die Heiligkeit und Unverletzlichkeit des Kaisers betraf.

Die Bedrohung, die sich offensichtlich aus dem Westen entwickelte, war Anlass für Japan, wirtschaftlich unabhängiger zu werden. So vertiefte der Staat die Verbindungen zur Wirtschaft. Es begann eine Phase des Wirtschaftswachstums mit einer Menge neuer technologischer Entwicklungen. Doch der Druck der westlichen Mächte brachte Japan dazu, im Jahre 1875 die ersten Kriegsschiffe nach Korea zu entsenden. Im Jahre 1876 erreichte Japan sein Ziel, die Häfen Koreas zum Handel zu nutzen, nachdem China dafür seine Erlaubnis gab. Nur wenige Jahre später loderte wieder ein Krieg zwischen Japan und China auf, der in Korea ausgetragen wurde. Die Spannungen spitzten sich daraufhin auch in der Beziehung zu Russland zu, was in einen weiteren Krieg mündete. Diesen Krieg behandeln wir aufgrund der Besatzung Japans in Korea in der Historie Koreas (Kapitel 3.3). Doch der Einfluss Japans in Korea führte zu neuen Machtverhältnissen und schließlich im Jahr 1910 zur Kolonialisierung Koreas.

Der Erste Weltkrieg brach aus, und Japan ergriff die Chance, seine Produktion von Industriegütern zu steigern, nachdem die europäischen Länder auf Kriegswirtschaft umstellten und die Rüstungsindustrie ausbauten. Japan ging durch die Belieferung europäischer Kolonien in Ostasien und Afrika als wirtschaftlicher Sieger hervor. Es wurden insbesondere Fahrräder, Nähmaschinen und Textilien exportiert. Japan nahm zum eigenen Vorteil am Krieg teil und besetzte die Deutsche Kolonie in China »Tsingtao«. Nach Kriegsende – Japan war Teil der alliierten Gewinner – forderte Japan die Bestätigung über das japanische Protektorat China. Doch die westlichen Mächte sahen Japan nicht als gleichberechtigten Partner an, was sich künftig negativ auswirken sollte. Japan entwickelte dadurch einen immer größeren Nationalismus, der sich in den folgenden Jahren noch verstärkte.

Erst Mitte der zwanziger Jahre stagnierte das Wirtschaftswachstum Japans. Die Konjuktur wurde immer schwächer, Verelendung der Bauern, Massenarbeitslosigkeit und Verzweiflung griffen um sich. Dies führte dazu, dass das radikale und faschistische Militär in den Mittelpunkt rückte. Angeheizt wurde die wirtschaftlich schlechte Stimmung durch die Weltwirtschaftskrise 1929 und das Erdbeben 1932, das gesamt Tokio in Schutt und Asche legte. Daraufhin erhielt die faschistische Militärregierung die Macht; sie legte die Expansionsstrategie Japans fest. Die Militärregierung wollte ihren Einflussbereich durch die Einnahme Chinas und Zentralasiens erweitern. Dies geschah im Jahre 1937 mit der ersten Entsendung von Militärtruppen nach China sowie dem Austritt aus dem pazifischen Völkerbündnis. Begleitet wurde die Machtzeit der Militärs von der Verfolgung von Systemkritikern, Intellektuellen und linken Politikern, was schließlich 1940 zur Auflösung aller Parteien führte.

Mit den ersten Angriffen auf China waren die Weichen für den Pazifik-Krieg gestellt. 1939 begann Japan, gegen die Sowjetunion zu kämpfen. Beide Nationen hatten bereits aus früherer Zeit keinerlei freundschaftliche Verbindungen, und es bildete sich langsam eine Achse mit den in Europa kriegführenden Deutschen und Italienern »Berlin–Rom–Tokio«. Ab 1940 marschierte Japan in die europäischen Kolonialländer wie Indonesien, Malaysia und Burma ein. Hongkong und Singapur wurden überrannt. Thailand wurde zum Verbündeten, der sich jedoch nicht in das Kriegsgeschehen einmischte. Im Jahre 1941 erklärte Japan mit dem Luftangriff auf Pearl Harbor den USA, Großbritannien und den Niederlanden den Krieg. 1944 war Japan in Ostasien die stärkste Macht und hatte alle wesentlichen Nationen in seiner Gewalt.

Japan nach dem Zweiten Weltkrieg 1945

1945 kam die Wende. Die Alliierten gewannen mit Hilfe von Luftangriffen die strategisch wichtigen Schlachten um Japan. Das Kriegsende wurde mit der Unterzeichnung der Potsdamer Erklärung besiegelt. Danach erging es Japan ähnlich wie den verbündeten Deutschen, die Teile ihres Landes und Kolonien abtreten mussten. So entschieden die Alliierten, dass die japanische Kolonie Korea in neue Besatzungszonen aufgeteilt wird, nämlich Nordkorea und Südkorea. Über diese Entwicklung werden Sie im Kapitel über die Historie Koreas noch ausführlicher informiert. Japan selbst wurde zwischen 1945 und 1952 von den USA besetzt. Schon bald kristallisierte sich heraus, dass Japan möglichst schnell in die Unabhängigkeit entlassen werden soll, da die Last der Lebensmittellieferungen für die USA täglich größer wurde.

Wirtschaftlich betrachtet versuchten die USA zwar, einen zügigen Aufbau Japans umzusetzen, sahen jedoch die Zerschlagung strategischer Konglomerate als wesentliches Ziel an. Durch die Zerstörung dieser Verhältnisse sollte ein erneutes Aufrüsten verhindert. Im Bereich Agrarwirtschaft setzten die USA mit der Reformierung des Pächterverhältnisses ein Zeichen. Bauern konnten erstmals rechtmäßig Land erwerben und dies durch günstige Kredite finanzieren. Somit entwickelte sich die Agrarwirtschaft zügig und ermöglichte schnell die Eigenversorgung. Die erste große Wirtschaftsentwicklung fand in Japan ab 1952 statt. Hier mussten die USA im Zuge des Korea-Krieges und des Beginns des Kalten Krieges auf Japan als neuen Verbündeten zurückgreifen. Japan wurde somit vom Feind zum wichtigsten Bündnispartner im pazifischen Raum. Dies führte in Japan zu einer enormen Wirtschaftsbelebung, die durch steigende Auftragseingänge für Anlagen- und Ausrüstungsmaschinen gekennzeichnet war. Die hohen Investitionen und Aufträge belebten die japanische Wirtschaft in einem unglaublichen Ausmaß. Das Bruttosozialprodukt stieg bis 1972 jährlich um etwa zehn Prozent. Die Exporte stiegen zwischen 1950 und 1960 um jährlich durchschnittlich 7,6 Prozent. Zwischen 1950 und 1956 stieg das Exportgeschäft von 500 Millionen US-Dollar auf 2,5 Milliarden US-Dollar. Zu dieser Zeit wurde eine Vielzahl kleiner und mittelständischer Betriebe aufgebaut, die zunehmend die Arbeitslosenquote senkten. Ab 1968 war Japan bereits zum weltweit zweitgrößten Wirtschaftsland nach den USA aufgestiegen und überholte damit die Bundesrepublik Deutschland. Der wirtschaftliche Boom setzte sich auch nach der Olympiade im Jahre 1968 weiter fort.

Um das Wirtschaftswunder Japans mit Zahlen zu belegen, ist die Entwicklung des Fernsehmarktes ein gutes Beispiel. Während 1958 gerade einmal 15 Prozent der Japaner einen Fernseher besaßen, waren es zehn Jahre später bereits 83 Prozent. Telefonanschlüsse wurden zwischen 1958 und 1975 von 20 auf 80 Prozent erhöht. Japan entwickelte sich also durch den starken Binnenmarkt zu einem attraktiven wirtschaftspolitischen Partner. Der Fleiß und das Streben nach Know-how in Japan sowie die staatliche Förderung von Konkurrenzunternehmen heizte die Wachstumsstimmung zusätzlich an. Dies brachte die japanische Regierung dazu, ihre in den fünfziger Jahren dominierende Textilindustrie durch andere Exportschlager abzulösen. Es waren vor allem die Produkte der Schwerindustrie, die das Ausland nachfragte. Bis 1964 entwickelten sich die Stahlausfuhren zum größten Exportgeschäft auf 34 Prozent, ab 1965 wurde diese Industrie durch Maschinen und Verkehrsmittel (Autos und Schiffe) ersetzt. Zwischenzeitlich ist auch die Leichtindustrie wieder aufgeblüht; sie glänzt im Exportgeschäft mit Uhren, Kameras, Radio und Fernsehgeräten.

Symptomatisch für das rasante Wirtschaftswachstum Japans, das wir aktuell auch in China erkennen können, war der Energiewandel. Japans wesentliche Energiequelle vor 1955 war die Kohle. Danach wurde die Energie-

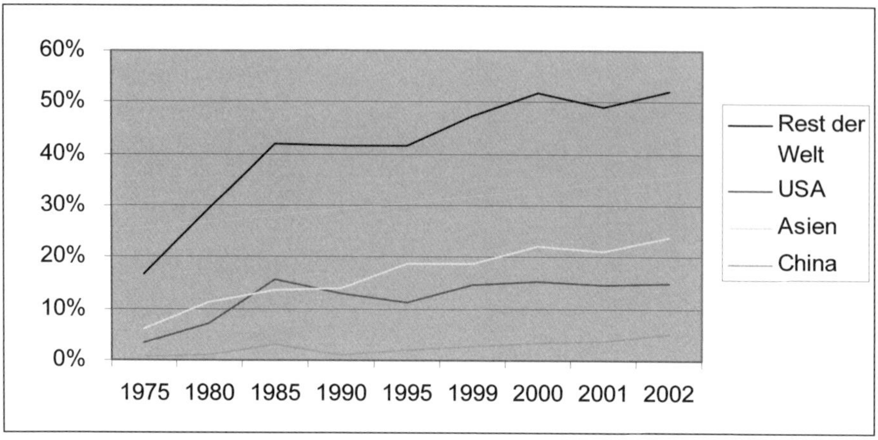

Japan: Exportentwicklung insgesamt sowie in den USA, Asien und China

quelle Öl immer wichtiger. Von 1955 bis 1973 stieg der jährliche Ölverbrauch von 9,27 Millionen Kilolitern auf 288,49 Millionen Kiloliter.

Doch wer denkt, dass die japanische Wirtschaft ungehindert wuchs, der irrt. Insbesondere die Jahre 1972 und 1979 waren durch die Ölkrise geprägt, was Japan zwang, seine Energiepolitik auf Kernenergie umzustellen.

Die achtziger Jahre waren von vielen ausländischen Investitionen geprägt. Der Aktienmarkt (siehe ausführliche Darstellung in Kapitel 5) explodierte förmlich, der Immobilienmarkt stand ihm in nichts nach. Kredite wurden massenhaft vergeben, um die Wirtschaft weiter zu beleben, die Löhne stiegen in unglaubliche Höhen, und der Export wuchs unaufhörlich. Japan erschien im internationalen Anlageuniversum als Musterland, und dies ließ die Bewertungen der Aktien weiter in die Höhe klettern. Neuplatzierungen waren aufgrund der enormen internationalen Nachfrage kein Problem, und Banken investierten ihr Kapital ebenfalls in Aktien, was sich später als verheerende Fehlentscheidung erweisen sollte. Auch die Ausgliederungen und Börsenplatzierungen von Tochtergesellschaften japanischer Großkonzerne heizten die Dynamik zusätzlich an. Diese Unternehmensausgründungen ließen ein regelrechtes Schneeballsystem entstehen: Die steigenden Aktienkurse der Konzerne zogen die Notierungen der Töchter mit nach oben, und dies steigerte die Gewinne aus den Beteiligungen bei den Konzernen. Es war ein Kreislauf, dessen Dynamik sich bis Ende der achtziger Jahre zu einer gigantischen Kapitalmarktblase entwickelte.

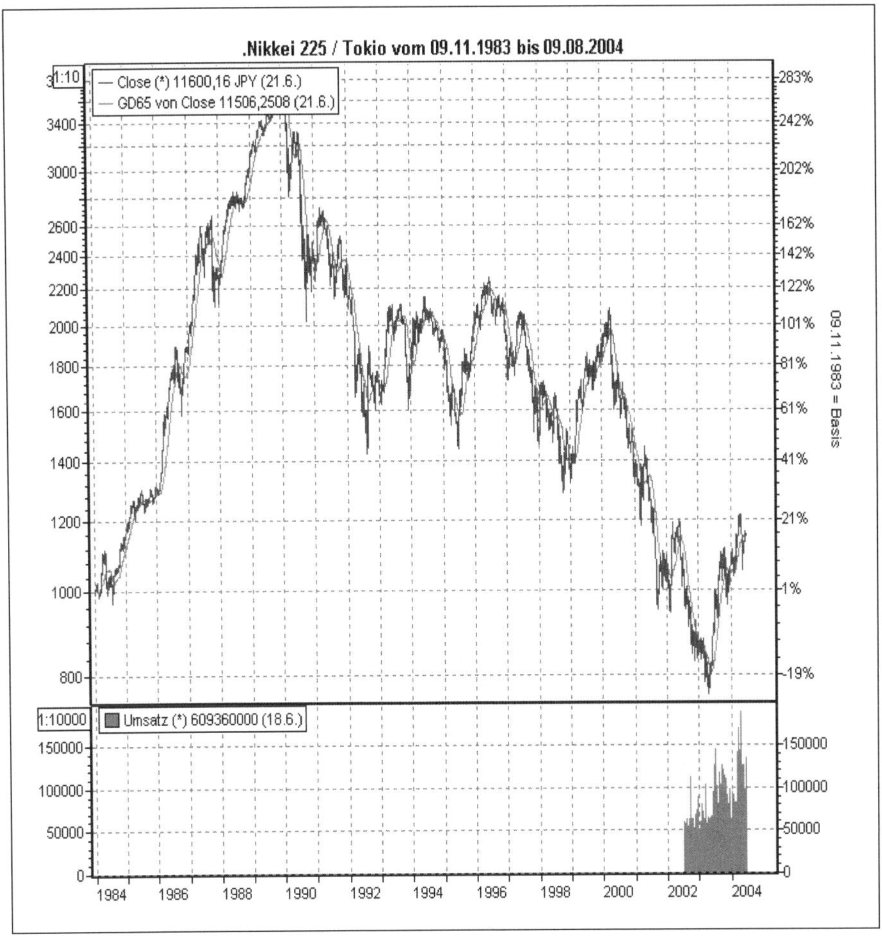

Entwicklung der japanischen Finanzblase und deren Platzen *Quelle: Market Maker*

Im Jahre 1989 kam dann, was kommen musste: Die gigantische Blase platzte. Die gesamten wirtschaftspolitischen Übertreibungen fielen auf einen Schlag zusammen. Quasi über Nacht gingen zuvor vermeintlich gesunde Großkonzerne Pleite. Die Insolvenzwelle erfasste auch mittelständische Unternehmen, und deren Zusammenbrüche ließen die Zahl der Arbeitslosen rapide ansteigen. Zu allem Übel riss die Blase die Finanzwirtschaft, insbesondere die Banken, ins Unglück. Es war die irrwitzige Summen notleidender Kredite an die Pleite gegangenen Riesenunternehmen. Die Auswirkungen dieser faulen Kredite stellen selbst 15 Jahre nach dem Beginn der großen Finanzkrise ein schwer wiegendes Problem Japans dar. Wer behauptet, dass die Wunden nach 15 Jahren geheilt sind, vergisst, dass zum Ende des Geschäftsjahres 2003/04 die faulen Kredite der fünf größten Banken Japans, die sich im Übrigen mit einer Vielzahl von Fusionen zusammengeschlossen haben, immer noch 14 Billionen Yen betragen. Die Eigenkapitalquote der vier größten Banken liegt nach Abzug von langfristigen Steuererstattungen – ein Bilanzierungstrick, der das Eigenkapital teilweise um bis zu 50 Prozent künstlich anhebt – unter fünf Prozent. Seit dem 1989er-Crash sind die Immobilienpreise um 60 Prozent gesunken und haben sich erst im Frühjahr 2004 wieder leicht erholt. Ebenso erging es dem Aktienmarkt: Die Börse und somit der Leitindex Nikkei 225 hat erst im März/April 2004 seinen Tiefpunkt erreicht. 15 Jahre lang sah die japanische Börse nur eine Richtung: die nach unten. Selbst staatliche Eingriffe wie Zinssenkungen, übernommene faule Kredite der Banken, Stützung maroder Unternehmen oder neue Wirtschaftsförderprogramme haben nicht geholfen, im Gegenteil: Die staatlichen Eingriffe waren sehr kostspielig und führten zu einer überaus hohen Staatsverschuldung, die sich immer noch stetig weiter erhöht. Die Staatsschulden sind mittlerweile im Vergleich zum BIP auf 140 Prozent gestiegen.

In den neunziger Jahren wirkte sich das Platzen der Kapitalmarktblase auf eine Reihe von volkswirtschaftlichen Faktoren sehr negativ aus. Das Thema »Deflation« ist auch heute noch aktuell. Die Preise haben einen stetigen Rückgang verzeichnet. Unternehmen, die zuvor hoch profitabel wirtschafteten, mussten ihre Produkte teilweise unter Wert verkaufen, um ihre Lager einigermaßen zu leeren. Auch hier war es im ersten Quartal 2004 erstmals wieder zu einem leichten Preisanstieg im Konsumentenpreisindex (CPI) gekommen. Aber dennoch muss man der japanischen Wirtschaft ein Kompliment aussprechen: Nach den unglaublichen Kapitalzuflüssen bis Ende der achtziger Jahre und dem extrem hohen Kapazitätsaufbau haben die japanischen Unternehmen ihre Produktivität so weit gesteigert, dass sie weltweit wieder wettbewerbsfähig wirtschaften können. Wenn man sich vergegenwärtigt, dass die Löhne in Japan weit über dem Durchschnitt vergleichbarer Volkswirtschaften liegen, ist es umso erstaunlicher, dass dennoch profitabel gearbeitet werden kann. Die lange Phase von Optimierungen, Sanierungen und Restrukturierungen hat die japanischen Firmen mittlerweile weltweit zu den produktivsten Unternehmen aufsteigen lassen. Es ist ein Vorteil Japans gegenüber seinen westlichen Konkurrenten, die diese Optimierungsphase unserer Einschätzung nach noch vor sich haben.

3.3 Südkorea

Das »Wunder am Han« nach dem Korea-Krieg 1953 kann auf eine einzigartige Kombination von unternehmerischem Talent und wirtschaftspolitischen Entscheidungen zurückgeführt werden. Steuererleichterungen, finanzielle Unterstützungen und die Förderung des Exportsektors beschleunigten den Wiederaufbau Koreas und lösten die japanische Dominanz im asiatisch-pazifischen Raum teilweise ab. Nicht vergessen werden sollte der Beitrag, den die Koreaner dabei leisteten: die einzigartige Anpassungfähigkeit.

Korea wurde im Westen lange Zeit vernachlässigt. Erst die Olympischen Spiele von 1988 haben das Land ein wenig bekannter gemacht. Dabei wird oft übersehen, dass Korea dem Westen lange Zeit voraus war. Bereits im zwölften Jahrhundert verfügten die Koreaner über die Technologie des Typenrads, das den Buchdruck vereinfachte. Europa hat diese Technologie erst 200 Jahre später erfunden. Diese und auch andere Erfindungen zeigen, dass die asiatische Region die Welt über einen langen Zeitraum hinweg dominierte. Dies haben die Europäer in ihrer Geschichtsdarstellung häufig völlig verdreht, um die eigenen Länder in den Vordergrund zu heben. Einige Sonderfaktoren drängten Asien in den letzten Jahren zurück. Doch es ist keineswegs unwahrscheinlich, dass Asien in den nächsten Jahrzehnten seinen alten Glanz zurückerhält und damit auch seinen hohen Stellenwert in der globalen Wirtschaft.

Korea zeigte der Welt, in welcher rasanten Geschwindigkeit die Wirtschaft wachsen kann. Nach Ende des Korea-Kriegs 1953 stieg das BIP um durchschnittlich jährlich beinahe zehn Prozent Die durchschnittliche Lebenserwartung nahm um mehr als 20 Jahre zu, und die Zahl der Analphabeten ist mittlerweile niedriger als jene in den USA. Das Internet erreicht einen Großteil der Haushalte, und nirgendwo auf der Welt gibt es pro Kopf mehr Breitbandverbindungen als in Korea. Zehn Millionen Breitbandzugänge in Südkorea bei einer Bevölkerung von 50 Millionen Einwohnern sprechen eine deutliche Sprache.

Ob RAM-Speicher von Hynix, Mikrowellengeräte von Samsung, Autos von Hyundai, KIA und Daewoo oder Fernsehgeräte von Goldstar (LG), überall finden wir mehr oder weniger sichtbar Produkte aus koreanischer Produktion. Nach dem Zweiten Weltkrieg stiegen die Exporte Japans, bis Korea seinen Platz einnahm und heute wiederum von China verdrängt wird. Hier wird die künftige Herausforderung für Korea liegen: Wird es dem Land gelingen, sich gegen seinen Wettbewerber China zu wehren, obwohl es keine offenen Grenzen auf dem Landwege besitzt? Letztendlich gilt es zu klären, wie wahrscheinlich eine Vereinigung mit Nordkorea ist, ob diese Vereinigung dem Land zu neuem Schwung verhelfen wird und ob sich die Handelsbeziehungen mit China verbessern werden.

Entstehungsgeschichte

Das heutige Korea entstand im Jahre 668 nach einer geglückten Invasion des Koguryo-Reiches mit Hilfe des Königs von Silla. Die beiden Königreiche Silla und Koguryo schlossen sich in den von Chinesen besetzten Landstrichen zusammen, um das Land von den Besatzern zu befreien und dadurch ein vereintes Korea zu ermöglichen. Bereits zu dieser Zeit bildete Korea eine Brücke zwischen China und Japan und brachte Informationen sowie handwerkliches Know-how nach Japan. Im neunten Jahrhundert führten Machtgier und interne Machtstreitigkeiten zu einer Krise des koreanischen Staatssystems, die sich so negativ auswirkte, dass die damalige Silla-Dynastie im Jahre 935 die Macht an die Koryo-Dynastie abgeben musste. Der Konfuzianismus löste den Buddhismus ab, und der Staatssektor wurde auf seine Effektivität hin überwacht. Die wesentlichen Faktoren, die den Stand eines Koreaners in der Gesellschaft ausmachten, waren Ordnung, Respekt und sein beruflicher Status.

Koreas Beziehungen zu China und Japan 1500 bis1850

Zwischen 1500 und 1850 lagen die koreanischen Königreiche häufig im Streit mit China und Japan, was zu politischen und wirtschaftlichen Verlusten führte und das Land schwächte. Insbesondere im späten 18. Jahrhundert baute Korea seine Beziehungen zu den Nachbarn Japan und China aus: Die drei Länder (Japan, China und Korea) entsandten gegenseitig Gelehrte, um den jeweiligen Nachbarn die eigene Kultur zu vermitteln. Verbindungen gab es zu dieser Zeit insbesondere zwischen China und Korea, die im Allgemeinen freundschaftlicher Natur waren, doch auch Konflikte an der Nordgrenze Koreas zu China umfassten.

Aufgrund der großen Macht, die China innerhalb Ostasiens besaß, wurde Korea auf der einen Seite immer stärker von seinem Nachbarn politisch und wirtschaftlich abhängig. Diese Abhängigkeit führte dazu, dass Korea China quasi als übergeordneten Riesen anerkannte. Dies führte im Laufe der Jahre zur chinesischen Gesetzgebung in Korea, die sich zunächst zu großen wirtschaftlichen Nachteilen für Korea entwickelte. In dieser Phase (Ende des 18. Jahrhundert / Beginn des 19. Jahrhundert) wurde Korea zum Tribut-Staat, die Abhängigkeit von China wuchs weiter. Auf der anderen Seite profitierte Korea von der Kultur Chinas: Die Oberschicht Koreas wurde konfuzianisch erzogen und unterhielt aufgrund der konfuzianischen Prägung ein meist freundschaftliches Verhältnis zum mächtigen Nachbarn. Diese Oberschicht des koreanischen Königreiches konnte im Handel von den guten Beziehungen profitieren. Das Landvolk und die Bauern hingegen wurden mehr und mehr wirtschaftlich ausgebeutet.

Innerhalb der Gesellschaft entwickelte sich ein Ungleichgewicht zwischen der Schicht der Reichen und Gelehrten und jener der Armen und Ungebildeten. Die Bauern litten unter den Abgabenzahlungen der Familien an das Militär, da der männliche Nachwuchs bei der Landwirtschaft gebraucht wurde und somit keinen Militärdienst leisten konnte. Der Unmut gegenüber der Herrschaft wurde immer größer, und Bauernaufstände erschütterten das Land.

Erste Öffnung Koreas gegenüber der westlichen Welt

Korea konnte sich bis Mitte des 19. Jahrhunderts für westliche Länder kaum öffnen. Das tributiale Verhältnis Koreas gegenüber China reduzierte westliche Einflüsse auf Besuche koreanischer Entsandter in Peking, die zu dieser Zeit eine mächtige Position in Ostasien einnahmen. Doch die westlichen Länder wie die USA, die bereits Kontakte zu Japan aufgebaut hatten, strebten immer stärker eine Öffnung Koreas an. Der erste Versuch der USA im Jahre 1866, Korea vom Abbau der Handelsbeschränkungen zu überzeugen, scheiterte kläglich. Die mittlerweile enge Partnerschaft zwischen Japan und den USA sollte den USA zur Öffnung des koreanischen Handels dienen. Die USA drängten Japan immer stärker, seine Handelsbeschränkungen in Korea abzubauen. Im Jahre 1875 wurden die ersten japanischen Kriegsschiffe an der Küste Koreas gesichtet. Korea hatte durch seine engen Beziehungen und seine Abhängigkeit von China nicht das Recht, sebst zu entscheiden, ob man sich gegenüber anderen Ländern öffnen sollte. Die militärische Macht Japans, die durch die USA unterstützt wurde, bewog China im Jahre 1876 zum Einlenken und erlaubte Korea ein Handelsabkommen mit Japan. Das Abkommen beinhaltete die Hafenöffnung. In dem Handelsvertrag wurde festgelegt, dass Japan bei der Hafennutzung keine Zölle bezahlen muss – ein Vorteil für das (bereits zu dieser Zeit) Exportland Japan. Der Einfluss Japans in Korea nahm zu, sodass sich Korea gegenüber westlichen Nationen weiter öffnen musste. In den Jahren 1882 bis 1886 schloss Korea mit den westlichen Staaten USA, Großbritannien, Deutsches Reich, Russland, Italien und Frankreich weitere Handelsabkommen.

Die zunehmende Macht westlicher Industrienationen und insbesondere Japan innerhalb Koreas bereitete dem chinesischen Staat Sorge. Da das Tributen-Verhältnis für China unter anderem die militärische Sicherung Koreas beinhaltete, war der Einmarsch chinesischer Truppen in Korea ein erstes deutliches Zeichen für den Kampf gegen den Westen. Gründe für die Militäraktion waren außer der zunehmenden Macht Japans und westlicher Militärs erneute Unruhen und Aufstände der koreanischen Bauern. Es kam zu Kämpfen zwischen Japan und China auf koreanischem Boden, die mit einem Sieg der Japaner im Jahre 1894 endeten. Obwohl die Japaner mit China Krieg führten, wurde Korea zur Zahlung von Schadensersatz gezwungen. Die koreanische Wirtschaft bestand zu diesem Zeitpunkt größtenteils aus Landwirtschaft, die weiterhin von der eigenen Regierung und den umliegenden Nationen ausgebeutet wurde. Wirtschaftlich betrachtet hatte Korea kaum Möglichkeiten, sich zu entfalten. Die Einflüsse der bis dahin bereits sehr entwickelten japanischen Wirtschaft sollten sich jedoch langfristig für Korea positiv auswirken. Aber der wachsende Einfluss Japans in Korea beunruhigte die Führung zunehmend. Deshalb schloss sich der koreanische König Min Russland an, um einen Gegenpol zu Japan zu bilden. Russland war somit das erste europäische Land, zu dem Korea engere Verbindungen aufnahm und wirtschaftliche Beziehungen einging. Die Kontakte des koreanischen Königs ermöglichten es Russland, die zwei wichtigsten Häfen an der Südspitze des Liaotung zu pachten.

Beginn der Kolonialzeit

Japans »Expansionsstrategie« war auf Korea gerichtet, und deshalb ging es gegen die Hafenpachtung Russlands an. Mit dem Verbündeten Großbritannien marschierten 1904 die Japaner und Briten in Russland ein. Als Aufmarschgebiet der japanischen Truppen wurde Korea bestimmt, wodurch der Einfluss und die wirtschaftlichen Beziehungen Koreas mit Russland endeten. Nach einem schnellen Kriegsende im September 1905 kassierte Japan die zwei anvisierten Häfen im Süden des Liaotung ein, ebenso das Eisenbahnnetz in der Süd-Mandschurei. Die in Korea stationierten Truppen wurden nicht abgezogen, und Japan baute seine Präsenz in Korea aus, die bald zu einem ersten kolonialähnlichen Vertrag zwischen Japan und Korea führte – einem Vertrag, der die wirtschaftliche und politische Souveränität Koreas erneut in Frage stellte. So erhielt Japan die vollständige Kontrolle und Leitung auswärtiger Beziehungen, internationale Verträge durfte nur Japan abschließen, eine japanische Generalresidenz wurde in Korea aufgebaut, und Beamte wurden nur noch von der japanischen Generalresidenz ernannt. Im Jahr 1910 annektierte Japan das Land, und Korea wurde zur Kolonie erklärt. Obwohl die japanische Herrschaft die kulturelle Freiheit der Koreaner stark einschränkte und Korea nicht als gleichwertigen Partner, sondern als unterstützendes Glied für den eigenen industriellen Aufstieg sah, entwickelten die Japaner das Land: Es wurden Straßen, Eisenbahnen, Häfen und Telekommunikationsnetze gebaut. Die Zuwanderung von japanischen Industriellen nahm in der Kolonialzeit stetig zu. Während 1910 bereits 170 000 Japaner in Korea lebten, wurde diese Zahl bis 1920 verdoppelt und stieg bis 1920 auf 650 000 Einwohner. Die steigende Zahl japanischer Industrieller unterstreicht, wie wichtig Japan für die wirtschaftliche Entwicklung Koreas zu dieser Zeit war.

Die Kolonialzeit dauerte 35 Jahre und endete mit der Niederlage Japans im Zweiten Weltkrieg 1945. Die japanische Besatzung wurde im Zuge des verlorenen Zweiten Weltkrieges von den Alliierten übernommen und neu aufgeteilt. Dabei war die Teilung Koreas in Nord und Süd eher ein politischer Unfall. Man entschied nämlich, dass die Vertreibung der japanischen Truppen nördlich des 38. Breitengrades russischen und südlich dieser Linie amerikanischen Einheiten zugeteilt wurde. Korea war damit nach dem Kriege Opfer von politischen Entscheidungen geworden, obwohl es als Kolonialland am Kriegsgeschehen nicht beteiligt gewesen war. Eine Zeit lang wurde das Land unter amerikanische respektive sowjetische Verwaltung gestellt. Doch ein UN-Beschluss von 1947 forderte freie Wahlen, die letztendlich, aufgrund der sowjetischen Ablehnung, nur im Süden stattfinden konnten. Bis Juni 1949 waren die meisten US-Truppen aus Korea abgezogen.

Korea-Krieg 1950 bis 1953

Der eher schwache Ministerpräsident Rhee konnte das Land nach der »Befreiung« von der Kolonialmacht Japan nicht wirklich kontrollieren, und so kam es, dass der nach dem Krieg fest an den Machthebeln sitzende Nordkoreaner Kim Il Sung das Machtvakuum nutzte und Südkorea 1950 überfiel. Die USA und die Sowjetunion reagierten sofort und unterstützten ihre jeweiligen Besatzungszonen mit Militär. China war besorgt, dass sich der Krieg aufgrund der geographischen Nähe ausdehnen könnte, und beschränkte sich darauf, die Kampfhandlungen zur Kenntnis zu nehmen. Das kommunistisch geführte China sah darüber hinaus der bedrohlichen Nähe eines imperialistischen Landes wie der USA mit Schrecken entgegen und setzte sich im Korea-Krieg umgehend für das kommunistische Nordkorea ein. Nach drei Jahren mit blutigen Schlachten kam es schließlich am 27. Juni 1953 zum Waffenstillstand. In dem Abkommen wurde festgelegt, dass sich die Truppen jeweils einen Kilometer von der vereinbarten Demarkationslinie am 38. Breitengrad fernhalten müssen. Seither herrscht in Korea Waffenstillstand – ein Waffenstillstand, aus dem noch immer kein Friedensvertrag entstanden ist. Das Ergebnis des brutalen Krieges waren geschätzte 2,8 Millionen Tote und vollständig zerstörte Städte – und nach wie vor war der 38. Breitengrad die Demarkationslinie.

Koreas Entwicklung nach dem Korea-Krieg bis 1979

Der Aufbauwillen der Südkoreaner, verbunden mit dem Bestreben der US-Regierung, aus Südkorea ein Bollwerk gegen den lauernden Kommunismus zu errichten, war für die rasche wirtschaftliche Stärkung Südkoreas verantwortlich. Während die Wirtschaft in Nordkorea nahezu unverändert schwach blieb, wuchs Südkorea innerhalb kürzester Zeit mit geradezu phantastischer Geschwindigkeit (etwa 13-mal so schnell wie Nordkorea).

Der von Korruption und Skandalen erschütterte Präsident Rhee konnte den Protesten nicht mehr standhalten, und so kam es 1960 in Folge von studentischen Protesten zu einer Machtablösung durch John M. Chang. Allerdings dauerte seine Amtszeit nicht sehr lange, und ein Militärputsch führte 1961 zur Machtergreifung von General Park Chung Hee, der trotz seiner Ablehnung der Demokratie den wirtschaftlichen Aufbau Südkoreas vorantrieb. Das Pro-Kopf-Einkommen stieg unter seiner Führung von 100 US-Dollar auf 1600 US-Dollar, und die Exporte nahmen von 33 Millionen US-Dollar auf 17 Milliarden US-Dollar zu. Auch die Lebenserwartung stieg um zehn Jahre. Doch er konnte sich gegen Ende seiner Amtszeit nur noch mit extremen Mitteln an der Macht halten, was letztendlich zu seiner Ermordung im Jahre 1979 durch seinen eigenen Sicherheitschef führte.

Während der Amtszeit von Park Chung Hee wurde Südkorea also, wie erwähnt, erstmals wirtschaftlich stark entwickelt. Diese Wirtschaftsentwicklung wurde durch verschiedene Regierungspläne angetrieben, die primär die exportorientierte Industrialisierung zum Inhalt hatten und Südkorea von einem landwirtschaftlich geprägten Land zum Industriestaat verändern sollten. Während vor der Boom-Phase unter Park Chung Hee das Verarbeitende Gewerbe gerade einmal zwölf Prozent zum Bruttosozialprodukt beitrug, war es bis 1976 auf 36 Prozent gestiegen. Allein in den Jahren von 1974 bis 1977 verdoppelten sich die Exporte von fünf Milliarden US-Dollar auf zehn Milliarden US-Dollar. Der Anteil der Landwirtschaft, die insbesondere im südlichen Südkorea vertreten war, ging in diesem Zeitraum von 44 Prozent auf 20 Prozent zurück. Das Verarbeitende Gewerbe wuchs von 1961 bis 1976 jährlich um durchschnittlich 18 Prozent. Wie die folgende Grafik verdeutlicht, lag das Wachstum der Gesamtwirtschaft jährlich bei rund zehn Prozent. Im Vergleich dazu erreichte zu dieser Zeit Deutschland ein jährliches Wachstum von 3,9 Prozent. Ermöglicht wurde diese expansive Entwicklung Südkoreas nur durch ausländisches Kapital. Mit Hilfe der USA und Japans flossen hohe Summen nach Südkorea. Allein die USA tätigten in den Jahren von 1946 bis 1973 insgesamt fünf Milliarden US-Dollar Direktinvestitionen. Zusätzlich stellten die beiden genannten Länder Kredite in Aussicht – ein Umstand, der später zu der verheerenden Verschuldung der Unternehmen und des Staates führte. Bereits Ende 1975 betrug die Auslandsverschuldung Koreas 5,4 Milliarden US-Dollar und kletterte bis 1996 auf 164 Milliarden US-Dollar.

Zeitraum	Wachstum	Verarbeitendes Gewerbe	Land-Wirtschaft
1957-1960	4,7%	8,3%	4,9%
1961	4,8%	3,6%	11,9%
1962-1965	7,8%	14,2%	5,3%
1966	12,4%	15,6%	10,8%
1967-1971	10,5%	20,3%	2,5%
1972	7,0%	15,0%	1,7%
1973	16,7%	30,4%	3,6%
1974	8,7%	17,0%	5,8%
1975	8,3%	12,9%	7,1%
1976	15,5%	25,4%	8,9%
1977	10,3%	11,2%	3,1%

Das wirtschaftliche Wachstum Koreas und seine Verteilung
Quelle: Statistical Yearbook Korea South

Japan war – trotz der Kolonialzeit und des verlorenen Zweiten Weltkriegs – ein wichtiges Land für Südkorea und die USA. Für die USA stellte Japan ein Gegengewicht zum Kommunismus dar, und für Südkorea entwickelte sich Japan zu einem wichtigen Handelspartner, der zusätzlich Südkorea mit ausgelagerten Produktionsstätten wirtschaftlich attraktiv machte. Der Aufbau von Fabriken in Südkorea war für Japan ein typischer Auslagerungsprozess, der auf die günstigen Löhne in Südkorea zurückzuführen war. Japan brachte insbesondere ab Ende der siebziger Jahre wertvolles Know-how und Kapital in die südkoreanische Wirtschaft ein. Obwohl die südkoreanischen Mitarbeiter größtenteils Arbeiter waren, belebte das Engagement Japans die wirtschaftliche Entwicklung nachhaltig.

Wie euphorisch die Stimmung des blühenden Südkoreas Ende der siebziger Jahre war, wird in den Betrachtungen von Jürgen Kleiner aus der Hauptstadt Seoul deutlich, der in seinem Buch »Korea – Betrachtungen über ein fern liegendes Land« seine Eindrücke zu dieser Zeit niederschrieb. Er berichtet: »... Entlang zahlreicher Straßen werden Kabel und Rohre verlegt; Straßen werden asphaltiert. Überhaupt wird überall gebaut. Am auffälligsten sind die riesigen Stahlgerippe der neuen Hochhausbauten, die später mit ihren Fassaden aus Beton und Glas dazu beitragen werden, dem Stadtzentrum, Downtown genannt, einen noch moderneren Anstrich zu geben. ...« Weiter formuliert er: »... Die Menschen in der riesigen Stadt wirken meist eilig und geschäftig. Besonders lebhaft geht es auf den zahlreichen Märkten zu, deren größter sich in der Nähe des alten Osttores über mehrere Straßenblöcke erstreckt. Hier werden Artikel aller Art gehandelt, von denen viele, besonders die Textilien, auch den verwöhnten Besucher aus Europa ansprechen werden. Noch attraktiver wird er die Auslagen der großen und kleinen Geschäfte im Stadtteil Myongdong finden. Das Angebot hat an Vielfalt und Qualität sichtlich zugenommen.

Den Transport der Millionen in der Hauptstadt bewältigen in erster Linie Busse und Taxis, die den ziemlich undisziplinierten Straßenverkehr bestimmen. Anfang 1977 benutzten in Seoul täglich neun Millionen Personen ein Verkehrsmittel, 85 Prozent von ihnen Busse und Taxis. Aber es steht auch schon ein erstes Stück der im Ausbau befindlichen Untergrundbahn zur Verfügung. Einen überfüllten Eindruck macht schließlich auch der Flughafen Kimpo, wann immer man dort hinkommt.

Eine Fahrt über Land bestätigt das Bild eines wirtschaftlich aufblühenden Staates. Eine mehrspurige Autobahn verbindet die drei größten Städte des Landes, Seoul, Taegu und Pusan. Moderne Schnellstraßen führen in den Südwesten und neuerdings auch an die Ostküste. Das Bahnnetz wird ausgebaut und elektrifiziert; auf den Hauptstrecken verkehren bequeme und rasche Züge. Allerdings erinnern die Staubfahnen, die die Busse hinter sich lassen, daran, dass sich noch ein großer Teil des Verkehrs mit Bussen auf unbefestigten Straßen abspielt. Auch das ländliche Leben beeindruckt den Besucher. Ihm werden weniger die bunt bemalten Blechdächer gefallen, die die Strohdächer in den Dörfern immer mehr ersetzen und auf die die Koreaner so stolz sind. Eher wird er die sorgfältig angelegten Reisfelder bewundern, die die Täler manchmal wie Schachbretter aussehen lassen. Aber auch Fabriken sind in großer Zahl zu finden, Industriebetriebe jeder Art, darunter ein Stahlwerk in Pohang und eine Werft in Ulsan, auf der im Sommer 1974 der erste in Korea gebaute Supertanker von 250.000 Tonnen getauft wurde. Der Besucher, der seine Eindrücke von der wirtschaftlichen Entwicklung Koreas durch Gespräche mit Geschäftsleuten und Beamten in den für Wirtschaftsfragen zuständigen Behörden abrundet, wird auch hier überall auf Zufriedenheit mit dem Geleisteten und auf Optimismus hinsichtlich der zukünftigen Entwicklung stoßen. Und spätestens jetzt wird er die Formulierung vom »Wirtschaftswunder am Han« hören, das die Koreaner gern in Vergleich zum »Wunder am Rhein« setzen, das ihnen ihr Präsident als Vorbild hingestellt hat. Es bleibt kritisch zu prüfen, inwieweit die Statistiken diese atmosphärischen Eindrücke bestätigen.«

Korea Wirtschaftsentwicklung ab 1979

Die folgende Tabelle des jährlichen Wirtschaftswachstums verdeutlicht die stabile Wirtschaftsentwicklung Südkoreas.

1981	4,6%	1993	5,2%
1982	7,5%	1994	8,1%
1983	11%	1995	9,1%
1984	8%	1996	6,9%
1985	7,1%	1997	4,7%
1986	10,3%	1998	-6,7%
1987	11,6%	1999	9,4%
1988	10,6%	2000	8,5%
1989	5,4%	2001	3,8%
1990	9,1%	2002	6,9%
1991	9,6%	2003	3,1%
1992	5,7%		

BIP-Wachstum von 1981 bis 2003
Quelle: Korea Statistical Yerabook 2003

Nach der Ermordung des Amtsinhabers John M. Chang übernahm General Chun Doo die Macht und führte Südkorea trotz der inneren Unruhen in eine neue wirtschaftliche Ära. Das Pro-Kopf-Einkommen stieg bis 1987 auf 4000 US-Dollar, und die Exporte erreichten 60 Milliarden US-Dollar. Erst aufgrund zunehmenden oppositionellen Drucks, nicht zuletzt vom späteren Ministerpräsidenten Kim Dae Jung, kam es 1987 zu freien Wahlen, aus denen General Roh Tae Woo als Sieger hervorging. Die Proteste der Arbeiter- und Studentenbewegungen gingen indes weiter und erregten während der Olympischen Spiele 1988 weltweit Aufmerksamkeit. Doch die wirtschaftliche Entwicklung belebte sich weiterhin zum Positiven. Die Regierung startete Ende der achtziger Jahre wichtige Reformen im Zuge internationaler Beziehungen, förderte neue Unternehmen mit Finanzspritzen sowie Direktkrediten und schuf Förderprogramme für spezielle Industriesektoren. Außerdem unterstützte die Regierung Unternehmen, die sich in neuen Technologien positionieren wollten. Es begann ein regelrechter Aufschwung, und die Stimmung im Lande wurde zunehmend euphorischer.

Südkorea hielt seine Handelsgrenze für ausländische Konkurrenzprodukte weiterhin dicht. Obwohl das Land vom Export lebte, wurde die Einfuhr ausländischer Produkte, die nicht der Produktion und Veredelung dienten, nicht gestattet. Wenn man sich vorstellt, dass auf den Straßen Südkoreas Mitte der neunziger Jahre kein japanisches Fahrzeug zu sehen war, ist dies äußerst ungewöhnlich und zeigt die starre und teilweise egoistische Politik Südkoreas zu diesem Zeitpunkt. Um die Wirtschaft weiter anzuheizen, wurden unzählige Kredite vergeben. Die Investitionsmittel erhielten hauptsächlich die Großkonzerne (Chaebols), insbesondere zusätzliche Fördermittel für Technologieforschung (1991 betrug der Etat für technologische Forschung 5,5 Milliarden US-Dollar). Die Wirtschaft wuchs weiterhin rasant, sodass das Bruttoinlandsprodukt im Zeitraum 1985 bis 1995 von 94 Milliarden US-Dollar auf 456 Milliarden US-Dollar verfünffacht wurde.

Doch Südkorea verrannte sich in immer mehr Probleme, die sowohl die Politiker als auch die Manager der Großunternehmen angesichts des enormen Wirtschaftswachstums verdrängten. Es waren die Probleme, die schließlich zur Asien-Krise 1997 führten: Es wurden aufgrund massiver Investitionsunterstützungen durch den Staat Überkapazitäten aufgebaut, die Unternehmen verschuldeten sich beim Staat und im Ausland (insbesondere in den USA), die Chaebols wurden immer mächtiger und beuteten die Arbeitskräfte aus. Obwohl die Wirtschaft wuchs und die Arbeitslosenquote bei nur noch zwei Prozent lag, wurde das finanzielle Ungleichgewicht innerhalb der Bevölkerung immer größer. Produktionen von Konzernen wurden trotz der gleich bleibend günstigen Arbeitskräfte in noch billigere Produktionsländer wie China ausgelagert. Enorme Schwierigkeiten nahmen Kurs auf das Land: 1997 ergriff die in Thailand ausgelöste Asien-Krise letztlich auch Südkorea.

Südkorea in der Asien-Krise

Die Asien-Krise wird im Folgenden noch ausführlicher behandelt. Deshalb fassen wir in diesem Kapitel nur jene Faktoren zusammen, die sich auf Südkorea beziehen.

Die Asien-Krise wurde im Juli 1997 in Thailand ausgelöst und griff im November 1997 auf Südkorea über. Die Auslöser dieser Krise waren eine Menge von Fehlentscheidungen und gierigen Machthabern, die hauptsächlich auf zu hohes Wachstum spekulierten. Es wurden Überkapazitäten aufgebaut, die Verschuldung nahm zu, und die Unsicherheit der ausländischen Investoren stieg zusehend. Ein wesentlicher Faktor, der hauptsächlich Südkorea traf, waren die plötzlichen Handelsbeschränkungen aus den USA. Die Vereinigten Staaten, der wichtigste Exportmarkt Südkoreas, schloss die Türen, da sich Südkorea seinerseits für US-amerikanische Produkte nicht öffnete. All diese Faktoren und weitere, die ausführlich in Kapitel 3.4 vorgestellt werden, führten dazu, dass ausländische Investoren ihr Kapital aus Südkorea abzogen, was den Wertverlust der Währung beschleunigte. Der südkoreanische Won brach innerhalb kürzester Zeit um mehr als die Hälfte seines Wertes ein. Daraus entwickelte sich ein enormer Schuldenberg der Großkonzerne, die sich im Ausland über den US-Dollar verschuldet hatten. Firmen gingen Pleite, der Unmut innerhalb Südkoreas stieg, und die Börse brach ein.

Die Pleitewelle erreichte zunächst die Unternehmen. Doch viel schwer wiegender war das Bankenproblem, deren Ausläufer wir sogar noch fünf Jahre nach der Krise in Südkorea erleben. Die Währungsabwertung wuchs sich zu einer großen Finanz- und Bankenkrise aus, die zur Schließung von beinahe der Hälfte aller Banken führte.

In Südkorea schrumpfte die Wirtschaft im Jahre 1998 erstmals nach vielen Jahren. Um mehr als sechs Prozent ging das Bruttoinlandsprodukt zurück. Doch Südkorea handelte schnell: Noch im gleichen Jahr nahm Südkorea einen Kredit vom Internationalen Währungsfonds (IWF) auf, um die Probleme anzugehen.

Koreas wirtschaftliche Entwicklung nach der Asien-Krise

Nach den herben Rückschlägen für die südkoreanische Wirtschaft nach der Asien-Krise konnte die Nation mit Hilfe der finanziellen Unterstützung durch den Internationalen Währungsfonds (IWF) zügig an die Lösung ihrer Probleme gehen. Die Fehler, die in den betroffenen Ländern Südkorea, Thailand, Indonesien, Malaysia, zur Asien-Krise geführt hatten, wurden nun behoben. Wesentliche Restrukturierungsmaßnahmen für das »neue« Südkorea waren die Rückzahlung von Schulden, der Abbau von Überkapazitäten, der verstärkte Aufbau der Eigenkapitalquote, ein neues Risikomanagement im Kreditwesen, die Rückführung des Anteils notleidender Kredite sowie

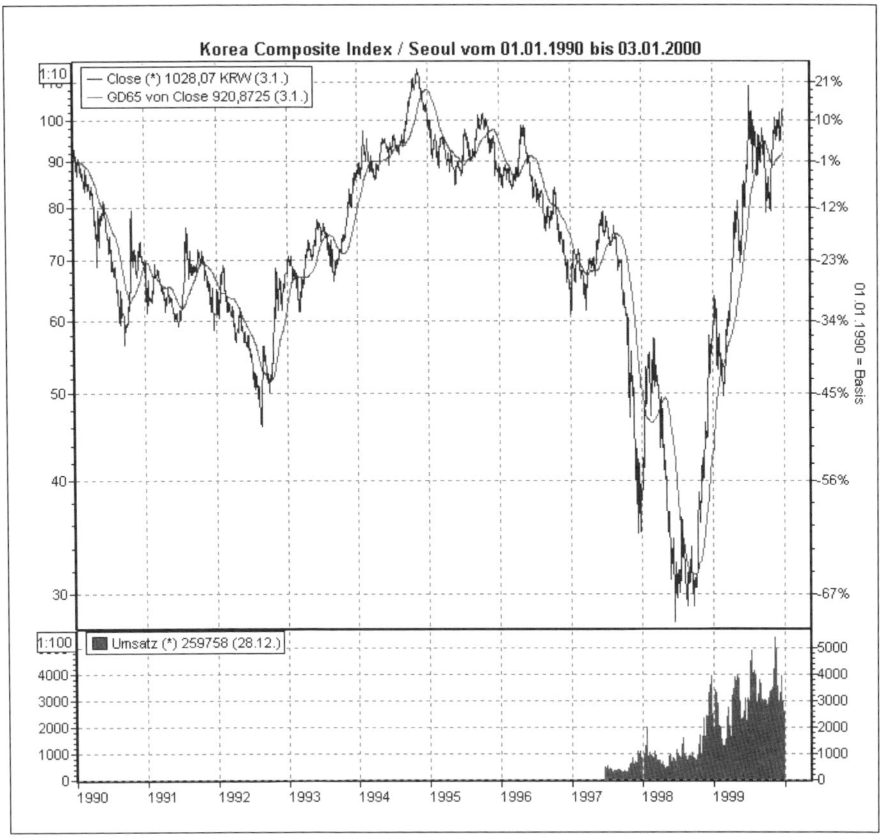

Der koreanische Aktienmarkt nach 10 Jahren auf dem gleichen Stand
Quelle: Market Maker

eine bessere Kontrolle der Chaebols, also der großen Mischkonzerne. All diese Maßnahmen wurden mit einem Kredit von 53 Milliarden US-Dollar in Angriff genommen. Doch Südkorea ging seine Aufgabe zügig an und konnte seine Schulden gegenüber dem IWF bereits zu Beginn des neuen Jahrhunderts begleichen. Wie der Tabelle unten zu entnehmen ist, wurde die frühzeitige Rückführung der Schulden durch das enorme Wachstum ermöglicht.

Wirtschaftswachstum nach der Asien-Krise			
1998	-6,7%	2001	3,8%
1999	9,4%	2002	6,9%
2000	8,5%	2003	3,1%

Ab dem Jahre 1998 öffnete sich Südkorea stärker gegenüber dem Ausland. Nachdem das Land vor der Asien-Krise trotz hoher Exportzahlen seine Tore für Ausländer eher geschlossen hielt, wurde der Handel für ausländische Hersteller zugänglich gemacht. Diese Öffnung war für die USA Anlass genug, die Handelsbeschränkungen aus dem Jahre 1996 zurückzunehmen; es kam zu den »gewohnten« Exporten südkoreanischer Hersteller. Auch die weiteren Reformen, die unter anderem attraktive Zugänge für ausländische Unternehmen ermöglichten, wurden positiv aufgenommen. Allein zwischen 1998 und 2001 flossen ausländische Investitionen in Höhe von etwa 52 Milliarden US-Dollar nach Südkorea. Dies sind rund 50 Prozent seit der Unabhängigkeit Südkoreas.

Doch selbst zu Beginn des neuen Jahrhunderts steht Südkoreas Wirtschaft in Konflikt mit dem westlichen Ausland. Zunächst wurden Strafzölle für den Chiphersteller Hynix Semiconductor aufgezwungen, da das Unternehmen vom Staat subventioniert wird und deshalb einen Wettbewerbsvorteil hat. An diesem Punkt, nämlich der staatlichen Subventionen, muss unbedingt auf die noch immer mächtigen Chaebols hingewiesen werden. Die engen Verflechtungen und die große Macht dieser Unternehmensriesen waren ebenfalls Gründe für westliche Volkswirtschaften, den Druck auf Südkorea zu erhöhen. Zwar wird die südkoreanische Wirtschaft noch immer von den Chaebols dominiert, aber die Reformbemühungen gehen dahin, die Unternehmen zu entflechten, Überkreuzgarantien zu verbieten und das Recht, sich an anderen Firmen zu beteiligen, zu beschränken, um den wirtschaftlichen Machtmissbrauch einzudämmen. Inzwischen ist die Unternehmensgröße allein keine Versicherung mehr für das Überleben, wie der Fall des in Liquidation befindlichen Daewoo-Konzerns zeigt. Trotz aller Reformen besteht nach wie vor eine sehr enge Zusammenarbeit zwischen Regierung und Wirtschaft. Allerdings sorgt diese enge Verbindung dafür, dass staatliche Gelder in erfolgversprechende Zukunftssektoren gelenkt werden: Südkorea ist auf den Gebieten der Biotechnologie, der Nanotechnologie, der Raumfahrt und der Informationstechnologie stark engagiert, um zur Weltspitze aufzurücken.

Handelsentwicklung seit 2001

Südkoreas Strategie lautete, sich weiterhin auf zukunftsweisende Technologien zu konzentrieren und sich dabei als Handels- und Dienstleistungszentrum in Nordasien zu entwickeln. Dies soll als Sprungbrett für die Handelserweiterungen in den pazifischen und europäischen Wirtschaftsraum dienen. Um dieses Ziel zu erreichen, hat die südkoreanische Regierung weitere Infrastrukturmaßnahmen in Angriff genommen: den Ausbau des ohnehin schon gut funktionierenden Eisenbahn- und Straßennetzes sowie die Ausweitung der See- und Flughäfen, um die neu zu erschließenden Märkte versorgen zu können. Der Handel mit den westlichen Industrienationen und Japan hat sich aufgrund der beschriebenen Reformen wieder stabilisiert und treibt nach wie vor das Wachstum voran. Seit 2001 sind es insbesondere die Produktgruppen Halbleiter, Automobile, Mobilfunkgeräte (Systeme), Computer und Schiffe, die zu den hohen Exportsteigerungen führten. Auf der Importseite dominieren Erdöl, Maschinen, chemische Produkte und Automobilkomponenten.

3.4 Indien

Der Staat Indien ist in der Zeit um 1200 v. Chr. mit der Besiedlung des Subkontinents durch die Indo-Arier entstanden. Bereits sehr früh entwickelten sich das Kastenwesen und die religiösen Grundzüge des Hinduismus. Die vier Kasten der indischen Gesellschaft – die sich bis in die heutige Zeit gehalten haben – repräsentieren je eine Gesellschaftsschicht. Dabei waren die Priester Angehörige der obersten Kaste, die Krieger repräsentierten die zweite Kaste, die Bauern die dritten, und die so genannten Hörigen wurden der vierten und damit der untersten Kaste zugeordnet. Die Kasten sind ein wesentlicher Bestandteil der indischen Kultur: Ein Auf- oder Abstieg von einer Kaste in eine andere war – und ist – nicht möglich. Bereits vor Beginn der christlichen Zeitrechnung hat eine Vielzahl von äußeren Einflüssen wie etwa die griechisch-hellenische Kultur und der Buddhismus zum kulturellen Aufstieg und zur Entwicklung Indiens geführt.

Die Dynastiegeschichte bis Mitte des 18. Jahrhunderts

Ähnlich wie die anderen, bereits beschriebenen asiatischen Länder ist auch die Geschichte Indiens von Kriegen, Blütezeiten und anschließendem Zerfall begleitet. So begann beispielsweise unter der im Jahre 320 n. Chr. gegründeten Gupta-Dynastie eine längere Friedensperiode, die von wirtschaftlichem

Wachstum und kultureller Blütezeit geprägt war und schließlich nach 160 Jahren wieder zerfiel. Wie überall auf der Welt entstanden Großreiche, die in kleine Fürstentümer unterteilt wurden.

Im achten Jahrhundert erfuhr Indien eine einschneidende Veränderung: Die Araber eroberten den Westen des Landes und verbreiteten dort ihre eigene Religion, den Islam. Zwar gelang es, die Araber bis zum zehnten Jahrhundert aus Indien zu verdrängen, doch die muslimische Herrschaft hatte Fuß gefasst. Im Jahre 1000 n. Chr. marschierten Truppen unter Führung von Sultan Mahmud ein. Die Muslime nahmen reiche Städte wie die Hafenstadt Somnath ein, und 17 Städte und Fürstentümer wurden in sein Reich eingegliedert. Aber eine umfassende muslimische Herrschaft konnte erst Muhammad von Ghur in seinen Eroberungszügen ab 1175 durchsetzen. Sie hielt bis ins 14. Jahrhundert an und fand erst unter der Führung von Mohammed Bin Tughluq, der aufgrund seiner strengen und unfairen Art zu regieren Unruhen sowohl in der muslimischen als auch in der hinduistischen Bevölkerung provozierte, ihr Ende. Durch die Bürgerkriege war der Weg für die Mongolen, die für ihren Einmarsch ebenfalls die Route über Nordindien wählten, geebnet.

Nach dem Einmarsch der Mongolen wurde erneut ein Bürgerkrieg entfacht, an dem sich die Invasoren tatkräftig beteiligten. Mit ihren Plünderungen und Morden in Delhi richteten sie ein wahres Blutbad an. Als sich die mongolischen Truppen im Jahr 1451 zurückzogen, hinterließen sie ein zerstörtes Indien. Die Zeit nach 1451 war von mehreren Machtwechseln geprägt, bis die Mogul-Dynastie Mitte des 16. Jahrhunderts ein Großreich schuf. Mit ihm begann die starke Zeit Indiens – mit wirtschaftlichem Wachstum und kultureller Blüte. Der Staat kassierte von der Bevölkerung Steuern, und mit dem eingenommenen Geld war es möglich, benachbarte Landstriche militärisch einzunehmen. Die militärischen Maßnahmen zur Sicherung und Erweiterung des Reiches nahmen zu Beginn des 18. Jahrhunderts zu. Das indische Reich umfasste unter anderem Bengalen und Afghanistan. Doch nicht nur das Staatsgebiet wurde größer, sondern auch die Probleme: Die Macht der Mogul-Dynastie schwand immer mehr, und das einstige Großreich zerfiel in mehrere kleine Staaten, die sich teilweise bis zur Gründung des indischen Nationalstaates 1948 souverän halten konnten. Mitte des 18. Jahrhunderts war die Herrschaft der Mogul-Dynastie schließlich zu Ende. Einzelne Bezirke des zersplitterten Landes standen immer noch unter mogulischer

Herrschaft, doch mit dem Einmarsch der Briten im Jahre 1858 wurden diese endgültig verdrängt. Eine Vereinigung der einzelnen Staaten Indiens schien zwischen der Mitte des 18. Jahrhunderts und dem Jahr 1850 nahezu unmöglich. Für das Land interessierten sich Portugal, Großbritannien und die Niederlande. Indien wurde Kolonie.

Die Kolonialzeit Indiens

Nach dem Ende der Mogul-Dynastie im Jahre 1750 und der Erlangung der Unabhängigkeit einzelner Teile Indiens nahmen die Briten ihre ersten Kolonien in Besitz, beispielsweise Bengalen. Im Jahre 1848 wurde ganz Indien als britische Kolonie eingenommen. Die regierenden Fürsten des Landes waren Briten; sie vertraten nicht die Interessen Indiens, sondern jene Großbritanniens.

Unter der Kolonialherrschaft Großbritanniens wurden viele Reformen zur wirtschaftlichen Belebung in Indien eingeleitet. Unter anderem wurde die Infrastruktur – Eisenbahnnetze, Brücken, Straßen, Bewässerungssysteme und Post-/Telegraphenwesen – auf- und ausgebaut. Doch diese Neuerungen stießen im Jahre 1857 auf erhebliche Widerstände, da mit dem Reformprogramm kulturelle Veränderungen verbunden waren. Hinzu kam, dass die britischen Herrscher jahrelang Regimegegner unterdrückten, verfolgten und ermordeten. Aus dem Widerstand gegen die Kolonialherren entstanden Verbände, die über einen langen Zeitraum die Unabhängigkeit Indiens vorbereiteten. Hungersnöte und innere Unruhen erschütterten das Land auf dem Subkontinent.

Vor diesem Hintergrund wurde der Nationalismus der indischen Bevölkerung immer stärker. Verschiedene Organisationsverbände gründeten schließlich im Jahr 1885 einen ersten indischen Volkskongress, der die Weichen für die künftige Unabhängigkeitsbewegung stellte. Zwischen 1899 und 1905 gingen die indischen Unabhängigkeitsbewegungen mit gezielten Anschlägen gegen die britischen Herrscher vor. Im Ersten Weltkrieg wurden 1,2 Millionen Inder für die Briten rekrutiert. Zunächst wurden diese Maßnahmen von indischer Seite selbstverständlich als weitere Unterdrückung deklariert. Diese Unterdrückung ermöglichte den Unabhängigkeitsbewegungen weiteren Zuspruch innerhalb der indischen Bevölkerung. 1917 erzielte Indien mit der

Zustimmung Großbritanniens zur Selbstregierung die ersten großen Erfolge. Mit der Aussetzung von Bürgerrechten durch den Rowlatt Act wurden die Unruhen im Land erneut angefacht. Unter der Führung Mahatma Gandhis formte sich ein »passiver« Widerstand, der mit gewaltlosen Aufständen und Generalstreiks weite Teile des Landes erfasste. Die britischen Herrscher gingen brutal gegen diese friedlichen Widerstände vor, erreichten jedoch nur, dass die indische Unabhängigkeitsbewegung weiteren Zulauf aus der Bevölkerung erhielt.

Gandhi wurde zum Führer der Unabhängigkeitsbewegung und zur Symbolfigur des gewaltlosen Widerstands. Er rief zum Boykott des Konsums britischer Waren auf, und sein Ruf in der Bevölkerung war exzellent. Damit legte er den Grundstein für eine leitende politische Position im künftigen Indien; er wurde zu einer der wichtigsten Figuren der indischen Politik. Den Briten indes war er ein Dorn im Auge: Sie nahmen ihn mehrere Male in Haft, das erste Mal 1922. Endgültig freigelassen wurde er erst im Jahr 1931. Danach spaltete sich die Unabhängigkeitsbewegung in zwei Blöcke, einen muslimischen und einen hinduistischen. Aus diesen Blöcken entwickelten sich schließlich die ersten »freien« Staaten wie Pakistan und Burma.

Auch zu Beginn des Zweiten Weltkrieges vertraten die gespaltenen Unabhängigkeitsbewegungen unterschiedliche Auffassung. Während sich der eine Teil der Unabhängigkeitsbewegung der Front der Kriegsbefürworter anschloss, lehnte der andere Teil unter Führung Gandhis den Krieg strikt ab. Zudem wurde die Furcht Indiens vor einer Invasion Japans immer größer. Als Anerkennung dafür, dass sich ein Teil Indiens für den Krieg entschied, versprachen die Briten dem Land die Unabhängigkeit nach Kriegsende. Etwa 1,5 Millionen indische Soldaten beteiligten sich am Krieg, und Großbritannien hielt Wort und machte sich 1945 daran, eine Übergangsregierung einzusetzen und Indien in die Unabhängigkeit zu entlassen. Doch die zuvor gespaltenen Unabhängigkeitsbewegungen – die muslimische Liga auf der einen und die Hindus auf der anderen Seite – erzielten auf die Schnelle keine Einigung, was zu bürgerkriegsähnlichen Zuständen führte. Erst im Jahre 1947 wurde die Unabhängigkeit Indiens unter der Ära Nehru durchgesetzt. Zunächst übernahm Nehru die Führung des Staates nach sozialistischem Muster. Im Rahmen der Unabhängigkeitserklärung wurde die Abspaltung Pakistans von Indien deklariert, wobei die religiösen Regionen als Entscheidungskriterium für die Grenzfestsetzung galten. Weil in den Grenzregionen sowohl Muslime als auch Hindus und Sikhs lebten, kam es zu Kämpfen und zu Vertreibungen, denen eine halbe Million Menschen zum Opfer fielen. In die gleiche Zeit fiel der Konflikt um das Fürstentum Kaschmir, bis heute ein Streitthema zwischen Indien und Pakistan.

Gründung der Republik Indien

1950 wurde der Traum von der Unabhängigkeit Indiens endlich Wirklichkeit: Die Republik Indien entstand. Der Anhänger des 1948 verstorbenen Ghandi, Rajendra Prasad, übernahm 1950 die politische Führung. Unter der neuen Regierung wurden neue Reformmaßnahmen beschlossen, die unter anderem die Verstaatlichung großer Wirtschaftszweige zum Inhalt hatten. Durch die neuen Maßnahmen kam es in seiner Amtszeit bis 1962 immer wieder zu massiven Nahrungsengpässen, und die Wirtschaft war – die Folge der zentralisierten Führung nach dem Vorbild der Sowjetunion – am Boden. Außenpolitisch isolierte sich Indien zunehmend, und da Großbritannien als Investitionsland wegfiel, fehlte Indien wichtiges Kapital. Naturkatastrophen verschärften die miserable Situation in Indien noch zusätzlich. Außerdem war die erste Amtszeit der neu gegründeten Republik Indiens von einem erneuten Krieg gegen China begleitet, der mit diplomatischer Unterstützung der Briten im Jahre 1954 beendet wurde.

Die nach sowjetischem Vorbild agierende Regierung sorgte für politische Nähe zur Sowjetunion: Auch Indien stellte Fünfjahrespläne nach sowjetischem Muster auf und richtete seine Wirtschaftspolitik daran aus. Es gelang zwar, ein gewisses Wirtschaftswachstum zu erzielen, doch sozialpolitisch brodelte es: Die unterschiedlichen Sprachen – eine Folge der seit 1965 garantierten Sprachfreiheit im Land – und die unterschiedlichen Kulturen waren der Auslöser für weitere innere Unruhen. Die politische Nähe zur Sowjetunion führte zur Aufrüstung gegen den Westen. Indien stieg schließlich mit Hilfe der Sowjetunion zur Atommacht auf, was das Verhältnis zu den USA belastete.

Die Tochter Nehrus, Indira Gandhi, wurde neue Präsidentin. Erst ab diesem Zeitpunkt fruchteten die landwirtschaftlichen Reformbemühungen, sodass der Import von Nahrungsmittel eingeschränkt werden konnte. Indira Gandhi blieb bis 1984 an der Macht, sie wurde von ihren eigenen Leibwächtern ermordet. Die inneren Unruhen hielten an, als ihr Sohn Ranjif an die Macht kam, der selbst im Jahr 1991 einem Mordanschlag zum Opfer fiel. Hintergrund für beide Morde: die großen innenpolitischen Spannungen, die miserablen wirtschaftlichen Verhältnisse und die unvorstellbare Armut in Indien.

Der Machtwechsel brachte den aus dem Nehru-Lager hervorgegangenen Rao an die Macht. Trotz weiterhin bestehender Unruhen in Indien wurde der Privatisierungsprozess in Gang gesetzt, der auch die Einfuhr ausländischer Produkte und Investitionsmöglichkeiten ausländischer Unternehmen erlaubt und fördert. Die neue Wirtschaftspolitik unter Rao führte zu Inflation, Preissteigerungen und kurzfristiger Arbeitslosigkeit. Verstärkt wurde die Situation durch die religiösen Konflikte zwischen Hindus und Muslimen. So kam es 1995 zu Neuwahlen und zu einem erneuten Amtswechsel. Es begann die Zeit der schnellen politischen Machtwechsel von links- und rechtsorientierten Parteien. Doch ist ihnen zugute zu halten, dass sie die Marktöffnung Indiens als äußerst wichtig verstanden und verstehen.

4 Entwicklung der asiatischen Aktienmärkte

Die Entwicklung des Aktienmarktes lässt sich geschichtlich bis ins alte Rom zurückverfolgen. Auch haben wir Informationen über die Entstehung so genannter Optionsgeschäfte im japanischen Reishandel. Wer sich mit dem Geschehen an der Börse befasst, sollte über die Entstehung der Aktienmärkte und deren Entwicklung im Lauf der Zeit Bescheid wissen. Eine geschichtliche Betrachtung dieses Themas gibt Aufschluss über die – geschichtlich geprägte – Investitionsbereitschaft der Bevölkerung in den einzelnen Ländern. Das über Generationen vermittelte Wissen über die unterschiedlichsten Investitionsmöglichkeiten ist für die Risikobereitschaft der jeweiligen Investoren vor Ort ausschlaggebend. So können wir die Mentalität einer – bezogen auf den Aktienmarkt – eher ängstlichen oder einer eher risikofreudigen Volkswirtschaft nachvollziehen. Wenn wir bedenken, dass in Japan bereits vor 600 Jahren der Reishandel über Optionsgeschäfte abgewickelt wurde, können wir die Investitionsbereitschaft auch auf die heutige Zeit übertragen. Und wenn wir wissen, dass in China im Zuge des langjährigen Kommunismus überhaupt kein Aktienmarkt entstehen konnte, dann ist die Zurückhaltung chinesischer Investoren nicht verwunderlich. Chinesen sind also traditionsbedingt vorsichtig, wenn es um Aktienengagements geht. Sie benutzen für das Investieren in Aktien sinngemäß den Ausdruck »Aktien spielen«. Wie wir ebenfalls aus dem vergangenen Kapitel erfahren haben, hat sich aufgrund der mannigfaltigen Machtverschiebungen in Südkorea der Aktienmarkt dort erst sehr spät gebildet. Und da Südkorea Kolonie der Japaner war, konnte ein Börsenhandel im südlichen Teil Koreas erst nach dem Korea-Krieg im Jahre 1956 starten.

Wir können aus der Geschichte dieser drei Volkswirtschaften die unterschiedlichen Entwicklungen ableiten, die diese Länder auf dem Kapitalmarkt vermutlich durchlaufen werden. China wird – ebenso wie vor ihm Japan und Südkorea – nach der anfänglichen Skepsis in Bezug auf das Börsengeschehen einen Boom erleben, der die gesamte Volkswirtschaft optimistisch stimmt. Wir werden aber auch Zeuge der Auswirkungen von Übertreibungen am Aktienmarkt sein, die eine Depression mit sich bringen, wie wir es in den anderen Volkswirtschaften erlebt haben. Wer sich in China oder Shanghai aufhält, sieht, hört und fühlt den Optimismus der Leute. Ein gegenteiliges Bild erhielt man, wenn man 1999 nach Thailand reiste und feststellte, dass das Thema Aktien und Kapitalmarkt als Folge des 1997er-Crashs zu depressiver Stimmung geführt hatte. Aber eines sollte uns bewusst sein: Die wesentlichen Charaktereigenschaften des Anlegers wie Gier, Neid und Angst werden sich nie ändern. Deshalb werden wir im Kapital- und Aktienmarkt immer Parallelen mit der Historie ziehen und bei einer objektiven Situationsbewertung davon profitieren können.

4.1 China

Wirtschaftsreformen in China

Seit der wirtschaftlichen Öffnung Chinas im Jahre 1978 ist der Fortschritt, den das Land gemacht hat, schlicht und einfach überwältigend. Während des letzten Vierteljahrhunderts wuchs das Bruttoinlandsprodukt um durchschnittlich neun Prozent pro Jahr. Das Wachstum im Außenhandel erreichte durchschnittliche 15 Prozent, und jedes Jahr strömen etwa 40 bis 50 Milliarden US-Dollar an ausländischen Direktinvestitionen ins Land. China integriert sich damit als eines der wichtigsten Länder in die Weltwirtschaft und steht heute mit seinem Bruttoinlandsprodukt in Höhe von 1400 Milliarden US-Dollar bereits an sechster Stelle. China erreichte diese volkswirtschaftliche Größe, indem es Staatsunternehmen privatisierte, ein attraktives Investitionsumfeld bereitstellte und die Importzölle radikal senkte. Hält die Entwicklung weiter an, dann wird China bis zum Jahr 2010 zum weltweit größten Produzenten von Gütern aufsteigen. Um diese Entwicklungen zu verstehen, wollen wir einen kurzen Blick auf die Situation vor 1978 werfen, dem Jahr, in dem Deng Xiaoping mit den ersten Reformen begann.

Die Finanzierung durch den Staatssektor (fiskalische Finanzierung) hatte absolute Priorität, und Bankkredite wurden nur in Ausnahmefällen zur Überbrückung von zeitlich begrenzten Kapitalengpässen gewährt. Der Aktienmarkt wurde 1949 geschlossen und stand für die Finanzierung der Unternehmen nicht mehr zur Verfügung. Das System konnte nur dadurch überleben, dass man durch das Einfrieren von Löhnen und die künstliche Preisfestsetzung mittels Einheitspreisen ein Umfeld schaffte, in dem die Industrieunternehmen durch niedrige Einkaufspreise in der Lage waren, massive Überschüsse zu generieren. Zwischen den Jahren 1952 und 1979 wuchs die Getreideproduktion pro Jahr um 103 Prozent, das Pro-Kopf-Einkommen jedoch lediglich um 20 Prozent. Die Überschüsse der Staatsbetriebe wurden zu Umverteilungszwecken vollständig an den Staat abgeführt. Der Staat war so beispielsweise für 82 Prozent aller anfallenden Investitionen verantwortlich.

Anfang der achtziger Jahre wollte die chinesische Regierung den wiederkehrenden Nahrungsmangel beheben. Deshalb gestattete sie einen höheren durchschnittlichen Pro-Kopf-Verbrauch und strukturierte den landwirtschaftlichen Sektor um. Unter diesem neuen »Verantwortungssystem« schloss jeder Haushalt mit den lokalen Behörden einen Vertrag über die zu produzierende Quote eines bestimmten Getreides sowie über die Größe des zu pachtenden Landes. Über dieser Quote erwirtschaftete Ernteerträge konnten von den Familien auf dem freien Markt verkauft werden. Die aus diesem liberalen Verkauf erzielten Umsätze im Getreidemarkt beliefen sich Ende der achtziger Jahre auf 60 Prozent der landwirtschaftlichen Produktion Chinas.

Trotzdem blieb die fiskalische Finanzierung weiterhin dominierend. Allerdings wuchs ein zentralistisches Bankensystem, hervorgegangen aus der People's Bank of China, heran, das zunehmend für die Finanzierung von Staatsunternehmen, Infrastrukturprojekten und privaten Investitionen genutzt wurde. Aufgrund der im Privatsektor nun anlaufenden Überschüsse startete der Aktienmarkt seine Inkubationsphase, während der Firmenanteile an Mitarbeiter und standortansässige Bürger verkauft wurden, um die Unternehmen zu finanzieren. Doch die meisten Anteile wurden innerhalb der Unternehmen verkauft und konnten auch jederzeit wieder an die betreffende Firma zurückgegeben werden. Bis zum Rückkauf durch die Gesellschaft nach einer festgelegten Zeit wurden Teile des Unternehmensgewinns in Form von Dividenden ausgeschüttet. Aktien hatten also zu Beginn eher die Eigenschaften einer Anleihe. Sie waren auch nicht übertragbar, und ein Handel war so nicht möglich. Allerdings änderte sich dies 1986 schlagartig, als der damalige Bürgermeister von Shanghai, Jiang Zhemin, im Handel mit Wertpapieren einen künftig wichtigen Teil der Wirtschaftsreformen sah.

Doch zunächst stellte die Neustrukturierung der Unternehmen die wichtigste Neuerung dar, denn somit durften die Firmen aufgrund der Reformen höhere Überschüsse einbehalten und mussten nicht mehr ihren gesamten Gewinn an den Staat abführen. Die Fiskalfinanzierung ging kontinuierlich zurück, und die Bankenfinanzierung wurde zum wichtigsten Bestandteil. Allerdings waren die Bankkredite der Staatsbanken nicht an Rückzahlungsverpflichtungen gekoppelt – und damit waren sie im Grunde ein Geschenk. Viele Unternehmen berücksichtigten die Finanzierungskosten nicht in ihren Planungen, da sie das Geld ohnehin erhalten würden. Das Resultat war eine Schuldenquote, die 70 bis 80 Prozent der Bilanzsumme erreichte. Dieses System war – und ist teilweise heute noch – für die Entstehung der vielen faulen Kredite in China verantwortlich. Verbessert wurde das Bankenwesen erst, nachdem die Aufspaltung der People's Bank of China in die vier Institute Agricultural Bank of China, Industrial Commercial Bank of China, Bank of China sowie People's Construction Bank vollzogen war. Allerdings dauerte es noch bis zum Jahr 1995, als die ersten wirklichen Bankenrichtlinien, Überwachungsvorschriften und Zentralbankgesetze implementiert wurden.

Da sich der Staat nach und nach von seinen Aufgaben zurückziehen und dem Privatsektor mehr Handlungsfreiheit zugestehen musste, dachte man zeitgleich an den Aufbau eines effizienten Kapitalmarkts, der die Verteilung der überschüssigen Ressourcen und ihre Investition in den Privatsektor steuern sollte. So stieg die Sparrate der Bevölkerung in China zwischen 1978 und 1996 von 15 Prozent auf 56 Prozent. Die Sparrate des Staates, der zuvor sämtliche Absicherungsmechanismen übernahm, fiel im gleichen Zeitraum von 73 Prozent auf drei Prozent.

Unternehmensreformen

Während der zurückliegenden 20 Jahre hat sich der Unternehmenssektor in China stark gewandelt. Der Privatsektor wird für die Wirtschaft immer wichtiger, und private Unternehmen sind mittlerweile die Hauptbeschaffer von Arbeitsplätzen und Vermögen. Möglich wurde dies durch den Markteintritt neuer Wettbewerber in Sektoren, die vorher von staatseigenen Monopolen gelenkt wurden, und durch die Reorganisation bestehender Staatsbetriebe, deren erfolgreichste – 1200 an der Zahl – an der Börse in China notiert sind und sogar den Weg an internationale Börsen wie Hong Kong oder New York schafften. 90 Prozent der börsennotierten Unternehmen waren früher in Staatsbesitz, und die fehlenden Standards in Bezug auf Corporate Governance und Buchführungspraktiken führten in der Vergangenheit zu zahlreichen Skandalen. Der chinesische Aktienmarkt konnte sich deshalb trotz der Privatisierungsbemühungen international kaum etablieren. Doch dies beginnt sich nun langsam zu ändern. Nur noch etwa 15 Prozent der gesamten Industrieproduktion Chinas werden von staatseigenen Betrieben erstellt. Allerdings ist der Staat weiterhin an den »privatisierten« Unternehmen beteiligt, was erklärt, dass der Privatsektor bisher, je nach Schätzung, nur etwa ein Drittel der Industrieproduktion erbringt. Die Privatisierungsvorhaben sollen jedoch weiter fortgeführt werden. Ein Problem sind dabei die zahlreichen Aktienkategorien und die fehlende Marktliquidität, die wir im folgenden Abschnitt genauer betrachten.

Aktienmarkt

Angesichts der Reformen, der ausufernden Problemkredite und der Dezentralisierungspolitik des Staates erkannten die lokalen Behörden, dass ihnen ein funktionierender Aktienmarkt zur Finanzierung der maroden Staatsbetriebe sehr gut Dienste leisten könnte. Es entstanden Hunderte von kleinen Handelsplätzen, die so genannten »Over the Counter«-Märkte und Aktienhandelsplattformen, die »Stock Trading Centers« genannt wurden und von denen es jeweils etwa 700 gab. In dieser Zeit bildeten sich auch die so genannten »Trust and Investment Companies« (TIC). Diese Unternehmen wurden von Staatsseite unterstützt, waren eine Mischung aus Bank und «Investitionsarm« des Staates und ermöglichten private Beteiligungen, um damit größere Gewinne zu erzielen. Oft waren diese TICs gleichzeitig Wertpapierhandelsfirmen. 1992 erreichte die Zahl dieser Finanzierungsunternehmen die 1000er-Marke. Oft investierten diese Unternehmen in fragwürdige Investitionsobjekte und liehen sich das Kapital für ihre Investitionen von Kundendepots, die damit im Wertpapierhandel tätig waren.

Das Ausufern der TICs und die unkontrollierte Expansion der lokalen Börsen zwangen die Zentralregierung zum Handeln. Manipulation und Betrug gehörten in diesen Märkten zur Tagesordnung, und die interregionale Mobilität des Kapitals war aufgrund der lokalen Gebundenheit kaum vorhanden. Dies zeigt, wie wichtig es war, einen national übergreifenden Markt für Kapitalanlagen zu schaffen. So entstanden Anfang der neunziger Jahre die beiden Börsenplätze Shanghai und Shenzhen. Die TICs wurden geschlossen oder zusammengeführt, um sie überlebensfähig zu machen und ihre Effektivität kontrollieren zu können. Die größten Wertpapierdienstleister und Fondsmanagement-Unternehmen stammen aus der Zusammenlegung dieser TICs. Zu den größten zählen der Broker Galaxy (Yinhe) und der Asset-Manager Boshi. Obwohl diese Namen noch kaum bekannt sind, sollte man sie sich einprägen, da sie die Basis für den in China zurzeit entstehenden Investmentbankensektor bilden. Wahrscheinlich wird ein solches chinesisches Finanzunternehmen sogar einmal in die Reihen von Morgan Stanley oder Goldman Sachs aufsteigen.

Arten der notierten Papiere

Neben den an den Börsen notierten Papieren besitzt China noch eine wesentliche Besonderheit. Es gibt erhebliche Einschränkungen beim Zugang zu einzelnen Wertpapierkategorien. Der geläufigste Unterschied ist der in A-Aktien und B-Aktien. Daneben gibt es noch eine Reihe weiterer Kategorien, die im Folgenden erklärt werden.

Individuelle A-Aktien:
Inlandsnotierte Aktien, die in Landeswährung Renminbi (RMB) abgerechnet werden und mit Ausnahme einer QFII Genehmigung (beispielsweise an die UBS Bank) nur von Inlands-Chinesen gekauft werden dürfen.

Individuelle B-Aktien:
Aktien, die von Ausländern erworben werden können und im Falle von Shenzhen auf US-Dollar und im Falle von Shanghai auf Hong-Kong (HK)-Dollar lauten. Seit Frühjahr 2001 dürfen auch Inlands-Chinesen B-Aktien erwerben, nachdem festgestellt wurde, dass sie ohnehin bereits illegal den Markt dominierten. Der Markt für B-Aktien konnte sich trotz aller Bemühungen nicht erfolgreich entwickeln. Dies liegt hauptsächlich daran, dass der Standort Hong Kong bei ausländischen Investoren weitaus beliebter war. Allerdings kam es nach der vollständigen Öffnung der B-Aktien für Inlands-Chinesen zu einem »Run« auf diese Papiere, die den Bewertungsabschlag gegenüber den A-Aktien teilweise korrigierten.

Legal Person Shares (LP-Aktien):
Aktien, die an inländische Institutionen (Wertpapierfirmen, Nichtbanken-Finanzunternehmen, Staatsfirmen mit mindestens einem Privatanteil) ausgegeben werden. Die Aktien sind nicht frei handelbar, dürfen aber ab einer Größenordnung von fünf Prozent am Unternehmen zwischen zwei Parteien übertragen werden. Ende 2000 wurden LP-Aktien auch in kleineren Stückzahlen lebhaft gehandelt und über Auktionen verkauft. LP-Aktien werden gegenüber den »Individual«-Aktien mit erheblichen Kursabschlägen von etwa 70 bis 90 Prozent gehandelt und stellen damit ein beliebtes Spekulationsinstrument dar, um auf eine künftige Angleichung der Aktienkategorien zu setzen.

State Shares:
Aktien, die der Staat an die verschiedenen staatlichen Einrichtungen übertragen hat. Dies sind die Zentralregierung, Lokalbehörden und 100-Prozent-Staatsbetriebe. Es tauchen regelmäßig Gerüchte auf, die eine Konvertierung der Staatspapiere in eine andere Kategorie voraussagen, um sie irgendwann einmal veräußerbar machen zu können. Staatspapiere sind nicht übertragbar und können deshalb unter keinen Umständen gehandelt werden.

H-Aktien / Red Chips / P-Aktien / ADRs / GDRs / ADSs:
Unter diesen Bezeichnungen findet man chinesische Unternehmen, die an internationalen Börsen wie Hong Kong, New York oder London handelbar sind und damit den Löwenanteil der von Ausländern gehaltenen Wertpapiere darstellen. Obwohl es insgesamt mehr als 1200 Wertpapierarten in China gibt, sind den meisten Investoren nur maximal 100 dieser Papiere geläufig.

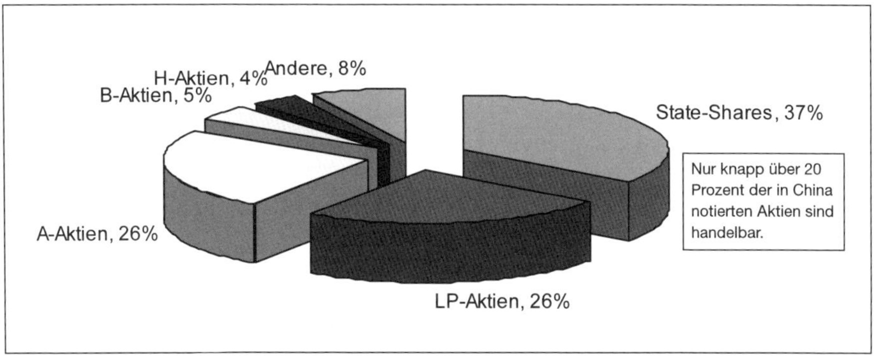

Aufteilung der Aktienkategorien Ende 2001
Quelle: EMFIS.com (The Developement of the Stock Market in China)

In unregelmäßigen Abständen werden Investoren in die eine oder andere Wertpapierkategorie gelockt und treiben die Preise nach oben. Jüngstes Beispiel sind die H-Aktien (in China ansässige Unternehmen), im Jahre 1999 waren es die Red Chips (in Hong Kong ansässige, aber in China tätige Unternehmen), und im Jahr 2000 waren P-Chips (kleine Wachstumswerte) sehr beliebt.

Die Grafik macht deutlich, dass nur sehr wenige Papiere handelbar sind und deshalb die Bewertungsniveaus sowie die Größe des chinesischen Aktienmarkts in der Presse oft übertrieben dargestellt werden. Rechnet man die Marktkapitalisierung in Bezug auf das Bruttoinlandsprodukt aus, so erhält man eine Zahl von rund 40 Prozent und könnte insofern annehmen, dass der chinesische Aktienmarkt weit entwickelt sei. Rechnet man allerdings nur die frei handelbaren Aktienanteile um, so erhält man lediglich knapp über zehn Prozent. Der chinesische Aktienmarkt steckt bei dieser Betrachtung also noch in den Kinderschuhen.

Interessant ist ferner, dass der Anteil der Firmen, die in LP-Aktien gehalten werden, in den zurückliegenden zwölf Jahren von 29 Prozent auf 43 Prozent gestiegen ist. Im Gegenzug sind die staatskontrollierten Unternehmen von 71 Prozent auf 57 Prozent gefallen. LP-Aktien können deshalb durchaus als eine Übergangsform auf dem Weg zur vollständigen Privatisierung angesehen werden. Der Privatisierungsprozess befindet sich in China damit in vollem Gange, und man darf gespannt sein, welche Schritte als Nächstes unternommen werden, um eine Angleichung der Aktienkategorien zu ermöglichen, wie sie in einem modernen Kapitalmarkt notwendig ist.

Vor allem die inländischen Börsen Chinas werden unter diesem Öffnungsprozess vermutlich kurstechnisch zu leiden haben. So ist es auch nicht verwunderlich, dass der Aktienmarkt in China trotz hervorragender Wirtschaftswachstumszahlen sein Kursniveau vom Ende der neunziger Jahre nicht mehr erreichen konnte.

Neben der ungewöhnlichen Struktur des chinesischen Aktienmarks sollte ein Investor die Struktur des Unternehmenssektors kennen und die wichtigsten Geschäftspraktiken verstehen. Ein wesentlicher Unterschied zwischen westlichen Ländern und China ist, dass die Basis der Geschäftstätigkeit auf dem eher mythischen Konzept von »Guanxi« abgewickelt wird. Dieses Konzept entwickelte sich aus den Verbindungen von Familien und deren Nähe zum Abschluss vertrauenswürdiger Geschäfte – ein System, das in entwickelten Ländern kaum noch anzutreffen ist. Es baut auf gegenseitigem Vertrauen auf und verzichtet auf ein festgeschriebenes Regelwerk. Ein solches wäre aufgrund der mangelnden Rechtsverbindlichkeiten im jungen China auch nicht umsetzbar und darüber hinaus viel zu teuer gewesen.

Kulturelle Eigenheiten und Wettbewerb

Der Privatsektor gewinnt in der chinesischen Wirtschaft immer mehr an Bedeutung. Statt sich am Wirtschaftsplan des Staates zu orientieren, gehen die Unternehmer zunehmend dazu über, ihre Produktion an eigenen Absatz- und Ertragszielen auszurichten. Dieser Aspekt ist für chinesische Unternehmen neu und erfordert eine realistische Einschätzung des künftigen Absatzpotenzials ihrer Produkte und der Stellung des Unternehmens im Wettbewerb. Eine kontinuierliche Verbesserung der Corporate-Governance-Standards gehört dazu genauso wie die Einbindung legaler Rechtsmittel. Ein wesentlicher kultureller Unterschied zwischen chinesischen und westlichen Unternehmen liegt in ihrer Fokussierung auf Geschäftspraktiken, die den Namen Guanxi tragen. Dies bedeutet, dass Geschäfte auf Basis von persönlichen Kontakten abgewickelt werden, statt sich an einer objektiven Rechtslage zu orientieren. Der Grund hierfür ist, dass die Unterentwicklung des chinesischen Rechts keine andere Möglichkeit zulässt und es zunächst der Etablierung eines effizienten Privat- und Klagerechts bedarf.

Ein klassisches Beispiel für diese fragwürdigen Geschäfte sind die vielfältig vorhandenen Kreditausfallsicherheiten, die außerhalb der Bilanz gebucht werden und die Verbindlichkeiten von chinesischen Unternehmen viel zu niedrig ausweisen. Im Falle von Südkorea haben diese Geschäftspraktiken im Zuge der Asien-Krise zum vollständigen Zusammenbruch der Chaebols und der Banken geführt. Der Bankrott der in Hong Kong notierten Guangdong International Trust and Investment Corp. (GITIC) hat China 1998 in eine tiefe Krise gestürzt. So kontrollierte die lokale Regierung von Guangdong die Muttergesellschaft von GITIC, Kelon Electrical Holdings, und erhielt von GITIC erhebliche Kredite für den Ausbau der örtlichen Infrastruktur. GITIC besorgte sich das Kapital vom internationalen Kapitalmarkt, und ausländische Banken fühlten sich aufgrund der weitreichenden

Verbindungen (Guanxi) sicher, dass ihre Kredite zurückbezahlt würden. Am Ende führte die Asien-Krise zum Bankrott dieses von internationalen Investoren begehrten Unternehmens.

4.2 Japan

Historische Entwicklung

Wenn man heute Leute zu ihrer Meinung über Japan befragt, dann erhält man in der Regel zwei Antworten. Die erste lautet: Die Japaner sind ein fleißiges Volk, das von morgens bis spät in die Nacht arbeitet. Die zweite lautet: In puncto Effizienz und Produktivität sind die japanischen Unternehmen kaum zu überbieten. Doch gerade in den vergangenen fünf bis zehn Jahren hat sich Japan zum Problemland der internationalen Anleger entwickelt. Die meisten Investoren haben zu oft und immer wieder vergebens auf eine Erholung der japanischen Wirtschaft und des japanischen Aktienmarktes gesetzt und wurden in der Regel, meistens früher als später, bitter enttäuscht. Japan hat weiterhin enorme volkswirtschaftliche Probleme, die aus seiner Überschuldung resultieren. Diese Probleme sind Folge des japanischen Wachstumswunders der achtziger Jahre und beruhen zu großen Teilen auf einer Verteilung von Kapital in letztlich unproduktive Sektoren. Insgesamt trugen die Kapitalinvestitionen in der zweiten Hälfte der achtziger Jahre zwei Drittel des BIP-Wachstums bei.

Japans Aufstieg zur Industrienation

So viel wir auch über Japan hören, so wenig weiß man über das Land der aufgehenden Sonne. Gerade in westlichen Breiten vernimmt man oft, dass der japanische Fortschritt auf niedrigen Lohnkosten, langen Arbeitszeiten, dem Kopieren von Ideen, Preisdumping und staatlichen Subventionen in Form von Technologietransfers und Steuerhilfen beruht.

Vor dem Krieg wurde Japans Industrie von vier großen Zaibatsus kontrolliert. Zaibatsus sind große Firmenkonglomerate, die historische Verbindungen bis zu den mächtigen Samurai-Familien haben. Ihre Namen waren Mitsubishi, Mitsui, Sumitomo und Yasuda. Ihr Tätigkeitsbereich umfasste beispielsweise die Herstellung von Stahl, Schiffen und Flugzeugen, die Abwicklung des internationalen Handels, den Bankensektor und andere Schlüsselbereiche der japanischen Wirtschaft. Die einzelnen Firmen wurden von einer Holding-Struktur zusammengehalten, und die in den Konglomeraten enthaltenen Banken sorgten für die notwendige Finanzausstattung.

Nach dem Ende des Zweiten Weltkrieges wollten die alliierten Besatzungsmächte diese Firmenstrukturen zerschlagen. Sie fürchteten die Macht dieser großen Monopole und ihre Rolle bei der Ausstattung der Kriegsmaschinerie für Japan während des Krieges. Die Holding-Firmen wurden 1947 verboten, die Überkreuzbeteiligungen aufgelöst, und es wurde eine Veräußerung der Anteile über eine Börse eingeleitet.

Doch bereits 1948 realisierten die USA, dass sie zur Bekämpfung des Kommunismus und als Hilfestellung im Korea-Krieg ein starkes Japan benötigten. Zu diesem Zwecke wurde die Strategie »umgedreht«, und statt Japan weiter zu schwächen, begannen die Besatzer damit, Finanzhilfen bereitzustellen und im späteren Verlauf des Kalten Krieges eine Art Lokomotiveneffekt zu erzeugen. Die USA mussten ihre Streitkräfte in Alarmbereitschaft

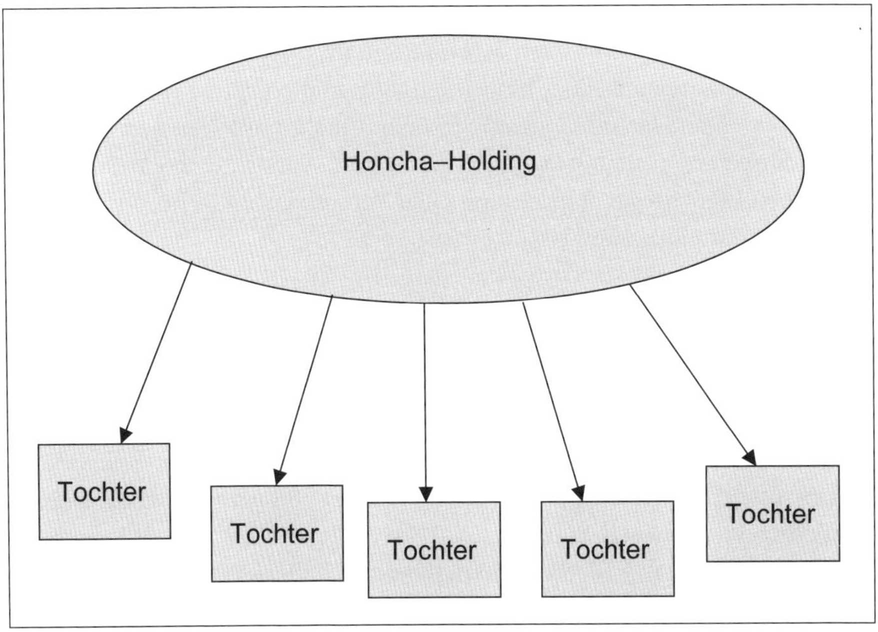

Zaibatsu vor dem Zweiten Weltkrieg *Quelle: Eigene Darstellung*

halten und waren dadurch gezwungen, viele unproduktive Wirtschaftsbereiche zu erhalten, die der Verteidigung des Landes dienten.

Verbunden mit dem rasanten Aufstieg des amerikanischen Westens und dem Ausbau der Häfen Los Angeles und San Francisco entstanden intensive Handelsbeziehungen zwischen den USA und Japan, die in einem erheblichen Maße zum Verfall der Detroiter Automobilindustrie und der Stahlindustrie in den USA beitrugen.

Ursprünglich aufgrund niedriger Lohnkosten erkannten die Japaner schnell, dass die internationale Führungsposition nur auf der Produktivitätsschiene zu gewinnen sein würde. Ausgelöst durch riesige Infrastrukturprojekte konnte Japan seine international führende Position selbst in Sektoren lange Zeit halten, die in Europa bereits abgeschrieben waren, wie es beispielsweise in der Stahlindustrie und beim Schiffsbau der Fall ist. Auch die Verbindung der Wirtschaft zum Staat war in Japan immer eine andere als in Europa und den USA. So arbeiteten die Unternehmen in Japan mit dem Staat Hand in Hand und unterstützten sich gegenseitig. Vor allem das Forschungsinstitut (MITI) als staatliche Institution war für die Entwicklung Japans von nicht zu unterschätzender Wirkung. Nahezu alle wichtigen technologischen Errungenschaften, stammten aus diesem Institut und wurden der Industrie zur Verfügung gestellt, die aus den Ideen fertige Produkte machte. Viele MITI-Mitarbeiter stammen aus der Industrie, und vor allem ältere Manager gehen häufig dazu über, für diese staatliche Institution zu arbeiten und damit die Verbindungen zwischen Staat und Wirtschaft weiter zu intensivieren. In westlichen Ländern sucht man diese enge Verbundenheit in Bezug auf staatliche Forschung und Entwicklung meist vergebens.

Keiretsu

Das Erstarken der Industriekonglomerate mit weitreichenden Überkreuzbeteiligungen – »Keiretsu« – war einer der Hauptgründe für die Finanzblase Japans. Ende der achtziger Jahre stammten rund 70 Prozent aller ausstehenden Aktien von diesen Konglomeraten. Die Keiretsu wurden in den siebziger Jahren eingeführt, um zu verhindern, dass ausländische Unternehmen japanische Firmen zu Tiefstpreisen übernehmen. In den Folgejahren erkannte man, dass durch die Überkreuzbeteiligungen ein Selbstläufer für Aktien entstand. Die traditionell hohen KGVs vieler japanischen Konglomerate, die erst in den letzten Jahren abgebaut wurden, waren darauf zurückzuführen, dass japanische Gesellschaften ihren Unternehmenswert aus Beteiligungen definierten. Das Bankensystem Japans sowie die japanische Regierung erkannten diesen »Vorteil« und kosteten ihn in den achtziger Jahren vollständig aus. So wurden die Spekulationsgewinne japanischer Unternehmen auf so genannten »tokkin«-Konten von der Steuer befreit, und japanische Unternehmen konnten so ihre Gewinne manipulieren und die Aktienwerte steigern. Broker gaben sogar Garantien dafür ab, dass man durch eine Investition in solchen Spekulationskonten auf jeden Fall über den Zinsen liegende Erträge erwirtschaften könnte. Insgesamt sammelten Broker weltweit zwischen 1985 und 1989 rund 300 Milliarden US-Dollar ein.

Die wesentlichen Merkmale der japanischen Geschäftspraktiken im Gegensatz zu denen westlicher Unternehmen sind die starke Verbundenheit der einzelnen Mitglieder in der Gruppe und die Verbindungen nach außen zu anderen inländischen Gruppen. Dieses System trägt den Namen Keiretsu und beschreibt die komplexen Verbindungen der japanischen Unternehmen mit ihren Zulieferern und Töchtern. Beispielsweise liegen die Überkreuzbeteiligungen innerhalb des Keiretsu bei etwa 30 Prozent. In den USA werden dagegen nur etwa zwei Prozent aller Aktien über Kreuz gehalten. Rund etwa 35 Prozent der Aktien werden direkt von den Banken gehalten, die in Geschäftsverbindung mit dem Keiretsu stehen. In den USA liegt der vergleichbare Anteil ebenfalls bei nur etwa zwei Prozent. Dagegen ist der öffentliche Aktienbesitz in Japan wesentlich weniger stark ausgeprägt. Dies ermöglicht eine gewisse Manipulierbarkeit, die sonst nur unter extremer Beeinflussung der Massen möglich wäre, und erklärt, weshalb es dem Nikkei Index 1989 gelang, auf 40 000 Punkte zu steigen, was in etwa einem KGV von 60 entsprach.

Was zeichnet ein Keiretsu sonst noch aus? Das japanische Keiretsu-System ist, verglichen mit dem westlichen Organisationsmodell, einzigartig. Keiretsu-Unternehmen sind stärker mit ihren Töchtern, Zulieferern und Abnehmern verbunden, als dies im Westen für gewöhnlich der Fall ist.

Am bekanntesten sind die horizontalen Keiretsu, die ihre Geschäftspraktiken auf verschiedene Sektoren ausweiten und von zwei bis drei Kernfirmen zusammengehalten werden, die wiederum untereinander Beteiligungen halten. Die Kernunternehmen bestehen aus einer Bank, einer Handelsfirma und teilweise einem Industrieunternehmen. Die größten von ihnen sind auch unter dem Namen »Die großen Sechs« bekannt und waren beispielsweise auch die Vorbilder der koreanischen Chaebols, die noch an anderer Stelle vorgestellt werden. Die größten Keiretsu machen zwar nur etwa 0,007 Prozent aller japanischen Firmen aus, sind aber für 20 Prozent des gesamten japanischen BIP verantwortlich. Der bekannteste Keiretsu ist Mitsubishi, dessen Struktur nachfolgend kurz aufgezeichnet ist.

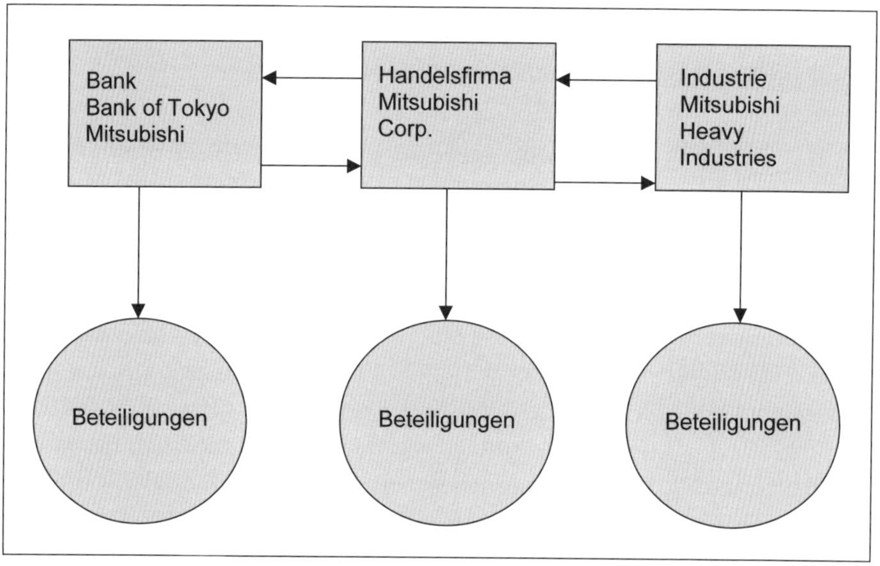

Die größten horizontalen Keiretsu sind Mitsubishi, Mitsui, Sumitomo, Fuyo, Sanwa und DKB.
Quelle: Eigene Darstellung

Im Gegensatz dazu stehen die vertikalen Keiretsu, die rund um eine einzige Kernunternehmung strukturiert sind. In der Regel sind diese in einem einzigen Geschäftsbereich tätig. Diese Form des Keiretsu wird über enge Verbindungen zwischen dem Mutterkonzern und seinen Zulieferern zusammengehalten, an denen die Mutter beteiligt ist. Die 30 größten vertikalen Keiretsu besitzen insgesamt 13 000 verbundene Unternehmen und Tochtergesellschaften. Die Beispiele für vertikale Keiretsu sind zahlreicher; sie beinhalten Unternehmen wie Matsushita, Itochu, Hitachi, Toshiba, NTT, Nissan und Toyota. Eine weitere Abgrenzung kann man ferner zwischen Produktions- (Toyota) und Marketing-Keiretsu (Matsushita) vornehmen.

Die Vorteile eines Keiretsu-Systems liegen in seinem relativ leichten Zugang zum Kapital. Darüber hinaus sind die Keiretsu in der Lage, eine intensive Kontrolle auf das inländische Preisniveau auszuüben, da sie aufgrund ihrer über Jahre gewachsenen Marktführerschaft so gut wie keinen Wettbewerber haben. Eine Eigenheit der japanischen Geschäftspraktiken ist zudem, dass sich der Wettbewerb nicht so sehr auf der Preisebene abspielt, sondern auf der Mengen- und Qualitätsebene. Dieser Fokus hat es den Keiretsu erlaubt, sich auf kontinuierliche Produktionsverbesserungen und Produktinnovationen zu konzentrieren. Internationale Konkurrenz wurde so aus dem Markt fern gehalten, und die japanischen Unternehmen waren aufgrund der entstehenden Überproduktion und des hohen inländischen Preisniveaus in der Lage, die Weltmärkte mit ihren technisch herausragenden und qualitativ hochwertigen Waren zu überfluten. Auch der weit reichende Informationsaustausch innerhalb der Gruppe, der vor allem von den Handelsfirmen praktiziert wird, wirkt sich positiv auf die strategische Planung aus und verhindert einen zu starken internen Wettbewerb. Ganz im Gegensatz beispielsweise zu westlichen Konzernen wie Volkswagen, deren Tochterunternehmen Skoda und Seat auch eine Reihe von Automobilen herstellen, die direkt im Wettbewerb zu VW stehen. Ein Vorteil des vertikalen Keiretsu liegt zudem in der Anpassungsfähigkeit an wirtschaftliche Schwankungen und kurzfristige Änderungen der Nachfrage. Sie besitzen die Möglichkeit, die Mitarbeiter ihrer Zulieferbetriebe in Zeiten des wirtschaftlichen Abschwungs zu entlassen und dadurch flexibel auf die Nachfragesituation zu reagieren. Den bekannteren »Horizontal-Keiretsus« ist diese Möglichkeit verwehrt, denn sie arbeiten in ihrem geschlossenen System nach dem Prinzip des lebenslangen Arbeitsvertrags. Ein Austausch von Mitarbeitern findet dort nur innerhalb der Gruppe statt, was sowohl die Manager als auch die einfachen Arbeiter betrifft. Dafür sind sie besser diversifiziert und können ihre Produkte leichter auf langfristige Änderungen des Marktes einstellen; damit gehören sie automatisch zu den tonangebenden Unternehmen. Aufgrund ihrer langfristigen Orientierung stufen Keiretsu-Unternehmen den kurzfristigen Profit wesentlich niedriger ein als einen potenziellen langfristigen Ertrag.

Das Hauptproblem der japanischen Keiretsu war der in den vergangenen Jahren stattgefundene Rückgang der Finanzkraft. Die wesentliche Stärke hat sich damit zu einer Schwäche entwickelt und bedroht die Überlebensfähigkeit dieser mitunter extrem verschachtelten Unternehmensstrukturen. Während der achtziger Jahre haben die Banken den Unternehmen Kredite zur

Verfügung gestellt, die durch Aktien- und Immobilienvermögen abgesichert wurden. Die Rückzahlung des Kredits wurde aber nicht aus den Cashflows bedient, sondern aus den Spekulationsgewinnen mit Aktien und Immobilien.

Mitsubishi als das größte Konglomerat, das für etwa acht Prozent des gesamten japanischen Wirtschaftsausstoßes verantwortlich ist, war einer der Hauptleidtragenden dieser Entwicklung und rutschte zeitweise in die roten Zahlen. Einige Tochterunternehmen wie Mitsubishi Motors operieren auch heute noch weit unter ihrer Kapazitätsgrenze und mussten über eine Kapitalspritze der Mitsubishi Corp. gerettet werden, nachdem DaimlerChrysler das Abenteuer Mitsubishi beendet hatte.

Eine erfolgreiche Restrukturierung wurde dagegen bei Nissan erreicht. Das Unternehmen öffnete sich nach außen und beendete einen Großteil seiner vertikalen Geschäftsbeziehungen. Mit Hilfe von Renault als internationalem Kapitalgeber konnte Nissan seine Ketten sprengen und veräußerte die meisten seiner mehr als 1400 Beteiligungen.

Ein wichtiger Grund für die neuerlichen Änderungen bei den Keiretsu findet man in dem seit einigen Jahren stattfindenden Globalisierungsprozess, der nach dem Fall des Kommunismus begonnen hat. Über drei Milliarden Menschen waren nun Teil des kapitalistischen Systems und konkurrierten mit ihren Produkten auf dem Weltmarkt. Die japanischen Unternehmen, die das Preisniveau im Inland lange Zeit über De-facto-Importbeschränkungen durch fragwürdige Technologieanforderungen und den Absatzmarkt über die Kontrolle der Vertriebsstrukturen künstlich oben halten konnten, sahen sich nun mit dem Problem der Billigimporte konfrontiert. Der Kostenvorteil, den japanische Unternehmen auf dem Exportmarkt erreichten, wurde ebenfalls durch eine schnelle Adaption der Wettbewerber aufgehoben. Dieser Umstand zwang die japanischen Unternehmen, ihre Produktion ins Ausland und hier insbesondere nach Asien zu verlagern. Das Resultat war, dass die bisherigen Verbindungen innerhalb des Keiretsu-Systems nicht mehr benötigt wurden und zurzeit eine Abkehr von diesem System zu beobachten ist.

Japans Bankenkrise

Als Auslöser für die japanische Bankenkrise wurde in der Vergangenheit häufig die Zinsanhebung der japanischen Zentralbank genannt, die der Spekulation im Immobiliensektor Einhalt gebieten wollte. Allerdings steht auch ein weiteres Datum in enger Verbindung mit der japanischen Immobilienblase: Im Jahr 1984 unterzeichneten die Regierungschefs der damaligen G6-Staaten ein Abkommen, das den Namen »Plaza Accord« trug und das damalige Handelsbilanzdefizit der USA über eine Abwertung des US-Dollars senken wollte. Der japanische Yen verdoppelte sich daraufhin gegenüber dem US-Dollar. Diese Entwicklung trägt in Japan die Bezeichnung »endaka«; sie führte zu einem Anstieg der Portfolioinvestitionen am japanischen Wertpapiermarkt. Als die Probleme dieser allein auf Wechselkursen basierenden Notenbankpolitik offensichtlich wurden, kam es 1987 zum Börsen-Crash in den USA, der vor allem den Nikkei kurzfristig belastete und die japanische Zentralbank veranlasste, die Zinsen auf ein neues Nachkriegs-Tief von zwei Prozent zu senken. Die japanische Regierung folgte ebenfalls einer Politik, die den weiteren Anstieg des Marktes extrem begünstigte. Erst als man 1989 an die Grenzen stieß und realisierte, dass man mit der Politik des Geldes zu weit gegangen war, stürzte der Markt in ein Loch, aus dem er bis heute nicht wieder aufsteigen konnte. Der Bankensektor hat sich darüber hinaus ebenfalls eher prozyklisch verhalten, indem er in erheblichem Maße Aktien als Vermögenswerte verbuchte und diese zu aktuellen Marktpreisen in die Bilanz einfließen ließ. Dies führte dazu, dass japanische Banken Ende der achtziger Jahre die wohl beste Eigenkapitalausstattung aller weltweiten Banken besaßen und ihre Ausleihungen entsprechend nach oben anpassen konnten. Eine geplante Angleichung der internationalen Bankenrichtlinien durch die Bank für Internationalen Zahlungsausgleich (BIZ) in Basel hätte Ende der achtziger Jahre die japanischen Institute benachteiligt, und deshalb entschloss man sich international zu einer Ausnahme, indem man die Kapitalanforderungen für Banken aufweichte. Das Eigenkapital der Banken wurde zu diesem Zwecke in Tier-1-Kapital (Barmittel und Staatsanleihen) und Tier-2-Kapital (Unternehmensbeteiligungen) unterteilt. Da japanische Banken ein sehr hohes Tier-2-Kapitalniveau besaßen, war man mit dieser Regelung aber immer noch nicht ganz zufrieden und begann, Wandelanleihen zu emittieren, die mit den Aktien der Bank abgesichert wurden. Dadurch erhielt man, rein bilanziell betrachtet, ein höheres Tier-1-Kapital und konnte die internationalen Anforderungen trotz der expansiven Politik erfüllen. Erst nachdem die Zinsen anstiegen und die Aktien- wie auch die Immobilienpreise, die der Besicherung von Krediten dienten, um 60 Prozent fielen, war der japanische Bankensektor nicht mehr in der Lage, die Unternehmen weiter zu finanzieren. Um den Bankrott des japanischen Bankensektors zu vermeiden, senkte die Bank of Japan im Laufe der neunziger Jahre die Zinsen auf nahe null. Dennoch führten diese Zinsschritte nicht zu den erhofften Verbesserungen, und Japan wurde in einer so genannten Liquiditätsfalle gefangen: Weitere Zinsschritte waren nicht mehr möglich, und das Land der aufgehenden Sonne wurde von der Deflation heimgesucht.

Nach über 60 Prozent Wertverlust bei Immobilien mag die Vorstellung irrwitzig klingen, dass man in Japan auf einen ewigen Preisanstieg von Immobilien spekulierte und die Banken bereitwillig Kredite vergaben. Allerdings muss man verstehen, dass in Japan die Spekulationssteuer für kurzfristigen Immobilenbesitz bei 150 Prozent lag, was zu einer Austrocknung des Angebots führte. Allein zwischen 1956 und 1986 stiegen die Grundstückspreise um 5000 Prozent und verzeichneten mit Ausnahme von 1974 kein einziges Jahr mit fallenden Preisen. Japanische Banken konnten also ohne große Risiken Kredite vergeben und ihre Ausleihungen weit stärker steigern, als dies international üblich war. Darüber hinaus wurden die Unternehmensbeteiligungen der japanischen Banken in das Kapital mit eingerechnet. Stiegen die Preise für deren Aktien, konnten die japanischen Banken ihre Ausleihungen erhöhen oder verzeichneten einen Anstieg ihrer Kapitalbasis.

Dass diese Praktiken letztlich Problemkredite (Non Performing Loans / NPL) in einem ungeahnten Ausmaß schufen, sollte daher nicht verwundern. Insgesamt werden die faulen Ausleihungen immer noch auf ein Volumen zwischen 600 und 1100 Milliarden US-Dollar geschätzt.

Das Problem der faulen Kredite hat Japan nicht erst seit gestern. Im Zuge der Pleitewelle zu Beginn der neunziger Jahre ist eine Menge von ausstehenden Krediten übrig geblieben, die bis heute bestehen. In diesem Zeitraum wurde sowohl von Seiten der Unternehmen als auch vom Staat eine Menge zur Problembehebung unternommen. Bis zum jetzigen Zeitpunkt wurde jedoch nur eine Problemverschiebung erreicht, die sich in Fusionen, staatlichen Finanzspritzen und Stützkäufen niederschlug.

Die erste große Bankenpleite erreichte Japan im Jahre 1997 mit der Yamanichi Bank. Hier waren es ebenfalls die Folgen nicht zurückbezahlter Kredite. Die japanische Regierung begann im darauf folgenden Jahr 1998 und in 1999, durch staatliche Eingriffe in das Bankensystem die schwer wiegenden Probleme aufzufangen. Es wurden Gelder aus öffentlichen Fonds verwendet, die den Institutionen bei der Abschreibung der notleidenden Kredite helfen sollten. Genau in diesen Jahren begannen auch die japanischen Großbanken zu fusionieren, um dadurch Kosten zu senken. In den Jahren 2000 bis 2002 fusionierten schließlich Großbanken oder gründeten in deren Netzwerkunternehmen übergeordnete Holdings. Auf diese Weise sollten die Bankenprobleme in der Muttergesellschaft durch andere, profitable Tochtergesellschaften (beispielsweise aus dem Asset Management) gemindert werden. Zuvor versuchten die japanischen Kreditgeber, Teile der faulen Kredite mit Hilfe von Aktienverkäufen zu relativieren. Dies beschleunigte die Baisse am japanischen Aktienmarkt zusätzlich, sodass die restlichen Beteiligungspositionen ebenfalls an Wert verloren.

Die Banken schafften es nicht, mit diesen Problemen eigenständig fertig zu werden, was den Staat auf den Plan rief. Auch innerhalb der Keiretsu-Praktiken änderte sich einiges, und die Banken machten nach einigen Fusionen untereinander (Big Bang) deutlich, dass Keiretsu-Unternehmen nicht mehr auf die vorteilhaften Kreditvergabepraktiken vertrauen könnten und in Zukunft einen fairen Risikoausgleich bezahlen müssten. Es kann davon ausgegangen werden, dass die Tragweite dieser Bankenfusionen erst in den nächsten Jahren sichtbar wird und dies viele Keiretsu-Unternehmen, die eine zu geringe Eigenkapitaldecke besitzen, weiter unter Druck bringen wird.

Bei diesen Überlegungen sollte man auch den aktuellen Zinssatz Japans von null Prozent nicht vergessen. So weit die Aufzeichnungen zurückreichen, gab es noch nie eine so lange Phase der Nullzinspolitik. Japan wird in den nächsten Jahren gezwungen sein, die Zinsen wieder zu erhöhen. Eine Nullzinspolitik hat sicherlich zum anhaltenden Konsum und zu den weiterführenden Investitionen in Japan beigetragen. Der Konsum heizte aber aufgrund der günstigeren Verkaufspreise die Deflation weiter an. Wir gehen davon aus, dass die japanische Zentralbank innerhalb der nächsten fünf Jahre ihre Zinsen stetig anheben wird. Bei diesem Szenario hätten die Banken eine weitere Schwierigkeit und selbst höhere Zinsbelastungen. Diese Zinserhöhungen werden an die Kreditnehmer weitergegeben, die dann bei hohen Krediten und dadurch möglichen Liquiditätsengpässen eine weitere Welle von faulen Krediten verursachen könnten.

Dieses Problem ist noch lange nicht gelöst. Stellt man sich vor, dass die Banken weitere Kredite vergeben müssen, um Einnahmen aus dem Kerngeschäft zu generieren, so sind die japanischen Banken in einer Zwickmühle. Entweder sie vergeben weitere Kredite an teilweise marode Unternehmen, die bereits einen hohen Schuldenberg haben, oder sie sperren weitere Vergaben an diese Unternehmen, was zu weiteren Ausfällen von Kreditrückzahlungen führt, da diese Unternehmen zahlungsunfähig werden. Somit ist ein Risikomanagement der japanischen Banken schwierig, teilweise sogar unmöglich. Außerdem muss ein Teil der staatlichen Unterstützung als Cash zur Finanzierung von Krediten dienen, weshalb auch der staatliche Eingriff nur eine kurzfristige Lösung bietet. Wir sehen also, dass sich die japanischen Banken immer noch in einem Teufelskreis befinden, aus dem zu entrinnen Jahre dauern wird.

Viele Leser werden nun sagen, dass sich die japanischen Banken in den Jahren seit 2003 endlich wieder stabilisiert haben, da wieder Gewinne ausgewiesen wurden. Das ist richtig, nur: Wenn man sich die Einnahmenverhältnisse genauer anschaut, wird deutlich, dass hohe Buchungen von Steuerrückzahlungen und Gutschriften zu diesen Verbesserungen verholfen haben. Die Forderungen von Steuerrückzahlungen ergaben sich aus abzuschreibenden Krediten, die künftig auf die Banken zukommen könnten. Die weiteren Buchungen – oder, härter ausgedrückt, »Manipulationen« –, welche die Position Steuergutschriften anheben lassen, wird im folgenden Absatz näher erläutert. Allein die vier größten japanischen Banken haben faule Kredite in Höhe von 14,4 Billionen Yen in den Büchern stehen, wobei hier noch keine neu hinzukommenden faulen Kredite eingerechnet sind. Im vergangenen Jahr haben die vier Großbanken 20 Billionen Yen Problemkredite ausgebucht. Wir gehen davon aus, dass die große Pleitewelle japanischer Kapitalgesellschaften überstanden ist und die größte Welle der eintretenden notleidenden Kredite vorüber ist. Trotzdem werden noch größere Positionen NPLs, welche die Banken noch nicht beim Namen nennen, in den nächsten Jahren auftauchen.

Ein weiteres großes Problem der japanischen Banken ist, wie bereits angedeutet, die Position Steuergutschriften. Insgesamt betragen die Steuergutschriften in den Bilanzen der japanischen Banken rund 57 Prozent des gesamten Eigenkapitals. Wie sich dies belastend auf die Banken auswirkt, haben wir beim speziellen Fall der Resona Holding gesehen, die im Frühjahr 2003 am Rand der Insolvenz stand. Ohne staatliche Unterstützung wäre Japans fünftgrößte Bank pleite gewesen. Resona hatte 65 Prozent des eigenen Bankenkapitals in Steuergutschriften gebucht. Problematisch ist nur, dass japanische Banken Teile von erwarteten faulen Krediten als Steuergutschriften ausweisen können. So konnte sich die Resona Holdings bis zum kurzzeitigen Bankrott fein aus der Diskussion heraushalten. Durch die staatlichen Eingriffe ist diese Position »Steuergutschriften« bei der Resona Holding von 65 Prozent auf 43 Prozent gesenkt worden. Ausschlaggebend für die »Beinahe-Pleite« war die Eigenkapitalquote von vier Prozent, die unterschritten wurde. Würde man bei den größten vier Banken die teilweise nicht gerechtfertigten oder tatsächlichen Steuergutschriften herausrechnen, die nur künftige und darüber hinaus theoretische Einnahmen darstellen, so wäre die Eigenkapitalquote drastisch rückläufig. Des Weiteren würde die vollständige Steuerrückzahlung allein dieser vier Großbanken ein großes Loch in die bereits angeschlagene Staatskasse Japans reißen.

Herausforderungen

Die wirtschaftlichen Rahmendaten gestalteten sich für Japan in den vergangenen Jahren sehr schwierig und stellten das Land vor sehr große Herausforderungen. Zunächst haben wir durch das Ende des Kommunismus, den Wegfall von Handelsbarrieren und die weltweiten Globalisierungsbestrebungen den Beginn einer Vereinheitlichung der Preise für Industriegüter gesehen, die Japan sehr schwer getroffen hat. Neben dem Platzen der Immobilienblase war dies der Hauptgrund für die ständig fallenden Preise in Japan. Doch wie so oft in der Geschichte hat der Staat dieses Problem nie erkannt, sondern versucht, die Deflation durch fiskale Stimulation zu beenden, was trotz milliardenschwerer Konjunkturprogramme nicht gelang. Rückläufige Steuereinnahmen und wachsende Staatsausgaben haben den japanischen Staat mittlerweile so weit in die Bedrängnis gebracht, dass für die Zukunft kaum noch mit Wirtschaftshilfen und Infrastrukturmaßnahmen gerechnet werden kann. Dies stellt die Industrie Japans vor die Herausforderung, sich selbst helfen zu müssen. Doch eine angespannte Finanzsituation als Folge der durch die Deflation gesunkenen Sicherheiten für die Vergabe von Unternehmenskrediten verzögert den Prozess des Wandels.

Nur die großen und finanzstarken Unternehmen Japans sind zurzeit in der Lage, auf diese Herausforderung zu reagieren und zum Beispiel ihre Produktion nach China zu verlagern, um wieder wettbewerbsfähiger zu werden. Investoren sollten also vor dem Aktienkauf in Japan immer darauf achten, dass die Eigenkapitalausstattung des Unternehmens über dem Durchschnitt liegt. Leider ist dies bei den wenigsten japanischen Unternehmen der Fall. Vor allem die Pharmabranche und der Automobilhersteller Toyota scheinen hier sehr gut ausgestattet zu sein.

Wenn es im Zuge einer »Re-Inflationierung« oder einer Bonitätsverschlechterung des japanischen Staates zu steigenden Zinsen kommt, wird Japan erneut vor sehr schwer lösbaren Problemen stehen.

Strukturkrise

Wer die japanische Mentalität und die historische Entwicklung dieses Landes kennt, wird feststellen, dass es zur Lösung der japanischen Probleme keiner westlichen Problemlösungsstrategien bedarf, wie sie so oft von US-amerikanischen Wirtschaftswissenschaftlern propagiert werden. Massenentlassungen und Unternehmensschließungen werden in Japan trotz einiger jüngster Beispiele eher Ausnahmefälle sein. Japaner sehen sich in einem geschlossenen System, in das ein Außenstehender nur sehr schwer eindringen kann. Dieses familiär anmutende System bietet für die partizipierenden Mitglieder Schutz, vornehmlich vor aus- und inländischer Konkurrenz, sowie einen großen Entwicklungsspielraum, der sich vor allem in einem ungebremsten Drang zum Wachstum und zur Weiterentwicklung zeigt. Ein japanisches Unternehmen schläft nicht. Denn es wird von den Managern des Unternehmens erwartet, dass diese das Unternehmen, egal mit welchen Mitteln, aus der Strukturkrise herausholen. Als Beispiele könnte man die Entwicklung von Canon sehen, das sich aufgrund einiger Probleme im Kamerageschäft zu einem der größten Hersteller von Büroperipherie entwickelte. Honda wandelte sich vom Rasenmäherhersteller und war in der Lage, innerhalb weniger Jahre die Führerschaft in der Motorradindustrie zu erreichen; schließlich übernahm es aufgrund seines Know-hows in der Kleinmotorenfertigung eine führende Rolle im weltweiten Kleinwagenbau. Ein jüngeres Beispiel ist die aus dem Staatskonzern NTT hervorgegangene NTT-Docomo, deren innovatives Technologiekonzept im Mobilfunkbereich mittlerweile von einer Vielzahl von Mobilfunkfirmen auf der ganzen Welt kopiert wird. An Ideen mangelt es den Japanern also nicht, und die japanischen Konzerne haben, soweit sie nicht von einer Finanzkrise in Mitleidenschaft gezogen wurden, auch nichts von ihrer Wettbewerbsfähigkeit eingebüßt.

4.3 Südkorea

Unternehmen in Südkorea

Aufgrund der japanischen Besatzung und des Korea-Krieges, der das gesamte Land zerstörte, besitzt Korea nur eine sehr kurze Unternehmenshistorie. Die Unternehmenslandschaft in Korea wurde sehr stark von einzelnen Familienunternehmen geprägt, die in Form von Konglomeraten organisiert waren. Als Vorbild dienten dabei die japanischen Zaibatsus und späteren Keiretsus, die in Kapitel 3.2. ausführlich vorgestellt wurden. Allerdings gab es im Vergleich mit Japan auch erhebliche Unterschiede, die nachfolgend beleuchtet werden.

Unternehmensphilosophie

Vor allem das koreanische Wertesystem hat den Managementstil in Korea geprägt. Die Form, in der Probleme gelöst werden und persönlicher Erfolg gemessen wird, und die Frage, welche ethischen Grundsätze befolgt werden, spielen in der südkoreanischen Wirtschaft und Gesellschaft eine Schlüsselrolle. Vor allem der Konfuzianismus, das Verhältnis zwischen Vater und Sohn und der Stellenwert der Familie haben einen erheblichen Einfluss auf die Führung der koreanischen Unternehmen. Für den Außenstehenden sieht dies zuweilen nach »Vetternwirtschaft« aus – und das ist sicherlich auch zuweilen der Fall –, doch das Prinzip der gegenseitigen Unterstützung innerhalb der Familie und die väterliche Rolle des Mutterkonzerns haben sich aufgrund der Gesellschaftsstrukturen herausgebildet und sind Teil der Kultur Koreas.

Eine besondere Rolle spielte dabei der Staat. So wie die Unternehmen selbst streng geführt wurden, führte der Staat die Unternehmen mit strenger Hand. Dies hing zum Teil auch damit zusammen, dass Südkorea zwischen

1961 bis 1987 eine Militärdiktatur war – trotz der damit einhergehenden Probleme wohl eine der erfolgreichsten, die es je weltweit gab. Doch von der US-amerikanischen Wirtschaftspolitik, die eine freie Entfaltung der Unternehmen mit strengen Auflagen zur Vermeidung von Monopolstellungen vorsieht, und der europäischen Wirtschaftspolitik, die aus Angst vor wegfallenden Arbeitsplätzen den Schutz von veralteten Industrien propagiert, unterscheidet sich der Einfluss südkoreanischer Politik erheblich: Die südkoreanische Wirtschaftspolitik fördert keine veralteten Strukturen, sondern die modernen. Ferner fördert sie eine Anpassung der Unternehmen an ein sich ständig änderndes Marktumfeld. Öffentliche Mittel fließen in Projekte, die als aussichtsreich erachtet werden, und Zuschüsse sowie Steuererleichterungen bleiben den erfolgreichen Unternehmen vorbehalten, was zu einer massiven Umverteilung von schlecht laufenden Unternehmen und Sektoren in die wachsenden führt. Die Industriepolitik Südkoreas hat zum Ziel, weiteres Wachstum zu generieren. Die Regierung steuert dabei die Entwicklung einzelner Industrien, gibt ihnen die Ziele vor und gewährt ihnen im Gegenzug monopolistische Marktstellungen. Unternehmen, die in der Lage waren, die Ziele zu erreichen, werden belohnt; jene, die es nicht schafften, werden bestraft. Zwar hat sich die Unternehmenslandschaft seit Ende der achtziger Jahre stark verändert, doch noch immer sind etwa 60 Prozent der Wirtschaftskraft in den Händen der Konglomerate, den Chaebols, konzentriert.

Die Chaebols

Während der Industrialisierung Südkoreas kontrollierte der Staat über seine Beteiligung an den Banken den Zufluss von Kapital und koordinierte die Vergabe von Krediten sowie das Zinsniveau. Darüber hinaus förderte der Staat jene Unternehmen, die sich am genausten an die staatlichen Anordnungen hielten. In den Anfangsjahren waren vor allem die niedrigeren Lohnkosten, die längeren Arbeitszeiten und die Unterstützung des Exportsektors für das südkoreanische Wirtschaftswachstum entscheidend.

So kam es, dass in Südkorea nur vier riesige Konglomerate den Aufstieg zu den mächtigen Unternehmen schafften: Samsung, Hyundai, Lucky-Goldstar (LG) und Daewoo. Die Strategien eines Chaebols zur Eroberung des Weltmarkts bestehen aus drei Stufen. Diese sind so aufgebaut, dass Südkoreas Unternehmen vor allem in solchen Märkten erfolgreich agieren können, in denen bereits eine Marktsättigung absehbar ist und die Senkung der Produktionskosten sowie die Herstellung technologisch ausgereifter und qualitativ hochwertiger Produkte zu niedrigen Preisen erforderlich werden. Die drei Stufen lassen sich wie folgt umreißen:

1.) Erreiche die Kostenführerschaft in einem Markt und betrete den Markt am unteren Ende der Preisklasse.

2.) Expandiere nach anfänglichen Erfolgen in das mittlere und hohe Preissegment.

3.) Erreiche die absolute Marktführerschaft und verdränge die anfänglich erfolgreichen Wettbewerber.

Erreicht werden diese Stufen durch die für ein koreanisches Unternehmen relativ niedrigen Kosten für Kapital und Informationsbeschaffung sowie die geringen Transaktionskosten, ein Resultat der hoch gebildeten Arbeiterschaft. Ein weiterer Faktor dieser Strategie sind die im Westen oft als Nachteil angesehenen lebenslangen Arbeitsverträge der koreanischen Arbeiter. Dadurch werden Löhne und Gehälter zu Fixkosten und machen eine kontinuierliche Prozessoptimierung (Process Reengineering) erforderlich. Bevor der Weltmarkt erobert wird, stehen allerdings noch erhebliche Forschungs- und Entwicklungsaufwendungen an. In der Vergangenheit konnten südkoreanische Konzerne das erforderliche Know-how von ausländischen Partnern erlangen. Doch nachdem die südkoreanischen Unternehmen zu einem gefürchteten Wettbewerber aufgestiegen sind, mussten sich die Unternehmen umstellen und ihre Forschung selbst vorantreiben. Deutlich wird dies daran, dass die F&E-Aufwendungen seit dem Ende der siebziger Jahre um etwa den Faktor 20 gestiegen sind und auch weiterhin zunehmen müssen, um Südkoreas Wirtschaft international wettbewerbsfähiger zu machen. Da Korea im Gegensatz zu China oder Japan keinen riesigen Binnenmarkt hat, ist die technologische Vorherrschaft unabdingbar.

Als Südkorea 1997 fast Zahlungsunfähigkeit anmelden musste und auf die Hilfe des IWF angewiesen war, wurde die Notwendigkeit einer Reform der überschuldeten Chaebols offensichtlich. Indem man Personal entließ und Hightech-Aufgaben an kleinere, spezialisierte Unternehmen auslagerte, konnte die internationale Wettbewerbsfähigkeit relativ schnell wiederhergestellt werden. Obwohl der Binnenmarkt auch weiterhin ein Problem darstellte, konnte sich der Export trotz steigender Konkurrenz aus China wieder erholen. Die Geschwindigkeit, in der es südkoreanische Unternehmen schafften, sich zu erneuern, ist atemberaubend. Es liegt den Koreanern offenbar in im Blut, Neuerungen zu generieren und sie schnell umzusetzen. Die enorme Anzahl an Breitbandverbindungen und die weltweit größte Zahl an Videospielen machen diesen Umstand besonders deutlich.

Ein Chaebol zeichnet sich dadurch aus, dass er von maximal ein bis zwei untereinander verbundenen Familien kontrolliert wird. So wird Hyundai immer noch von der Chung-Familie kontrolliert, Samsung von den Lee‘s. In Japan finden wir aufgrund der langen Unternehmenshistorie keine so starke Konzentration von Vermögen und Macht mehr, vielmehr sind dort eher Clan-Strukturen anzutreffen. Eine direkte Verwandtschaft besteht also oft nicht mehr. Zudem haben in Japan nicht zu den großen Anteilseignern gehörende Manager einen größeren Einfluss auf die Geschäftsführung. Allerdings verfügt Südkorea über ein System, das auch außenstehenden Personen das Erreichen höherer Positionen erlaubt. Der Anteil von »externen« Managern liegt in Korea bei 40 Prozent und in Japan bei gerade einmal zehn Prozent. Japanische Unternehmen werden also zum größten Teil von Personen geleitet, die innerhalb des Verbunds aufgestiegen sind. So ist es in Japan sehr selten, dass zum Beispiel ein Vorstand von Nissan zu Mitsubishi wechselt, egal welche Qualitäten er mitbringt. Südkorea kann also durchaus als ein Land bezeichnet werden, in dem der Austausch von Mitarbeitern, Kapital und Wissen untereinander sehr viel stärker ausgeprägt ist. So entstand beispielsweise auch eine Reihe von Überkreuzbeteiligungen zwischen Unternehmen, die eigentlich miteinander konkurrieren. Diese Strukturen haben zur Folge, dass südkoreanische Unternehmen wesentlich schneller reagieren können, da die Entscheidungsgewalt bei nur sehr wenigen Personen liegt. Der Wille, einen Konsens zu bilden, ist deutlich geringer ausgeprägt als in Japan. Obwohl diese Struktur auch anfälliger für Fehlentscheidungen ist, erlaubt sie doch eine Agilität, die japanischen Unternehmen verwehrt bleibt. Nichtsdestotrotz sollte man nicht vergessen, dass südkoreanische Unternehmen ihre Entscheidungsfindung im Vergleich zu westlichen Unternehmen wesentlich stärker auf die Recherche von Informationen stützen und deshalb einen längeren Entscheidungsprozess aufweisen. Allerdings erfolgt die Implementierung in südkoreanischen Unternehmen wesentlich schneller und effizienter als in westlichen Unternehmen. Deshalb hört man im Westen sehr häufig das

Vorurteil, dass Asiaten nur kopieren und perfektionieren. In Wirklichkeit liegt dies oft daran, dass diese Unternehmen sehr viel vorsichtiger bei ihren Entscheidungen sind. Begründen kann man diese Eigenschaft mit der Kultur dieser Länder, die sich durch ein starkes Verantwortungsgefühl auszeichnen. Eine Fehlentscheidung wird im Westen viel eher akzeptiert als in Asien. Mitarbeiter sprechen ihrem Vorgesetzten in Südkorea ein größeres Vertrauen aus, und der Vorgesetzte empfindet gegenüber seinen Mitarbeitern ein erhebliches Maß an Verantwortungsgefühl und steht für Fehler gerade, auch wenn sie von einem anderen begangen wurden. Gegenseitige Beschuldigungen, die im Westen sehr häufig anzutreffen sind, gibt es in asiatischen Unternehmen nicht in dieser Ausprägung. Man kann also sagen, dass die Trennung zwischen Staat, Unternehmen und Familie nicht vorhanden ist. Das Unternehmen und seine Mitarbeiter übernehmen in Korea wichtige Funktionen, die in westlichen Ländern von der Familie erfüllt werden.

	Korea	**Westen**
Arbeitsmoral	Hoch	Niedrig
Leistungserreichung	Gruppe	Einzeln
Soziales Verhalten	Harmonie	Gerechtigkeit sicherstellen
Aufstieg	Dauer der Betriebszugehörigkeit	Individuelle Leistung
Verhältnis zum Vorgesetzten	Vater-Sohn-Beziehung	Bürokratisch
Kooperationsbasis	Persönliche Preferenzen	Verträge
Entscheidungsprozess	Von oben (Vgl. Japan von unten)	Von oben
Rolle der Frau	Untergeordnet	Gleichberechtigt

Vergleich des Arbeitsumfeldes in Korea und Europa/USA *Quelle: Eigene Darstellung*

Nachfolgend ein Beispiel, das den typischen Tagesablauf eines koreanischen Arbeiters aufzeigt.

Tagesablauf eines koreanischen Arbeiters:

08:00 bis 17:00	*Reguläre Arbeitszeit*
17:00 bis 22:00	*Obligatorische Überzeit je nach aktuellem Produktionsniveau*
Pausen	*(10:00 bis 10:10, 12:00 bis 13:00, 17:00 bis 18:00, 20:00 bis 20:10)*
Durchschnittliche Arbeitszeit:	*55 Stunden pro Woche*

Angestellte arbeiten regulär von 08:00 bis 22:00 Uhr und verbringen danach noch bis etwa Mitternacht Zeit mit ihren Arbeitskollegen, um über mögliche Verbesserungen der Arbeitsprozesse zu sprechen.

Frauen werden in der Regel wesentlich niedriger bezahlt und erhalten auch bei gleicher Position nur 60 bis 70 Prozent des Lohnes ihrer männlichen Kollegen. Allerdings arbeiten sie auch keine Überzeit, da sie sich zu Hause noch um die Versorgung der Kinder kümmern müssen.

Südkoreaner arbeiten im Durchschnitt etwa 30 Prozent mehr als Japaner, im Vergleich zu den USA 50 Prozent mehr und im Vergleich zu Deutschland sogar 70 Prozent mehr. Dieses macht auch deutlich, weshalb in Südkorea Ende der achtziger Jahre der Spruch die Runde machte, dass die Japaner die »Faulen« Asiens seien. Obwohl davon auszugehen ist, dass die Arbeitsmoral in Südkorea in Zukunft etwas rückläufig sein wird und China erheblichen Druck ausübt, sind die Südkoreaner auch heute noch wesentlich fleißiger als ihre westlichen Kollegen. Der Stellenwert und die Achtung der Arbeit sind wesentlich stärker ausgeprägt als im freizeitverwöhnten Europa und Nordamerika.

Bezeichnend für die südkoreanische Arbeitsmoral ist eine Geschichte um den ehemaligen Vorstand von Hyundai, Ju-Yung Chung. Trotz der immensen Größe des Hyundai-Konzerns ließ es sich der Vorstand nicht nehmen, sich persönlich um jede Entscheidung selbst zu kümmern. Er managte sogar alle Überseeaktivitäten selbst und nahm sich dafür jeden Morgen zwischen 6:00 Uhr und 6:30 Uhr Zeit, um mit den Managern in Übersee zu telefonieren, noch bevor er zum gemeinsamen Frühstück mit der Familie erschien. Für strategische Treffen plante er zumeist das Wochenende ein, um keine produktive Arbeitszeit mit Diskussionen zu verschwenden. Er übte dabei als Person die wichtigste Kontrollinstanz im Konzern aus und war auch für die Expansion verantwortlich. Eine Geschichte, die immer wieder erzählt wird, ist die Aussage Chungs anlässlich der Geschäftserweiterung um den Schiffsbau: »Ein Schiff ist ein schwimmendes Stromkraftwerk mit einer Stahlhülle drum herum!« Man hielt ihn damals für völlig verrückt, doch schlussendlich war es Chungs einfacher Sicht der Dinge und der enorme Leistungsbereitschaft seiner Mitarbeiter zu verdanken, dass der Ausflug in den Schiffsbausektor für Hyundai ein voller Erfolg wurde. Trotz dieser auf Einzelentscheidungen basierenden Unternehmensführung ist es in Südkorea selbstverständlich, dass jede Entscheidung sehr genau abgewogen wird. So nimmt in jedem Chaebol eine so genannte Planungsgruppe eine zentrale Stelle in der Unternehmensstruktur ein. Diese Gruppe besteht aus vielen hundert Mitarbeitern und hat die Aufgabe, Daten zu sammeln, Marktanalysen zu betreiben und diese den Entscheidungsträgern zur Verfügung zu stellen sowie vor wichtigen Entscheidungen zu präsentieren. Darüber hinaus ist diese Abteilung für die konzernweiten Personalentscheidungen und für die Überwachung der Bezahlsysteme zuständig. Wenngleich es in westlichen Konzernen ebenfalls solche »Arbeitsgruppen« gibt, so sind im Vergleich zu denen in einem Chaebol weniger stark ausgebaut.

Um die Rolle des Staates zu analysieren, ist es notwendig, die Bedeutung der Fünf-Jahres-Pläne zu sehen und zu verstehen, welchen Einfluss diese auf die Entwicklung der Konglomerate ausübten. So werden in Südkorea wichtige Vorgaben von Seiten des Staates gemacht, an die sich die Unternehmen halten müssen. Deshalb ist die Verbindung der Chaebols zur Politik in Südkorea wesentlich intensiver als in anderen Ländern. Dieser Umstand führte in der Vergangenheit auch öfters zu erheblichen Korruptionsvorwürfen. Da das Rentenalter von Politikern in Südkorea auf 55 Jahre festgesetzt ist, sind Unternehmensberater sehr häufig ehemalige Politiker und in viele Bestechungsskandale verwickelt. Eine wichtige Rolle in der Staatsfinanzierung sind auch heute noch die Parteispenden der Chaebols. Investoren sollten sich dieses Umstandes bewusst sein und auch heute noch darauf achten, dass das Unternehmen freundschaftliche Beziehungen zum Staat unterhält. 1985 kam es zur Zerschlagung von Kuyre, dem damals siebtgrößten Chaebol Südkoreas. Besonders bitter wurde dieser Umstand durch die Tatsache, dass Südkorea bis heute kein einheitliches Insolvenzrecht besitzt. Scheitert ein Unternehmen, so ist der anschließende Prozess deshalb völlig unberechenbar und kann sehr leicht zum Totalverlust führen. Die Asien-Krise hat dieses Problem sehr deutlich sichtbar gemacht.

Die Industriepolitik Koreas

Die Industriepolitik während der Aufbauphase nach dem Krieg lässt sich in zwei Phasen einteilen. Die erste Phase von Anfang der sechziger bis Anfang der siebziger Jahre war von dem Bestreben gekennzeichnet, die Exporte des Landes zu steigern und Korea international wettbewerbsfähig zu machen. Dies erreichte man, indem man ausländisches Kapital unter Garantie fester Wechselkurse anlockte und die Investitionen in den Exportsektor lenkte. Darüber hinaus förderte man eine hohe Sparrate in der Bevölkerung und einen damit einhergehenden Konsumverzicht, der Südkorea Ende der siebziger Jahre schwer zu schaffen machte, da nicht genügend Güter für die Befriedigung der Binnenmarktnachfrage produziert werden konnten. Doch am Anfang der Wachstumsphase standen zunächst eine dramatische Abwer-

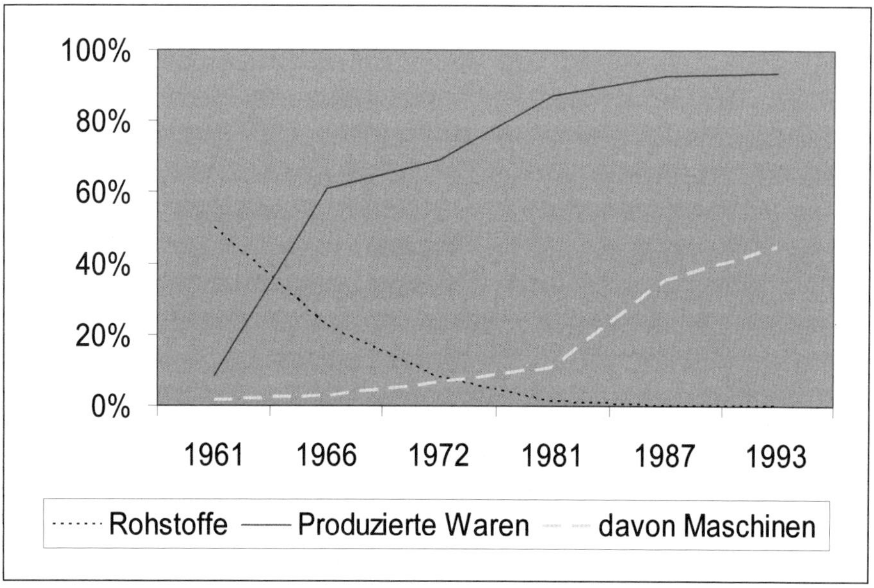

Exporte Südkoreas *Quelle: Korea Statistical Yearbook 2003*

tung der Währung in den Jahren 1961 und 1964 sowie die Aufhebung der Importquoten, die vor allem der Textilindustrie bis zu diesem Zeitpunkt schwer zu schaffen gemacht hatten. Hinzu kamen eine Halbierung der Steuern für exportorientierte Unternehmen sowie eine direkte Subventionierung von Exportgütern. Diese Schritte ließen die Exporte im industriellen Bereich bereits im ersten so genannten Fünf-Jahresplan der Regierung förmlich explodieren. Betrugen die Exporte des produzierenden Gewerbes 1961 nur knapp zehn Prozent aller Exporte, stieg diese Quote bis 1966 auf 60 Prozent (siehe Grafik). Südkorea schloss sich den weltweiten Freihandelsabkommen an und unterstützte mit staatlicher Hilfe den Aufbau von Industrieunternehmen wie dem Stahlkonzern POSCO, der auch heute noch trotz der mittlerweile hohen Lohnkosten in Südkorea zu den produktivsten Stahlkonzernen weltweit zählt. Den Erfolg von Südkorea also nur auf Billiglöhne zurückzuführen wäre falsch, wenngleich dieser Faktor gerade beim Aufbau der Textilkonzerne in der Anfangszeit zu erheblichen Wachstumsraten geführt hat.

Die zweite Phase der Industriepolitik wurde zwischen 1973 und 1979 eingeleitet und stellte die Förderung einzelner Sektoren in den Vordergrund. Diese Förderung führte auf dem Weltmarkt zu einem komparativen Kostenvorteil in einem Industriezweig und machte Korea im Ausland bekannt. So stieg der Anteil des Exports hochwertiger Maschinen zwischen 1972 und 1993 von 6,7 Prozent auf 45 Prozent. War Korea zuvor nur als verlängerte Werkbank der internationalen Konzerne und als Hersteller billiger Kleidungsstücke und Schuhe bekannt, so wie es heute in China der Fall ist, führte die Entwicklung technologisch hochwertiger Güter wie Fernsehgeräte, Mikrowellengeräte, Kleinwagen, Telekommunikationsinfrastruktur oder Halbleiter zu einem wachsenden Bekanntheitsgrad koreanischer Produkte, vor allem in den USA. Die förderungswürdigen Sektoren bestimmte der wirtschaftliche Entwicklungsausschuss (Economic Development Board, EDB), eine staatliche Institution, deren Vorsitzender gleichzeitig Premierminister des Landes war und die Richtung in der Wirtschaftspolitik festlegte. Diese Institution kann mit dem Ministerium für Internationalen Handel und Industrie (MITI) in Japan verglichen werden. Allerdings mit dem Unterschied, dass die Entscheidungsgewalt auf Seiten der Politiker liegt, wohingegen in Japan Politik und Wirtschaft eine Symbiose bilden. Die Aufgaben des Economic Development Board liegen in der Entwicklungsplanung, der Vergabe von Investitionszuschüssen sowie in der staatlichen Budgetplanung.

Koreanische Unternehmen erhielten durch die zielgerichtete staatliche Förderpolitik in Form von Steuerbefreiungen und Zollrabatten Zugang zu Fremdwährungen und binnenmarktorientierten Schutzfunktionen, was zu ihrer erfolgreichen Entwicklung erheblich beitrug. Allerdings konzentrierte sich durch diese Politik der Bevorzugung das Know-how in den Händen einiger weniger Unternehmen. Damit einher ging eine zentralisierte und zinsvergünstigte Kreditvergabe durch die Korea Development Bank und die Korea Exchange Bank. Beide Bankinstitute spielten in der Aufbauphase Koreas eine wichtige Rolle und schufen in der späteren Entwicklungsphase Probleme aufgrund der vielen faulen Kredite des Bankensektors.

Fünf-Jahres-Plan	von bis	Fokus
Eins	1962 bis 1966	Energieversorgung, Düngerproduktion, Raffinierung von Öl, Zement, synthetische Fasern
Zwei	1967 bis 1971	Stahl, Maschinenbau, Chemikalien, generelle Modernisierung der Industrie
Drei	1972 bis 1976	Eisen und Stahl, Transportsektor, Maschinenbau, Schiffsbau, Petrochemie, Elektronik
Vier	1977 bis 1981	Eisen und Stahl, Nicht-Eisen-Metallverarbeitung, Transportsektor, Maschinenbau, Schiffsbau, Petrochemie, Elektronik
Fünf	1982 bis 1986	Präzisionsmaschinen, Elektronik und Hochtechnologie (Halbleiter, Computer)
Sechs	1987 bis 1991	Hochtechnologie, verbesserte Forschung und Entwicklung (2 % auf 3 % des BIP bis 2005), Bildung und Erhöhung der Arbeitsproduktivität
Sieben	1992 bis 1996	Mikrocomputer, Biotechnologie, Flugzeugbau, Feinchemikalien
Acht	1996 bis 2000	Mikrochips, Mobilfunksysteme
Neun	2001 bis 2005	Automobil, Nanotechnologie, Biotechnologie, Mikrochips

Nach 1979 änderte sich die Industriepolitik ein weiteres Mal und rückte den Mittelstand in den Fokus der Förderpolitik. Grund hierfür war die Angst einiger Politiker, dass es im Zuge der Vermögenskonzentration zu Fehlverteilungen im Wirtschaftssektor kommen könnte. In diese politisch unsichere

Zeit fiel der weltweite Ölschock, der die Kosten der koreanischen Konglomerate erhöhte. Da Korea keine eigene Energieversorgung besaß, litt man ganz besonders stark unter der Ölkrise der späten Siebziger. Hinzu kam die Ermordung des koreanischen Ministerpräsidenten General Park durch seinen Sicherheitschef. Im Zuge der Neuausrichtung in der Wirtschaftspolitik erhielten die Konglomerate keine verbilligten Kredite mehr. Zudem wurde durch die Auflösung der Interventionspolitik, die Entflechtung von Staat und Wirtschaft sowie die Privatisierung des Bankensektors eine Basis für mehr Wettbewerb geschaffen. Trotz der relativ geringen Einwohnerzahl von nicht einmal 50 Millionen Menschen ist Südkorea mit über 50 Milliarden US-Dollar jährlich der weltweit drittgrößte Exporteur von Technologieprodukten, gleich hinter China und Singapur. Doch während Singapur und China vor allem vom Handel mit diesen Produkten beziehungsweise der Auslagerungstaktik westlicher Konzerne profitiert, sind koreanische Unternehmen zugleich Entwickler und Produzent.

4.4 Indien, Gesamt-Asien und Asien-Krise

Indien

Es gibt kaum einen Emerging Market, der in der internationalen Presse so wenig Beachtung erfährt wie Indien. Doch schaut man sich die Faktenlage an, dann werden die hervorragenden Anlagechancen in der ehemals größten Wirtschaftsmacht Asiens offensichtlich.

Indien ist der weltweit am stärksten wachsende Mobilfunkmarkt. Täglich werden nahezu 10 000 Motorräder gekauft, und fast 60 Millionen Haushalte verfügen mittlerweile über einen Fernseher, aber gerade 2,5 Prozent besitzen ein Auto. Die zurückliegenden zehn Jahre Wirtschaftswachstum haben eine Mittelklasse von nahezu 300 Millionen Menschen geschaffen. Mittlerweile vergeben indische Banken jährlich 15 Milliarden US-Dollar an Krediten, die das Wachstum und die Investitionen weiter unterstützen. Auch an den Finanzmärkten ging diese Entwicklung nicht spurlos vorbei: Indien verfügte Anfang 2004 über Währungsreserven in Höhe von 90 Milliarden US-Dollar, fast ein Fünftel seines gesamten BIP. Ausländische Anleger investierten allein im Jahr 2003 rund fünf Milliarden US-

Dollar am indischen Aktienmarkt, der von zunehmenden Privatisierungen unterstützt wird.

Bis 1991 wurde Indien sozialistisch regiert. Seine Märkte waren für Importe geschlossen, und das Land versuchte durch allerlei Auflagen und Preisdiktate, die Märkte zu regulieren. Dies bezahlte Indien teuer: mit dem zeitweise niedrigsten Realwachstum in der Region und großer Armut. Die Weltbank schätzt, dass in Indien rund ein Drittel der Bevölkerung unterhalb der Armutsgrenze lebt. In China beträgt der Anteil nur fünf Prozent. Für Indiens Wirtschaft brachte der Regierungswechsel 1991 zunächst sehr viel Ungewissheit und viele Probleme mit sich, doch im Nachhinein war es der größte Befreiungsschlag, den das Land seit der Unabhängigkeit von England erfahren hat. Zunächst schwanden die Devisenreserven auf nahezu null, und der IWF musste bemüht werden, um die Krise zu beenden. Die Wirtschaft lag am Boden, doch dies war notwendig, um den Schritt in Richtung radikaler Reformen zu gehen. Indien war zu diesem Zeitpunkt das bürokratischste Land der Welt und wurde ohne jeglichen wirtschaftlichen Sachverstand regiert. Die Rupie musste abgewertet werden, und die Zoll- und Importbeschränkungen, die das Land per Diktat zum Selbstversorger gemacht hatten, wurden gelockert. Die Wirtschaft wurde teilweise liberalisiert, und die Kapitalmärkte wurden für ausländisches Kapital geöffnet. Man begann auch damit, die staatlichen Unternehmen (PSU) zu privatisieren. Durch diese Schritte schaffte es Indien, seine Krise zu beenden, und erfreute sich in den neunziger Jahren an realen Wirtschaftswachstumsraten, die mit etwa sechs Prozent doppelt so hoch lagen als noch 20 Jahre zuvor.

Indien in Zahlen	**1991**	**2004**
Bevölkerung	870 Millionen	1100 Millionen
BIP pro Kopf	1420 US-Dollar	2850 US-Dollar
Inflation pro Jahr	14 Prozent	4 Prozent
Arbeitslosigkeit	10 Prozent	9,5 Prozent
Exporte	18 Milliarden	60 Milliarden
Importe	20 Milliarden	75 Milliarden

Indien besitzt zudem eine sehr niedrige Aktienmarktbewertung in Bezug auf das BIP. Hier liegt Indien bei relativ niedrigen 20 Prozent im Vergleich zu China oder Korea mit fast 50 Prozent; sogar die Philippinen und Thailand kommen auf eine Quote von 30 Prozent. Ein Investor könnte daher ein gro-

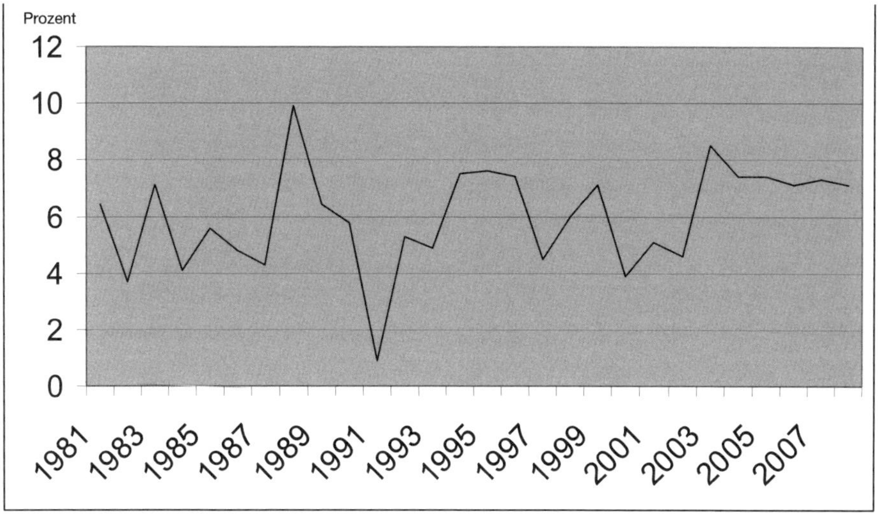

Reales BIP-Wachstum indiens *Quelle: Emfis.com*

ßes Potenzial für langfristige Anlagen in Indien vermuten, denn gerade die Analyse einzelner Sektoren und Aktien zeigt immer wieder, wie niedrig bewertet indische Aktien sein können und welche Möglichkeiten sich für das Stock Picking ergeben. Dennoch verlief die Entwicklung der indischen Wirtschaft alles andere als konstant. Eine Detailanalyse der Volkswirtschaft ergibt, dass sich Indien im Gegensatz zu China aufgrund seiner niedrigen Wertschöpfung und fehlenden Infrastrukturinvestitionen noch sehr zyklisch verhält. Auch Wettereinflüsse wie der Monsun haben auf Indien immer noch einen sehr großen Einfluss, denn noch immer ist der Agrarsektor für 24 Prozent der Wirtschaftsleistung verantwortlich. Im Vergleich dazu besteht die Wirtschaft Chinas nur noch zu rund 14 Prozent aus der Agrarwirtschaft.

Darüber hinaus belasten die politischen Ungleichgewichte und Probleme in Bezug auf das komplizierte Mehrparteiensystem sowie die vielen ethnischen Konflikte und Grenzstreitigkeiten mit China, Pakistan und Bangladesh.

Es ist deshalb schon erstaunlich, wie robust sich das Wirtschaftswachstum in Indien zeigt. Aufgrund des niedrigen Basiseffekts und des positiven Wandels zu einer offenen Wirtschaft, die den Handel vor allem mit China begünstigen wird, sehen wir Indien vor einem Aufschwung, der sich auch an den

Börsen bemerkbar machen wird. Wir gehen deshalb langfristig davon aus, dass Indien einen enormen Wachstumsschub erhalten könnte, würde man nur ein wenig Bürokratie abbauen. Der Exportsektor wird davon zuallererst profitieren können. Ein steigender Export kommt ganz Indien zugute und führt zu höheren Steuereinnahmen.

Nach jahrzehntelanger »sozialistischer« Autarkie beginnt sich das Land nun auch nach innen zu reformieren. Grund sind die in den vergangenen Jahren erzielten Erfolge im Export von Know-how in den Bereichen Pharma, Dienstleistungen und auf dem Feld der Informationstechnologien sowie in anderen forschungsintensiven Bereichen. Obwohl Indien nur eine beschränkte Verkehrsinfrastruktur vorweisen kann – die Durchschnittsgeschwindigkeit von Lkw liegt bei gerade einmal 20 Stundenkilometern im Vergleich zu China mit 70 Stundenkilometern –, haben sich einige Produktivitätsinseln gebildet, in denen beispielsweise in hochmodernen Bürokomplexen Informatiker, Forscher, Sachbearbeiter und Assistenten für internationale Unternehmen arbeiten.

Vor allem ausländische Investoren sind in Indien sehr willkommen. Insgesamt planen britische und US-amerikanische Unternehmen bis 2005 mehr als eine Million Arbeitsplätze in Indien aufzubauen, hauptsächlich im IT- und Servicesektor. So kann es durchaus sein, dass der Rentenbescheid eines US-Bürgers bereits heute in Indien bearbeitet wird. Die schlechte Wirtschaftslage in den USA könnte also zum Vorteil Indiens sein.

Die Möglichkeiten des Internets erlauben es den ausländischen Konzernen, indische Niederlassungen genauso in den operativen Prozess mit einzubinden, als wären sie im eigenen Land ansässig. Auch die Zeitverschiebung kann positiv genutzt werden, denn dadurch ist es möglich, bis zu 24 Stunden an einem Projekt zu arbeiten.

Dieser durch den Wissensexport generierte Einkommenszuwachs wird zu einem Wachstum der Nachfrage führen und vor allem den Konsum von Technologiegütern anschieben. Das Einkommen der Arbeiter beträgt ein Vielfaches des Durchschnittslohnes in Indien. Ein traditioneller Arbeiter kommt zum Beispiel auf ein Monatsgehalt von gerade einmal 55 Euro, wohingegen ein »einfacher« Call-Center-Mitarbeiter bereits 200 Euro im Monat verdienen kann. Das Durchschnittseinkommen liegt in Indien bei gerade mal 450

US-Dollar pro Jahr. Der aufgrund zahlreicher Investitionsmaßnahmen ausgelöste Anstieg der Kaufkraft begünstigt eine breite Bevölkerungsschicht und führt zu einer Belebung der Inlandsnachfrage. Betrachten Sie nur einmal die nominellen Größen: Indien verfügt insgesamt über ein Bruttoinlandsprodukt von 500 Milliarden US-Dollar, das real um sieben Prozent pro Jahr wächst. Indien als gesamtes Land ist damit noch nicht einmal so hoch bewertet wie beispielsweise die US-amerikanischen Unternehmen General Electric und Intel zusammengenommen.

Stellen Sie sich vor, Sie wären Vorstand eines dieser beiden Konzerne und könnten zwischen einem Land mit weit mehr als zehn Prozent jährlichem Wachstum und einer Milliarde Einwohnern und ihrem Geschäft in einem gesättigten Markt, der von rückläufigen Renditen belastet wird, wählen.

Der indische Aktienmarkt wird mit gerade einmal 150 Milliarden US-Dollar bewertet. Das entspricht drei Vierteln der Börsenkapitalisierung von Intel. Intel wird zurzeit mit einem Kurs-Gewinn-Verhältnis (KGV) von 45 bewertet und konnte in den vergangenen fünf Jahren kein Wachstum vermelden. Indien bleibt damit eine der meistversprechenden Regionen weltweit, und ein Asien-Investor sollte sich deshalb intensiv mit indischen Aktien auseinander setzen. Obwohl Indien in den vergangenen 15 Monaten einer der größten Empfänger von ausländischen Investitionen in ganz Asien war, ist die Entwicklung bisher sehr unterschiedlich. Die Investitionen stagnieren aufgrund der inländischen und globalen Unsicherheiten. Doch Gründe, die zu einem höheren Investitionsfluss führen könnten, sind reichlich vorhanden. So könnte die Fortsetzung des Mitte der neunziger Jahre begonnenen Privatisierungsprozesses für einen erheblichen Wachstumsschub sorgen. Besonders deutlich wird diese neue Gangart im Telekommunikationssektor.

Nachdem der indische Telekommunikationsmarkt sehr lange durch staatliche Regulierungsmaßnahmen am Boden gehalten wurde, löst man diese Wachstumshemmnisse langsam auf. Der Staat ist aufgrund seiner desolaten Haushaltslage und des fehlenden Wachstums nicht mehr in der Lage, die Investitionen für die Erhaltung und den Ausbau der Infrastruktur bereitzustellen. Wir erwarten für die nächsten Jahre ein explosives Wachstum des indischen Telekommunikationsmarkts, von dem vor allem Mobilfunkanbieter profitieren werden. Die Festnetzkommunikation wird nicht zuletzt aufgrund der stark zunehmenden Zahl von Call-Centern profitieren. Diversen Studien zufolge wird der Anteil der Bevölkerung, der über einen Festnetzanschluss verfügt, mit einer jährlichen Wachstumsrate von 20 Prozent von derzeit fünf Prozent auf über zehn Prozent bis 2010 ansteigen. Indien hat per Ende Juni 2004 rund 15 Millionen Mobilfunknutzer vorzuweisen. Bis 2008 wird sich damit die Zahl der Mobilfunknutzer auf etwa 120 Millionen verachtfacht haben. Erst dann ist mit einer Verlangsamung des Wachstums zu rechnen. Zum Vergleich: China verfügt bereits heute über 300 Millionen Nutzer.

Auch in der Stromerzeugung gibt es für Indien noch erhebliches Nachholpotenzial. Mit einem Fünf- und einem Zehn-Jahres-Plan möchte die indische Regierung insgesamt 100 000 Megawatt an Versorgungskapazitäten aufbauen und jedes Dorf bis 2007 und jedes Haus bis 2012 mit Strom versorgen. Zurzeit leben in Indien 45 Prozent der Haushalte ohne Strom und sind damit vom modernen Leben ausgeschlossen. Dies ist einer der wesentlichen Faktoren, weshalb das Wirtschaftswachstum in Indien nur etwa die Hälfte des chinesischen Wachstums beträgt. Es bleibt zu hoffen, dass die Regierungsankündigungen angesichts eines überschuldeten Staates und einer extrem schwierigen Finanzlage umgesetzt werden können und eine stärkere Einbindung des Privatsektors beim Aufbau der notwendigen Infrastrukturen erfolgen wird. Darin liegt auch die einzige Möglichkeit, Indien wieder aufzubauen und in neuem Glanz erscheinen zu lassen.

Entwicklung der Asien-Krise – Kapitalmärkte Thailand, Indonesien, Malaysia und Südkorea

Die Kommentierung der Aktienmärkte über Gesamtasien haben wir auf den Zeitraum der letzten zehn Jahre begrenzt. Die Asien-Krise zeigt sowohl die Entwicklung als auch die Gefahren, denen stark wachsende, von den großen Industrieländern abhängige Märkte ausgesetzt sind. Die Asien-Krise umfasste die asiatischen Volkswirtschaften Indonesien, Thailand, Malaysia und Südkorea. Welche Entwicklungen zu dieser letzten verheerenden großen Krise Asiens geführt haben, stellen wir im Folgenden vor.

Ein entscheidender Faktor für die Krise war sicherlich der Abzug ausländischer Investoren, nachdem der enorme Optimismus zu einer Überhitzung des Kapitalmarktes geführt hatte. Noch innerhalb der optimistischen Phase flossen jährlich Investitionen von 93 Milliarden US-Dollar in die Schwellenländer Thailand, Indonesien, Malaysia und Südkorea. Während der Asien-Krise zogen die Investoren aus diesen Ländern Kapital in Höhe von zwölf Milliarden US-Dollar ab. Die Differenz von 105 Milliarden US-Dollar konnten diese Volkswirtschaften nicht verkraften, und sie brachen wie ein Kartenhaus zusammen. Wie hoch diese Zahl ist, wird daran deutlich, dass sie elf Prozent des gesamten damaligen Bruttosozialprodukts dieser Länder darstellte. Die Investitionsblase wurde vor allem von den westlichen Volkswirtschaften angeheizt. Mit entscheidend war die expansive Geldpolitik in den USA, die die Geldmenge aufblähte und dazu führte, dass das »übrige Kapital« nach Asien floss. Die expansive Geldpolitik und die Zinssenkungen in den USA sollten dem Wirtschaftsaufschwung im Westen zugute kommen. Voraussetzung für den hohen Kapitalfluss war die Kopplung der jeweiligen Währungen an den US-Dollar, der für Stabilität sorgen sollte. Doch die internationalen Investoren, darunter auch die Banken, die den asiatischen Unternehmen viel Kapital liehen, erkannten die Blase und die Überbewertung der Währungen. Die Zentralbanken der betroffenen Staaten verfügten zu diesem Zeitpunkt über ein stets sinkendes Volumen, das schließlich in Thailand am 2. Juli 1997 zur Zahlungsunfähigkeit führte. Eine Währungsabwertung, die bis zu diesem Zeitpunkt noch an den US-Dollar gekoppelt war, wurde immer unumgänglicher. Die Probleme, die Thailand zu diesem Zeitpunkt hatte, deckten sich mit jenen in Indonesien und Malaysia. So geschah es, dass Indonesien als erstes der von der Asien-Krise betroffenen Länder – Thailand, Indonesien, Malaysia und Südkorea – seine Währung freigab. Die Panik unter den Anlegern führte zu einem ungeheuren Kapitalabzug, um die Schäden zu begrenzen. Vor allem die Banken sorgten sich um die Rückzahlung ihrer vergebenen Kredite.

Der Kapitalabzug betraf die Währungen, den Immobilienmarkt und den Aktienmarkt gleichermaßen. Der SET Index zeigt diese Entwicklung in der folgenden Grafik. Währungsbereinigt verlor der SET binnen sieben Monaten rund drei Fünftel seines vorherigen Wertes. In der gesamten Region wurde innerhalb von nur sechs Monaten Kapital in einer Größenordnung von 600 Milliarden US-Dollar vernichtet.

Unter dem Abzug des ausländischen Kapitals und dem Währungseinbruch litten in erster Linie die Unternehmen. Eine wesentliche Rolle spielte dabei die Verschuldung der Unternehmen, da die Kredite auf den US-Dollar auf-

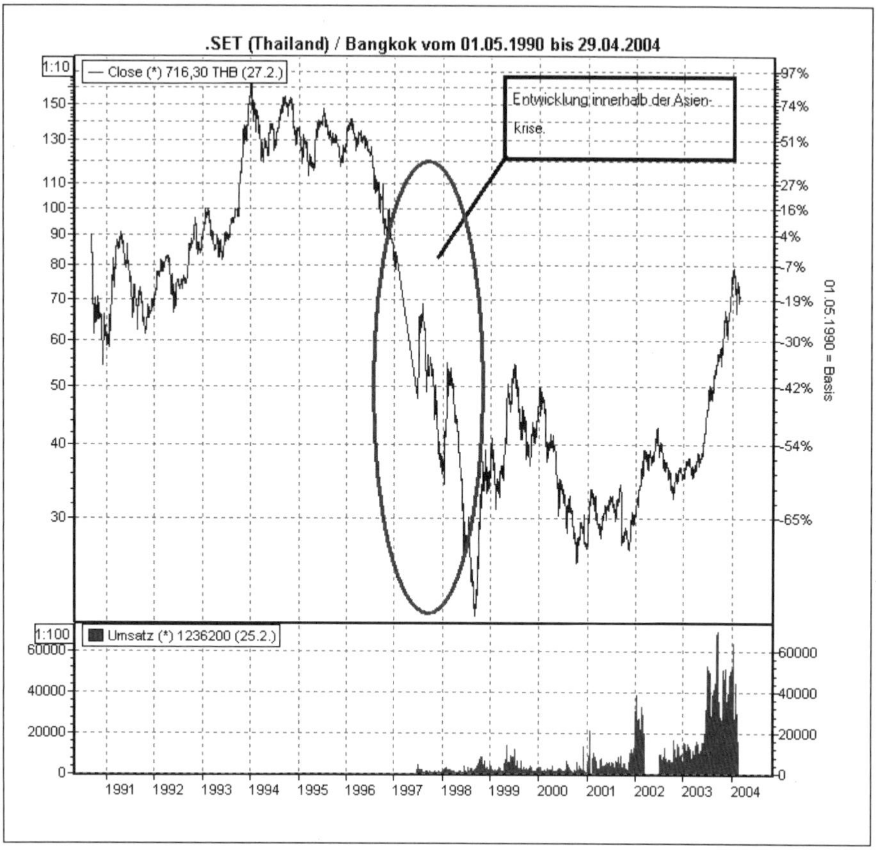

Der große Absturz des thailändischen Index SET. *Quelle: Market Maker AG*

genommen wurden und damit die Verschuldung sozusagen über Nacht ein riesiges Ausmaß annahm.

Die Auslöser für den Auslöser

Obwohl sich Experten über den bereits angesprochenen Auslöser – Kapitalabzug ausländischer Investoren – einig sind, sind die Meinungen über die Auslöser für den Kapitalabzug der Investoren geteilt. Einige Experten sprechen davon, dass die hohe finanzielle Spaltung innerhalb Thailands diese Entwicklung einleitete. In den Jahren vor der Thailand-Krise lag das Land statistisch gesehen bei der ungleichen Verteilung von Reichtümern weltweit

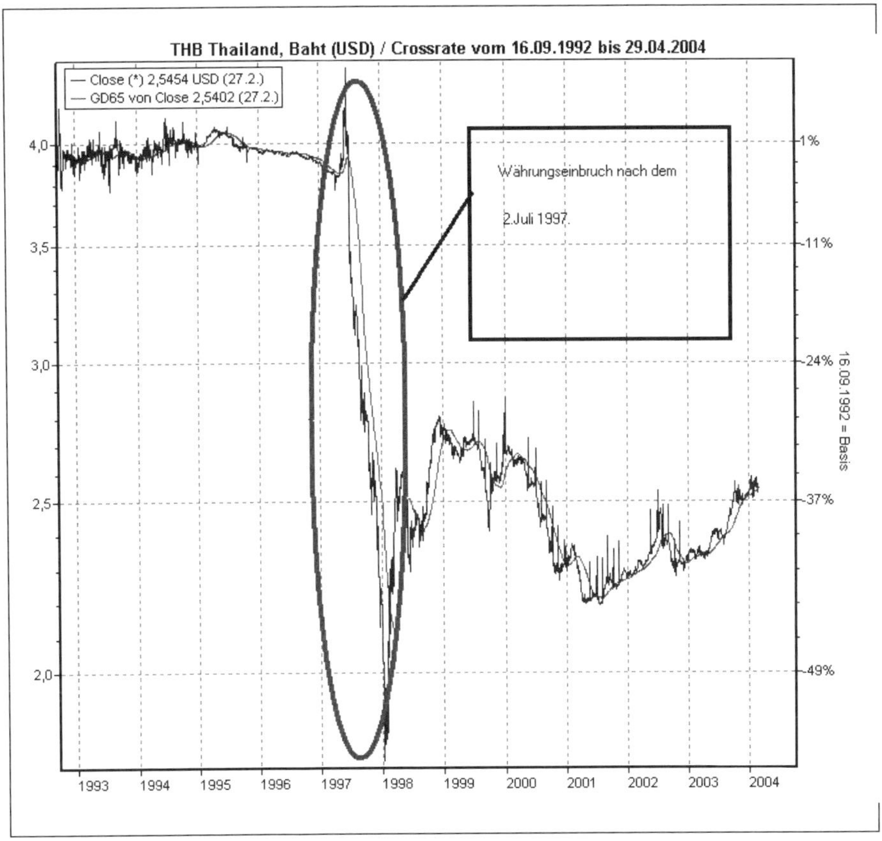

Einbruch des thailändischen Baht gegenüber dem US-Dollar. Quelle: Market Marker AG

auf Rang fünf. Der Binnenmarkt konnte nicht weiterentwickelt werden, da der arme Teil der Bevölkerung kein Kapital für den Konsum hatte und der reiche nicht so viel konsumieren wollte.

Andere Experten sehen die hohe Verschuldung der Staaten der Emerging Markets und deren Unternehmen als ausschlaggebenden Faktor. Durch die Verschuldung kam die Angst der ausländischen Anleger wie ein Schneeball ins Rollen und erhöhte durch die folgende Abwertung der Währung den Schuldenberg weiter. Im Nachbarland Indonesien führte die Währungskrise seit Beginn der Asien-Krise im Juli 1997 bis zur Tiefphase im März 1998 zu einem 85-prozentigen Wertverfall. Wie die obige Grafik verdeutlicht, ist auch der thailändische Baht nach der Währungsfreigabe stark unter Druck geraten. Die Verschuldung auf Unternehmensseite führte zu einer Pleitewelle, welche die Unsicherheit auf internationaler Basis weiter anheizte. Auch was die Verschuldungstheorie betrifft, spalten sich die Expertenmeinungen: in Vertreter des Neoliberalen Ansatzes und Verfechter der institutionalistischen Theorie. Während Neoliberale die enge Verstrickung zwischen Politik und Wirtschaft als Ursache für die Krise sehen, werfen die Institutionalisten der Politik umgekehrt mangelnde Kontrolle des Finanzsektors vor.

Die meisten Weltsystemtheoretiker vertreten die Auffassung, dass der Auslöser die plötzlich schwache Nachfrage aus dem Ausland war, die den Export zusammenbrechen ließ. Sie sprechen davon, dass die verschärften Handelskonflikte zwischen den ostasiatischen Schwellenländern und den USA diese Exportschwäche weiter beschleunigt habe, die vor allem in Südkorea ein wesentlicher Auslöser war.

Andere Experten sind der Meinung, dass das viele Kapital ausländischer Investoren zu einer Überhitzung bei den Kapazitäten geführt habe. Beispielsweise wurden in der thailändischen Hauptstadt Bangkok Hochhäuser errichtet, die dann im Jahre 1997 keine Abnehmer mehr fanden. Die zuvor gestiegenen Immobilienpreise in Bangkok fielen im Zuge des beginnenden Pessimismus stark und führten zu steigenden Schulden der Bauindustrie und in der Folge zu einer erneuten Pleitewelle.

Land	Zeitraum	Problemkredite in % des BIP	Bankenkredite in % des BIP	Fiskalpolitische Kosten in % des BIP
Japan	1992-1998	13	180	20
Indonesien	1997-2002	65-75	60	60
Thailand	1997-2002	46	135	40
Südkorea	1997-2002	30	85	30

Quelle: Bank of England, Financial Stability Review, June 2002

Sicherlich haben alle genannten Faktoren zum Auslösen der Asien-Krise beigetragen, sodass sich die einzelnen negativen Entwicklungen zu einer Welle verdichteten, die schließlich über das Land hereinbrach. Wenn man sich jedoch die einzelnen Faktoren genauer betrachtet, so stellen wir einige Parallelen in der aktuellen Entwicklung Chinas fest. Die Risiken, die man in China derzeit vorfindet, werden im Folgenden ausführlicher erläutert.

Auswirkungen der Asien-Krise

Die Folge der Asien-Krise waren nicht nur hoch verschuldete Unternehmen, von denen immer mehr Insolvenz anmelden mussten, sondern auch ein größer werdender Berg von Problemkrediten bei den inländischen Banken. Das Ausmaß der faulen Kredite verdeutlicht obige Tabelle.

Die Schwierigkeiten, in die die Banken aufgrund der hohen Ausfälle gerieten, entwickelten sich zu einem Staatsproblem. Während der thailändische Staat relativ zügig die Banken stützte und deren Problemkredite teilweise übernahm, reagierte Südkorea zu spät, was zu einer Pleitewelle innerhalb der Bankenlandschaft führte. Fast 50 Prozent aller südkoreanischen Banken wurden zahlungsunfähig. Auch für Indonesien hatte die Asien-Krise, wie die obige Tabelle zeigt, schwer wiegende Folgen: Mit Problemkrediten von durchschnittlich 70 Prozent des BIP war der Bankensektor am stärksten betroffen. Die Hauptgründe für die vielen faulen Kredite waren die korrupte öffentliche Verwaltung und die mangelnde Kontrollfunktion des Staates bei der Kreditvergabe. Die zahlungsunfähigen Länder konnten, wie zuvor geschildert, jedoch nicht so ohne weiteres Kapital flüssig machen. Erst durch Finanzmittel des Internationalen Währungsfonds (IWF) wurde es möglich, die Problemkredite aufzukaufen.

Parallel zu den ersten Finanzspritzen zur Restrukturierung der betroffenen Nationen durch den IWF wurde erneut eine Vielzahl staatlicher Wirtschaftsprogramme aufgelegt. Beispielsweise übernahm die thailändische Regierung viele faule Kredite und senkte die Steuern. Im Falle Thailands sprechen Experten davon, dass die hohen Schulden auf die arme Bevölkerung umgelegt wurden, während die Gesellschafter der zuvor Pleite gegangenen Kapitalgesellschaften erneut mit Kapital zur Unternehmensgründung ausgestattet wurden. Ein weiterer Faktor, der die Schere zwischen Armen und Reichen noch mehr öffnete, sind die nicht vorhandenen Sozialnetze. Dadurch konnten diese neu gegründeten Unternehmen, die durch die Finanzierung des IWF entstanden, günstig Mitarbeiter rekrutieren.

Es dauerte einige Zeit, bis sich die betroffenen Volkswirtschaften von diesem Schock erholten. Man streitet sich noch immer über das »Ende« der Asien-Krise: War sie im Jahr 2000 beendet, oder hält sie noch an? Ab 1997 machten die betroffenen Nationen eine schlimme Entwicklung durch, deren

Hauptproblem die Armut der meisten Bevölkerungsschichten war. In Thailand begann zeitweise wieder der Handel von Nahrungsmitteln untereinander, da Arbeitsplätze aufgrund der vielen Pleiten großer Unternehmen rar waren. Nur der Tourismus in Südthailand konnte weiterhin profitieren. Dies führte dazu, dass der Tourismus kurzzeitig zu einem wirtschaftlich sehr wichtigen Sektor aufstieg.

Erst seit dem Boom Chinas Ende der neunziger Jahre konnten sich Südkorea, Indonesien, Malaysia und Thailand leicht erholen. Mit Hilfe des hohen Wirtschaftswachstum Chinas und der daraus folgenden Steigerung der Nachfrage nach Rohstoffen wurden Thailand, Indonesien und Malaysia wieder interessant. Diese rohstoffreichen Länder erzielten Wirtschaftsleistung, und durch zusätzliche wirtschaftspolitische Maßnahmen wurden diese Volkswirtschaften für ausländische Unternehmen und Direktinvestitionen wieder attraktiv. Südkorea stellt, was die Rohstoffe betrifft, eine Ausnahme dar: Es ist ein Exportland, das jedoch über ein sehr geringes Rohstoffaufkommen verfügt. Im Falle Südkoreas war es die Handelsöffnung, die zu einer Wiederaufnahme des Wirtschaftsaustausches mit den westlichen Ländern führte, wodurch sich das Land schneller erholte als die anderen betroffenen Länder. Doch selbst heute noch sind die Auswirkungen bei den Banken zu sehen, deren Reformbemühungen bis heute anhalten.

Die Rahmenbedingungen für ausländische Unternehmen und Investoren wurden in den fernöstlichen Volkswirtschaften so sehr verbessert, dass immer mehr Produktionsstätten und Kapazitäten aufgebaut wurden. Dieser Aufbau von Fabriken führte dazu, dass sich binnen weniger Jahre insbesondere in Thailand vermehrt Kaufkraft entwickelte. Diese Kaufkraft führte wiederum dazu, dass sich der Binnenmarkt entwickeln und somit das Land aus eigener Kraft wachsen konnte. 2003 erreichte Thailand ein Wirtschaftswachstum von fünf Prozent, für 2004 wird ein Wachstum von sechs bis sieben Prozent erwartet. Auch die Schuldensituation thailändischer Unternehmen hat sich in den vergangenen Jahren zusehends verbessert. Die gleiche Entwicklung ist auch in Indonesien zu erkennen, wobei die Ausgangssituation beim OPEC-Mitgliedsland eine andere ist. Hier sind es die gestiegenen Rohstoffpreise, die das Land zu Beginn des neuen Jahrhunderts nach vorne brachten. Indonesien verfügt im Vergleich zu Thailand über deutlich mehr Rohstoffe und konnte in diesem Nachfrageanstieg hohe Gewinne erzielen. Dagegen ist das Exportgeschäft (außer Rohstoffe) schwach. Nur die expansive Geldpolitik Indonesiens führte – beispielsweise im Jahr 2003 – zu dem hohen BIP-Wachstum.

5 Die Rolle Asiens in der Weltwirtschaft

Asien wird in der globalen Wirtschaft eine immer wichtigere Rolle spielen. Seit der politischen Öffnung Chinas befinden wir uns in einem Wandel der weltweiten Wirtschaft. Innerhalb dieser kurzen Phase haben wir bereits eine Menge positiver und negativer Wirtschaftsentwicklungen miterlebt, die sowohl historisch als auch vom gesunden Menschenverstand her gesehen nicht überraschen. Hauptsächlich ist es der neue Markt China, der für eine Veränderung von Angebot und Nachfrage gesorgt hat. Ein Markt, der knapp ein Drittel der weltweiten Bevölkerung ausmacht, ist der kapitalistischen Welt beigetreten. Wir haben hohe Kapitalflüsse in das Reich der Mitte erlebt, die den Aufbau enormer Produktionskapazitäten ermöglichten. Nachfrage und Kaufkraft sind in China aufgrund der zunehmenden Produktion gestiegen, und die Importe stiegen ebenfalls mit unglaublichen Wachstumsraten. Doch diese Phasen der weltweiten Neuorientierung bergen nicht nur langfristiges Potenzial, sondern auch eine Reihe von Schwierigkeiten. So entsteht, wie die aktuelle Entwicklung bereits zeigt, ein Konkurrenzverhältnis zwischen den Industriestaaten der westlichen Welt und den aufstrebenden Volkswirtschaften in Asien.

Westliche Industrienationen wie Nordamerika und Europa haben sich im Laufe ihrer Wirtschaftsbeziehungen auf Regeln und Normen festgelegt, die ihren Handel weitestgehend bestimmen. Es sind Regeln, welche die freie Marktwirtschaft sicherstellen und staatliche Einflüsse in Bezug auf Subventionen und somit Wettbewerbsverzerrungen einschränken. Ob sich indes die asiatische Welt, außer Japan, an diese Regeln hält, ist fraglich und wird ein entscheidendes Element für die künftige Entwicklung darstellen. Sicherlich sind beide Parteien – West und Ost – voneinander wirtschaftlich abhängig geworden. Aber die Spannungen zur Sicherung der jeweils eigenen Industrie nehmen zu. So haben wir bereits erste Strafzollmaßnahmen bei der südkoreanischen Hynix Semiconductor erlebt, die aufgrund von staatlichen Subventionen in Nordamerika und Europa auferlegt wurden. Die USA haben »Schutzzölle« für chinesische Textilien und Fernsehgeräte erhoben, die dem Schutz der eigenen Wirtschaft dienen. Japan, innerhalb Asiens aufgrund der freundschaftlichen und engen Beziehungen zum Westen eine Ausnahme, hat die Einfuhr von LCD-Produkten der südkoreanischen Samsung SDI verboten; man spricht von Patentverletzungen. Wir befinden uns also bereits mitten in einer Phase, die eine weltwirtschaftliche Neuordnung aufsetzt und in Zukunft Entwicklungen mit sich bringen könnte, die den freien Welthandel bedrohen.

Im Zuge der Öffnung Chinas und der stetigen Globalisierungsbewegung hat sich in den zurückliegenden Jahren das weltwirtschaftliche Netz stark erweitert. Es hat sich mittlerweile eine Konstellation ergeben, die die weltweiten Wirtschaftsbeziehungen stark wachsen ließ. Zum großen Kreis der westlichen Handelsbeziehungen sind die asiatischen Länder gestoßen. Es entstand ein Wettlauf um internationale Marktanteile, der zum Wettlauf um den Lebensstandard innerhalb der Volkswirtschaft wird. Alle Länder streben danach, ihre Unternehmen wettbewerbsfähig zu halten, um langfristig Arbeitsplätze, Währungsstabilität, innere Sicherheit und Wirtschaftswachstum zu gewährleisten. Doch sicher ist, dass nicht alle Länder dieser Welt dieses elementare Ziel erreichen werden.

Aktuell ist das Gleichgewicht zwischen den asiatischen Volkswirtschaften und den westlichen Industrienationen noch intakt. Das Gleichgewicht drückt sich nicht in den Löhnen aus, sondern insbesondere darin, dass im Wesentlichen beide Parteien voneinander profitieren: Westliche Produktionsunternehmen nutzen den günstigen Arbeitsmarkt Asiens, während asiatische Unternehmen den Westen als Absatzmarkt nutzen. Zusätzlich profitieren die westlichen Konzerne von der steigenden Nachfrage in Asien, die insbesondere von China angeheizt wird. Doch es zeigen sich mehrere Faktoren, die sich zu ernsthaften Spannungen in den Wirtschaftsbeziehungen entwickeln könnten.

Ein weiteres Element, das die weltwirtschaftliche Stabilisierung gefährden könnte, ist der globale Kapitalfluss. Dieser wurde im Zuge des elektronischen Zeitalters so enorm vorangetrieben, dass ein Aufbau beziehungsweise Abbau von Investitionen innerhalb kürzester Zeit möglich ist. Somit bestehen wiederum sowohl Chancen als auch Risiken für Investoren und

Investitionssuchende. Die gegenseitige Abhängigkeit ist groß, die wirtschaftliche »Prostitution« gang und gäbe. Entstehen auf einem Wachstumsmarkt Gefahren, so ist ein Kapitalabzug sehr schnell möglich; ergeben sich in anderen Regionen neue Potenziale, so ist der Kapitalzufluss zügig umsetzbar. Heutzutage sind die globalen Kapitalströme so schnell, dass die Volatilität an den weltweiten Märkten alles vorher Dagewesene übertrifft. Somit sind auch ehemals erfolgreiche Theorien, wie »Lass dein Kapital in einer Anlage und gehe schlafen« längst überholt. Die schnellen Kapitalflüsse führen weltweit dazu, dass Volkswirtschaften ihre Wachstumsraten den international zugänglichen Finanz-Communities stets erfolgreich präsentieren müssen, um den Risiken von vornherein entgegentreten zu können. Doch welche negativen Auswirkungen dies auf die Weltwirtschaft im Allgemeinen und auf die Emerging Markets im Besonderen haben wird, werden wir in Kapitel 6 näher beleuchten.

Spannungen, die sich nicht aufhalten lassen

Spannungen in einer global wirtschaftlichen Neuordnung haben wir in der Geschichte häufig erlebt, sie sind nichts Neues. Spannungen ergeben sich primär daraus, dass sich eine Volkswirtschaft gegenüber anderen benachteiligt fühlt und sich wirtschaftliche Schwierigkeiten innerhalb des eigenen Landes entwickeln. Daraus entsteht wiederum ein sinkender Lebensstandard, der die Unzufriedenheit der Bevölkerung erhöht. Unzufriedenheit innerhalb eines Staates führt wiederum zu einem steigenden Druck auf die Politik, die dann reagieren muss. So wie im oberen Abschnitt die gemeinsamen positiven Auswirkungen erläutert wurden, kann sich auch eine wirtschaftliche Formation herausbilden, die beiden Parteien schadet. Die Rede ist beispielsweise davon, wenn eine Volkswirtschaft aufgrund von Produktionsverlagerungen ins Ausland rückläufig ist– und das Ausland wiederum keine Produkte mehr verkauft, weil die Kaufkraft des Absatzlandes schwindet. Dieses Problem wird kommen, die westliche Welt, also Europa und die USA, sowie China sind ihm bereits sehr nahe. Während westliche Unternehmen China und die fernöstlichen Nachbarländer (Ex-Japan) als günstigen Produktionsstandort erkannt haben, steigt die Arbeitslosenquote in den westlichen Industrieländern. Dass sich eine steigende Arbeitslosenquote negativ auf die Kaufkraft und auf das Sozialsystem dieser Länder auswirkt, ist nicht verwunderlich. Also finden die im Ausland produzierten Güter ihren Absatz auch primär in den jeweiligen Produktionsländern und hier wiederum in denjenigen Ländern, in denen durch die ausgelagerte Produktion die Kaufkraft durch sinkende Arbeitslosenzahlen steigt. In historischer Betrachtung lehrten uns solche Entwicklungen immer, dass in Phasen eines wirtschaftlich schwachen Umfeldes politische Gruppierungen entstanden, die die nationale Wirtschaft fördern wollten und deshalb die Schuldigen im Ausland ausmachten. Aber befinden wir uns aufgrund von »Schutzzollerhebungen« und Wahlen national angehauchter Parteien bereits in dieser Phase? Ist China, obwohl dieses Land im Jahre 2003 für den weltweiten Wirtschaftsaufschwung verantwortlich war, nicht bereits der Sündenbock und der Angstmacher westlicher Industrieländer? Diese Frage muss bejaht werden: China und die Billiglohnländer geraten in den großen Industrieländern immer mehr ins Gerede. Der Unmut wird bei immer schwächer werdendem Wirtschaftsumfeld weiter zunehmen und somit die zuvor angesprochenen Spannungen zwischen den Staaten verstärken.

Spannungsfaktoren und die künftige Rolle Asiens

Die wesentlichen Spannungsfaktoren liegen in der unterschiedlichen Entwicklung der westlichen Industrieländer auf der einen Seite und der Emerging Markets auf der anderen Seite. Die Emerging Markets werden, was die Produktionsauslagerungen betrifft, immer wichtiger werden. Asien wird dabei seine Kaufkraft auch künftig weiter steigern und für Nachfrage sorgen. Fraglich wird sein, inwieweit es den westlichen Konzernen gelingt, ihr Angebot auf die asiatischen Konsumenten auszurichten. Wenn man heute das Konsumverhalten in Asien betrachtet, so fällt insbesondere auf, dass dort asiatische Produkte und Marken bevorzugt werden. Geht man in die Bereiche der Technologien, so hat sich dieser Trend etabliert. In der Softwarebranche haben sich die ASEAN-Länder bereits dahingehend abgesprochen, dass gemeinsam ein neues Computer-Betriebssystem entwickelt werden soll. Es wurden sogar schon Konsortien führender Hightech-Konzerne aus Asien gebildet, die ein Betriebssystem auf Linux-Basis aufbauen sollen. Welchen Einfluss die Einführung eines kontinentweiten Betriebssystems für globale Handelsbeziehungen haben wird, ist dabei offensichtlich: Entweder wird das System an das im Westen dominierende Betriebssystem Microsoft angebunden, oder es wird starker Druck auf die westliche Welt ausgeübt, sich auf den asiatischen Standard umzustellen. Eines ist in dieser Entwicklung deutlich zu erkennen: Asien und vor allem China wollen sich der Abhängigkeit vom Westen und deren teilweise bestehenden Monopolen entziehen. Ob dabei geistige Eigentumsrechte verletzt werden, spielt dabei nur eine untergeordnete Rolle. Zumal in der Mentalität der Asiaten Kopieren keine Schande und noch weniger ein Verbrechen ist und vermutlich auch, allen Anstrengungen des Westens zum Trotz, niemals sein wird. Auch in anderen Bereichen will sich Asien vom Westen abnabeln, um unabhängig zu werden.

Die angestrebten neuen Standards Asiens könnten für die Weltwirtschaft eine Neuordnung bedeuten. Während sich die asiatischen Unternehmen in den vergangenen Jahren stets den Standards des Westens angepasst haben, könnten die Rollen nun neu verteilt werden. Durch die hohe Liquidität, die in den USA und Europa für den Konsum bereitgestellt wurde, wuchs der asiatische Exportmarkt infolge der Nachfrage aus dem Westen enorm. Die zunehmende Privatverschuldung westlicher Konsumenten nahm stattdessen in den vergangenen Dekaden ein erschreckendes Ausmaß an, sodass die potenzielle Nachfrage zwangsläufig zu einem absehbaren Zeitpunkt im Westen rückläufig werden muss. In Asien hat sich dagegen das Blatt gewendet: Die hohen Einnahmen durch Exporte in die westliche Welt, die generell hohen Sparquoten und der Fokus auf Investitionen haben den Lebensstandard in den betroffenen Ländern erhöht, führen auch weiterhin zu steigender Kaufkraft und bilden somit die potenzielle Nachfrage. Immer mehr werden sich westliche Produzenten auf die Bedürfnisse der asiatischen Konsumenten einstellen müssen, wenn sie vom Wachstum profitieren wollen. Dabei legen nicht mehr die westlichen Regulierungsbehörden die Standards fest, vielmehr wechseln diese ins östliche Lager. Es wird nur eine Frage der Zeit sein, bis sich diverse Standards in Asien so durchsetzen, dass westliche Produzenten sich darauf einlassen müssen. Ob wir jedoch im Westen mit einer solchen Anpassungsfähigkeit – die uns übrigens die asiatischen Länder voraushaben – rechnen können, bleibt offen. Es könnte sich ein über Jahre andauernder Anpassungsprozess entwickeln, der sich zugunsten der wirtschaftlichen Macht nach Asien bewegt.

Mehrere Aufenthalte in Asien bestätigten uns diese These: Ob in Thailand eher japanische Produkte in den Verkaufsregalen stehen oder in China das »Made in China« in den Vordergrund rückt, westliche Produkte verschwinden in der großen Auswahl asiatischer Produkte zusehend. Viele Kritiker könnten nun behaupten, dass das technologische Know-how im Westen liegt.

Zu einem Großteil ist dies sicherlich wahr, jedoch verlagern westliche Industriekonzerne nicht nur ihre Produktion nach Asien, sondern bedienen sich auch der großen Masse von Hochschulabsolventen und bauen verstärkt Forschungs- und Entwicklungszentren auf. Wie in der Historie der asiatischen Länder Korea, Japan und China beschrieben, wurden bereits in sehr frühen Phasen Gelehrte ins Ausland gesandt. Im Zeitalter globaler Infrastrukturvernetzungen bedienen sich die asiatischen Forscher mehr und mehr der westlichen Bildungsmöglichkeiten. Wenn man die Hightech-Branchen weltweit genauer untersucht, stellt man fest, dass viele Neuentwicklungen mit hohem Know-how bereits aus Asien stammen. So sind Mobilfunkstandards der dritten Generation in Asien bereits erfolgreich implementiert, während in Europa und hier insbesondere in Deutschland trotz der wahnsinnigen Lizenzgebühren die Dienste der dritten Mobilfunkgeneration nicht erfolgreich starten. Wie erfolgreich Mobilfunkunternehmen sein können, zeigen uns die Japaner, die bereits seit mehreren Jahren profitabel wirtschaften. Dies ist darauf zurückzuführen, dass Asiaten im Vergleich zu westlichen Konzernen ein weitaus höheres Budget für Forschung und Entwicklung bereitstellen. Nicht nur Südkorea, wo staatliche Forschungsgelder in den Technologiesektor fließen, ist fortschrittlich, sondern auch Unternehmen wie Japans größter Mobilfunkanbieter NTT DoCoMo, der das größte Entwicklungszentrum der Welt aufgebaut hat. So ist es auch nicht verwunderlich, dass asiatische Unternehmen mehr und mehr ihre Expansion nach Westen in Angriff nehmen. Man spricht zwar noch immer davon, dass westliche Konzerne das Billiglohnangebot Asiens zur Produktion nutzen, aber asiatische Unternehmen steigern durch Übernahmen angeschlagener westlicher Konzerne ihre Wertschöpfung stetig. Die vergangenen Jahre haben mehr und mehr den Trend gezeigt, dass sich fernöstliche Konzerne der Infrastruktur und Produktion im Westen bedienen. Allein am Beispiel des chinesischen Herstellers von Fernseh- und Mobilfunkgeräten TCL ist dieser Wandel westlicher Expansion zu erkennen. Mit der Übernahme des angeschlagenen deutschen Fernsehgerätehersteller Schneider AG wurde der erste Schritt zur Europa-Expansion unternommen. Durch große Joint Ventures der chinesischen TCL mit Mehrheitsbeteiligungen an der französischen Thomson S.A. und Alcatel wächst das Unternehmen verstärkt in Richtung Europa. Diese Entwicklung wird sich in den kommenden Jahren weiter fortsetzen. Die Strategie, angeschlagene westliche Unternehmen zu übernehmen, deren Marken und vorhandene Logistik und Infrastruktur zu nutzen sowie die Produktion weiterhin im (noch) günstigen Asien zu belassen, sind Ausdruck steigender Wertschöpfung – und ein Warnsignal für westliche

Wirtschaftsstandorte. Wertschöpfung lässt sich auch beim deutschen Chiphersteller Infineon erkennen: Während zu Beginn der operativen Aktivitäten Deutschland der Entwicklungs-, Produktions- und Vertriebsstandort war, ist mittlerweile größtenteils nur noch die Entwicklung in Europa ansässig, und die wandert durch ein Joint Venture in Asien ebenfalls verstärkt ab.

Wirtschaftliche Neuordnung durch gesellschaftlichen Wandel

Wie wir also anhand der zunehmenden Auslagerung der Forschung und Entwicklung nach Asien feststellen können, bewegen sich sogar die letzten Standortvorteile des Westens in Richtung Fernost. Kapitel 4.3 hat am Beispiel der langen Arbeitszeiten der südkoreanischen Beschäftigten bereits deutlich gemacht, dass das Erfolgsstreben Asiens innerhalb der Bevölkerung gegenüber dem Westen deutlich gestiegen ist. Im Zeitalter des deutsch-europäischen Wirtschaftswunders entstand eine »Freizeit«-Gesellschaft, deren Ansätze in Asien – mit Ausnahme von Japan, jedoch in sehr viel schwächer ausgeprägter Form – noch nicht zu erkennen sind. Investitionen in Bildung, in Forschung und Entwicklung haben uns vor allem in Südkorea die Möglichkeiten eines lang anhaltenden Wachstums verdeutlicht. Eine Veränderung dieser erfolgreichen Politik ist nicht abzusehen, im Gegenteil: Während sich asiatische Forscher zunächst mit Hilfe ausländischen Know-hows entwickelt und nun einen Standard erreicht haben, der dem westlichen nahe kommt, wird sich künftig der Wettlauf von innovativen Technologien zwischen West und Ost weiter forcieren. Wir müssen jedoch feststellen, dass, gesellschaftlich betrachtet, Asien einen enormen Vorteil hat: Es befindet sich in den letzten Jahren der Aufholjagd technologischen Rückstandes. Die westliche Gesellschaft müsste sich insoweit ändern, als die Freizeit in der sprichwörtlichen »Spaßgesellschaft« wieder mehr zurückgedrängt wird. Man erlebt es jedoch an den jährlich stattfindenden Gewerkschaftsstreiks und den Aussagen vieler Politiker, dass dieser Prozess nicht innerhalb kürzester Zeit in Bewegung kommt. Deshalb werden wir in den nächsten Jahren womöglich erstmals Asien als führenden Technologiekontinent erleben.

Ein weiterer wesentlicher Faktor, der für eine weltwirtschaftliche Neuordnung spricht, ist die erlernte Anpassungsfähigkeit und Reformbereitschaft der asiatischen Mentalität. Insbesondere am Beispiel Südkoreas ist die zügige Umsetzung von wirtschaftspolitischen Anpassungen zu sehen, die zu dem großen Erfolg dieser Volkswirtschaft geführt hat. Westliche Volkswirtschaften haben sich im Laufe der vergangenen Jahre nicht der Entwicklung angepasst und verlieren – aus Gewohnheitsgründen – die Flexibilität komplett. Auch die Entwicklung der Sozialpolitik ist ein interessantes Merkmal. Während wir in der westlichen Welt die Sozialstrukturen zum Nachteil der Bevölkerung umstrukturieren, werden diese in asiatischen Ländern wie Thailand aufgebaut. Selbst wenn zum jetzigen Zeitpunkt das soziale Netz von Kranken-, Arbeitslosen- und Rentenversicherung am Beispiel Deutschlands noch funktioniert, erleben wir monatliche Reformvorschläge und Gesetze zum – aus finanzierungstechnisch absolut unvermeidlichen – Sozialabbau. In Thailand sind stattdessen erste Strukturen der Kranken- und Arbeitslosenversicherung aufgebaut worden, die der künftigen Steigerung des Lebensstandards unbestritten zugute kommen werden. Wir befinden uns also auch auf diesem Gebiet in einem Wandel, der sich zum Nachteil westlicher Industriezentren entwickelt. Während bei uns die Uhren zurückgestellt werden müssen, um im internationalen Wettbewerb bestehen zu können, tickt die Uhr in Asien präzise weiter.

Es gibt mehrere Szenarien, wie sich die weltwirtschaftliche Neuordnung gestalten könnte. Eines ist jedoch sicher: Asien wird in den nächsten Jahren zunehmend Einfluss auf die weltwirtschaftliche Entwicklung nehmen. Wir dürfen auch erwarten, dass zumindest im technologischen Umfeld Asien künftig den Weg und somit westlichen Produzenten die Standards vorgeben wird. Außerdem werden sich Kaufkraft und Nachfrage zugunsten Asiens entwickeln. Es wird ein langer Weg, aber die ersten Ansätze dieser Entwicklung sind bereits erkennbar.

5.1 China

China wird die weltwirtschaftliche Entwicklung der nächsten Jahre sicherlich mit am stärksten beeinflussen und somit eine wesentliche Rolle bei der Entwicklung der Weltwirtschaft und der Wirtschaft innerhalb Asiens spielen. Es werden dabei, wie in Kapitel 6.1. »Risiken und Chancen Chinas« ausführlich dargestellt wird, verschiedene Szenarien notwendig sein, um Aufschluss darüber zu bekommen, welche Auswirkungen positive oder negative Entwicklungen Chinas auf die Weltwirtschaft haben werden. Es ist ein weites und kaum definierbares Thema, verschiedene Szenarien auszuformulieren, die untersuchen, welchen Einfluss Potenziale und Gefahren Chinas künftig auf die Weltwirtschaft haben werden. Die Szenarien bewegen sich zwischen dem in der Vergangenheit häufig diskutierten Modell von China als Motor der Weltwirtschaft über die Teilung weltwirtschaftlicher Verbindungen in Ost und West bis hin zum Ausbruch einer Weltwirtschaftskrise. Die Überlegungen für unsere Szenarien unterlegen wir mit aktuellen Gegebenheiten, die bereits einen enormen Einfluss auf die weltwirtschaftliche Neuordnung durch China entstehen ließen. Dabei spielen insbesondere die Rohstoffe wie auch die Positionierung chinesischer Unternehmen auf dem Weltmarkt eine tragende Rolle.

Szenario 1: China als weltweiter Wirtschaftsmotor

Wie bereits im einleitenden Kapitel »Die Rolle Asiens in der Weltwirtschaft« formuliert wurde, ist China durch die Öffnung zur kapitalistischen Welt der Auslöser einer weltwirtschaftlichen Neuordnung. Die große Anzahl neuer potenzieller Konsumenten und die sukzessive Erschließung unterentwickelter Regionen innerhalb dieses Landes könnten einen lang anhaltenden Wirtschaftsaufschwung Chinas bewirken. In diesem Szenario wäre die Rolle Chinas für die Entwicklung der Weltwirtschaft in der Tat der große und wichtige Motor. Wie wir bereits seit mehreren Jahren feststellen, ist China bereits der Antrieb für die Weltwirtschaft. Insbesondere Rohstoffe erleben aufgrund der überaus hohen Nachfrage steigende Preise. Der Bedarf an Rohstoffen ist seit dem Beitritt in die WTO in unglaublich hohem Ausmaß gestiegen. Allein der Verbrauch von Rohöl ist in den zurückliegenden zehn Jahren von 3,2 Milliarden auf 3,52 Milliarden Tonnen gestiegen. Die folgende Tabelle zeigt, wie stark die Rohölnachfrage durch China zugenommen hat. Sicherlich haben auch andere Faktoren wie Krieg – beispielsweise der Irak-Krieg – oder sinkende Ölreserven zur dieser Ölpreisentwicklung beigetragen, aber ein maßgeblicher Anteil ist China zuzuschreiben.

Wenn man die bisher wirtschaftlich erschlossenen Regionen Asiens betrachtet und davon ausgeht, dass sich auch die anderen Regionen in diesem Ausmaße entwickeln werden, so wird die Nachfrage nach Rohstoffen wie Öl in den nächsten zehn Jahren weiter steigen. Allein in China könnte sich der Pro-Kopf-Verbrauch von Öl bis 2010 verdoppeln.

Land	1992	2002	Steigerung in %
Kuwait	55,6	106,2	91
China / Hong Kong	137,1	258,8	89
Irland	5,1	8,7	71
Malaysia	14,0	22,5	61
Indien	62,1	97,7	57
Thailand	23,6	35,3	50
Chile	7,4	10,8	46
Indonesien	35,1	51,2	46
Südkorea	72,3	105,0	45
Polen	13,6	19,7	45
Pakistan	12,4	17,9	44
Singapur	24,7	35,5	44
Spanien	52,8	73,5	39
Brasilien	62,1	85,4	38
Taiwan	28,4	38,8	37

Ölverbrauch in Millionen Tonnen pro Jahr

Quelle: Tiger & Dragon (www.zukunftsmarkt-asien.de)

Nicht nur die Nachfrage für Rohstoffe würde aufgrund der zunehmenden Kaufkraft Chinas steigen, sondern auch der Bedarf an anderen Gütern. In unserer Chancen-Risiko-Analyse werden wir die Gefahren einer Importübertreibung ausführlicher behandeln, aber so viel sei bereits an dieser Stelle gesagt: Die steigende Kaufkraft führt unweigerlich zu einer höheren Nachfrage nach Wirtschaftsgütern, die zusätzlich aus dem Ausland importiert werden müssten. Dies wäre in unserem ersten Szenario der Grund für ein langes, weltweites Wirtschaftswunder und der Motor für die Weltwirtschaft. Bei der Annahme, dass die Kaufkraft in Form des Bruttoinlandsprodukts pro Kopf in einem ähnlich hohen Tempo wächst, wäre dieses Szenario nicht gerade unwahrscheinlich.

Eine solch hohe Nachfrageentwicklung im Öl- und Rohstoffsektor und das darin enthaltene, enorme Potenzial für ausländische Zulieferer und Exporteure sind zum jetzigen Zeitpunkt in keinem anderen Land vorstellbar. Selbst innerhalb Asiens würden dabei die umliegenden Emerging Markets enorm profitieren. Das Wachstum Chinas würde, wie wir bereits in den vergangenen Jahren gesehen haben, die gesamte Region in eine blühende Landschaft verwandeln. Die Rolle Chinas wäre in diesem Fall sowohl für die Weltwirtschaft als auch für Asien selbst ein positiver Faktor. Doch dieser Optimismus vernachlässigt die Risikofaktoren. Aus diesem Grund müssen wir uns einem zweiten Szenario widmen, das die Möglichkeit einer weltwirtschaftlichen Teilung zwischen West und Ost aufzeigt. Dieses Szenario unterstellt, dass China derart hohe Importe aufgrund seines zu hohen Handelsdefizits nicht verkraften kann und die Regierung dementsprechend gegensteuert. Selbst wenn die westlichen Industrienationen von Chinas Wirtschaftsaufschwung profitierten, wären ein höherer Konsum und somit Exporte aus China aufgrund der hohen Privatverschuldung – insbesondere in den USA – und aufgrund der vielen gesättigten Märkte wenig realistisch.

Szenario 2: China teilt die Wirtschaftswelt in Ost und West

Wie im einleitenden Kapitel bereits angesprochen, befinden wir uns bereits in einer Phase zunehmender Handelsbeschränkungen und strenger werdender Richtlinien. Weil China die Rolle als weltweiter Nachfragemotor immer intensiver spielt, wird die Regierung diese Macht zu ihrem Vorteil ausnutzen. Experten gehen davon aus, dass China Standards für sein Land setzen wird und ausländische Hersteller, die mit dem Land wirtschaftlich zusammenarbeiten wollen, sich an diese Standards anpassen müssen. Dies wird sicherlich nicht von heute auf morgen geschehen, aber die ersten Ansätze, wie die Einführung des digitalen Bildverarbeitungsstandards EVD, zeigen erste Tendenzen. Sobald China diesen und weitere Standards in seinem Land durchsetzen und die Kaufkraft weiterhin steigern kann, werden ausländische Unternehmen nicht mehr an der Anpassung vorbeikommen. Dies wird unweigerlich zur Zahlung von Lizenzgebühren für die Nutzung der Technologien führen, die nach China fließen werden. Fraglich wird zu diesem Zeitpunkt, wie die westlichen Industriestaaten darauf reagieren und welche Gegenmaßnahmen in Form eigener Standards sie ergreifen werden. Selbst wenn die westlichen Industriestaaten diese Form von Abhängigkeit bereits seit Jahrzehnten verfolgen und somit ihre internationale Stärke ohne Rücksicht ausgenutzt haben, könnten Gegenmaßnahmen wie die Auferlegung von Schutzzöllen oder Handelsbeschränkungen für diverse Produkte entstehen. Ebenfalls im einleitenden Kapitel wurde dieses Szenario als recht wahrscheinlich beschrieben, da verschiedene Maßnahmen westlicher Staaten bereits in diese Richtung zeigen. Doch welche Folgen hätten wirtschaftspolitische Gegenmaßnahmen westlicher Industriestaaten für China? Zum jetzigen Zeitpunkt würden sich Handelsbeschränkungen für China aufgrund seiner Exporte äußerst negativ auswirken. Doch das Reich der Mitte wird künftig unweigerlich gezwungen sein, die Stabilität des Binnenmarktes zu steigern. Außerdem hat China seit Anfang 2004 erstmals ein Handelsdefizit erwirtschaftet, sodass die Stabilisierung des Binnenmarktes unumgänglich wird. Handelsbeschränkungen westlicher Industriestaaten könnten also dazu führen, dass China sein Ziel, den Ausbau des Binnenmarktes, früher und schneller in Angriff nimmt und somit dem Import ausländischer Güter entgegentritt. Dies wiederum würde den Westen hart treffen, da mit China ein großer Nachfrageblock wegbräche. Wir sehen also, dass die Abhängigkeit westlicher Nationen von China unaufhaltsam zunimmt.

China ist mittlerweile mit den ASEAN-Staaten enge Handelsbeziehungen eingegangen. Die ersten Ansätze von Handelskriegen zwischen dem Westen und China sind vorhanden. Die Handelsbeziehungen zwischen den asiatischen Staaten hingegen sind weiterhin eher als harmonisch zu bewerten und geben aktuell keinen Anlass zur Beunruhigung. Somit könnte sich auf lange Sicht durchaus das Szenario einer wirtschaftlichen Teilung zwischen dem Osten – China – und dem Westen entwickeln. Dabei wären die restlichen asiatischen Länder weitestgehend von Handelskriegen mit China befreit. Eine Tendenz der wirtschaftlichen Unabhängigkeit Chinas gegenüber dem Westen ist dabei unübersehbar und könnte zu erheblichen Spannungen führen. Die asiatischen Nachbarn Chinas dagegen würden davon profitieren: Die Billiglohnländer – beispielsweise Indonesien, Malaysia und Thailand – würden aufgrund der weiterhin stabilen Nachfrage aus China ihre Exporte steigern. Wenn tatsächlich die westliche Welt verstärkt als Exporteur wegfiele, hätten die asiatischen Nachbarländer ein enormes Aufholpotenzial – wovon man tatsächlich ausgehen kann. China wird also insbesondere für den Fernen Osten der Wirtschaftsmotor bleiben, und mögliche Handelskriege zwischen China und dem Westen würde den asiatischen Nachbarn zahlreiche Vorteile bringen.

Aber mit dem Beitritt in die WTO ist China Verpflichtungen eingegangen, die Handelsbeschränkungen auf Seiten Chinas erschweren. Wenn selbst gegen die USA in den Jahren 2002 und 2003 für die Schutzzollerhebung auf Stahl innerhalb der WTO ein Strafverfahren durch die EU und Japan eingeleitet wurde, dann könnte man sich auch in China Strafverfahren der Welthandelsorganisation vorstellen, die vom Westen initiiert werden. Deshalb könnte sich eine Wirtschaftsspaltung in West und Ost über mehrere Jahrzehnte hinziehen – und China würde in jedem Fall als Sieger aus den Streitigkeiten hervorgehen.

Szenario 3: China als Auslöser einer Weltwirtschaftskrise

Dass China in den kommenden Jahren eine weltwirtschaftliche Hauptrolle spielen wird, wurde im Laufe des Buches immer deutlicher. Wir haben sowohl positive als auch negative Fakten und Visionen vorgetragen, auf die wir in Kapitel 6 »Zukunft – Chancen und Risiken« noch ausführlicher eingehen werden. In Szenario 3 würde die Hauptrolle Chinas zu einer weltwirtschaftlichen Krise führen. Die Abhängigkeit der Weltwirtschaft von China könnte sich zu einem Ungleichgewicht der Weltwirtschaft entwickeln. Wenn wir uns die jetzigen Handelsströme aus den USA und Europa nach China be-

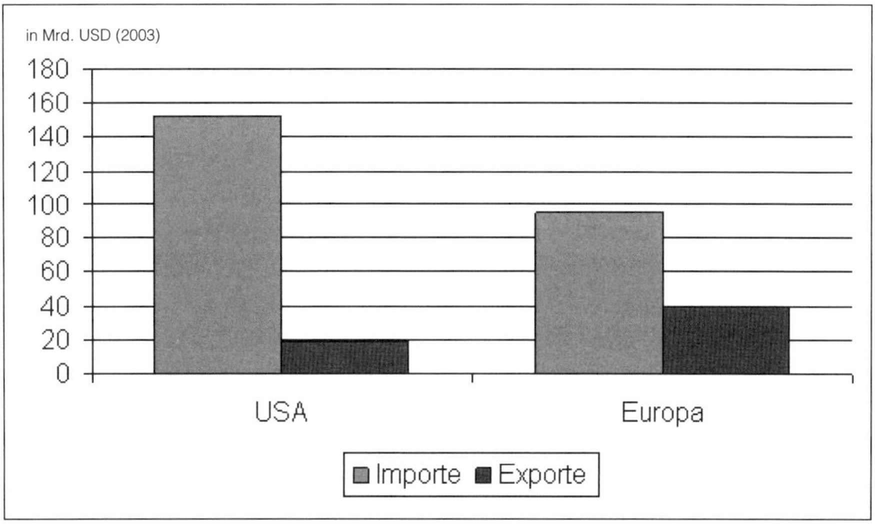

Import/Export USA/EU mit China *Quelle: Ministry of Commerce and Trade in China*

trachten, so würde ein Wegfall der chinesischen Nachfrage massive Einschnitte für den Westen bedeuten. Wie der obigen Grafik zu entnehmen ist, machen die Exporte der USA und Europas nach China einen enormen Anteil an den Gesamtausfuhren aus.

Dieses Szenario ist angesichts der vielen Schwierigkeiten innerhalb der chinesischen Volkswirtschaft – diese werden in Kapitel 6.1. ausführlich dargestellt – durchaus realistisch. Westliche Industrien hätten Probleme, ihre Produkte zu platzieren, die plötzlich sinkende Nachfrage würde zu hohen Lagerbeständen führen, Unternehmen müssten Mitarbeiter entlassen, und die Arbeitslosigkeit würde zunächst in westlichen Industrienationen aufgrund der hohen Löhne enorm ansteigen. Der weltweite Handel würde einen massiven Einbruch erfahren, weitere Spannungen innerhalb der Länder wären die Folge. Die sinkenden Steuereinnahmen würden zu einem weiteren Sozialabbau führen und den Boden für innere Unruhen bereiten. Die Kaufkraft ginge dadurch weiter in den Keller, ausländisches Kapital würde aufgrund mangelnden Vertrauens abgezogen, und die Währungsstabilität wäre somit nicht mehr gegeben. Überleben würden in diesem Szenario am ehesten und am längsten die Emerging Markets, da die Nachfrage nach Billigprodukten zunehmen würde. Dieses Szenario hätte zwar auch einen negativen Einfluss auf die Schwellenländer, aber die stetige Angleichung der weltweiten Volkswirtschaften würde diese Entwicklung ausgleichen.

Fazit

China beeinflusst die Weltwirtschaft bereits heute, und sein Einfluss wird zunehmen. In unseren Augen ist eine Kombination aus Szenario 2 und Szenario 3 am wahrscheinlichsten. China hat zwar Schwierigkeiten, und diese werden auch künftig von einem konjunkturellen Auf und Ab begleitet sein. Aber die enorme wirtschaftliche Macht Chinas wird die Abhängigkeit der westlichen Industrienationen von diesem asiatischen Riesenreich immer stärker werden lassen mit der Folge, dass China immer mehr Druck auf den Westen ausüben kann – und wird. China strebt nach Unabhängigkeit vom westlichen Markt. Dies wird dem Westen mit seinen gesättigten Märkten enorme Probleme bereiten und eine große Anpassungsfähigkeit erfordern, was aufgrund der Mentalitätsunterschiede zwischen den beiden wirtschaftlichen Blöcken schwierig werden dürfte. Nutznießer dieser Spannungen wären auf jeden

Fall die Nachbarländer Chinas; zwar würden auch sie unter möglichen Krisen der chinesischen Wirtschaft leiden, doch aufgrund der niedrigen Löhne und ihres Rohstoffreichtums würden sie weiterhin stabil blieben.

Chinesische Unternehmen etablieren sich auf dem Weltmarkt

Chinesische Unternehmen befinden sich auf dem Vormarsch. Während ausländische Konzerne mit atemberaubender Geschwindigkeit und noch mehr Geld versuchen, den chinesischen Markt zu erobern, haben sich in China möglicherweise schon die Grundstrukturen für die kommenden multinationalen Konzerne gebildet. Ausgelöst durch die in den vergangenen 25 Jahren akkumulierten Vermögenswerte hat sich China nicht nur zum Investitionsland Nummer eins entwickelt, sondern wird in Zukunft vermutlich auch ein wichtiger Exporteur von Kapital sein. Bislang waren die Investitionsströme allerdings einseitig. Jährlich werden in China zurzeit etwa 40 bis 50 Milliarden US-Dollar investiert, wohingegen China im gesamten Zeitraum zwischen 1979 und 2002 nur 30 Milliarden US-Dollar im Ausland investiert hat. Dennoch sehen wir gerade in der jüngsten Vergangenheit den Trend chinesischer Investitionen im Ausland. So hat sich das Volumen der chinesischen

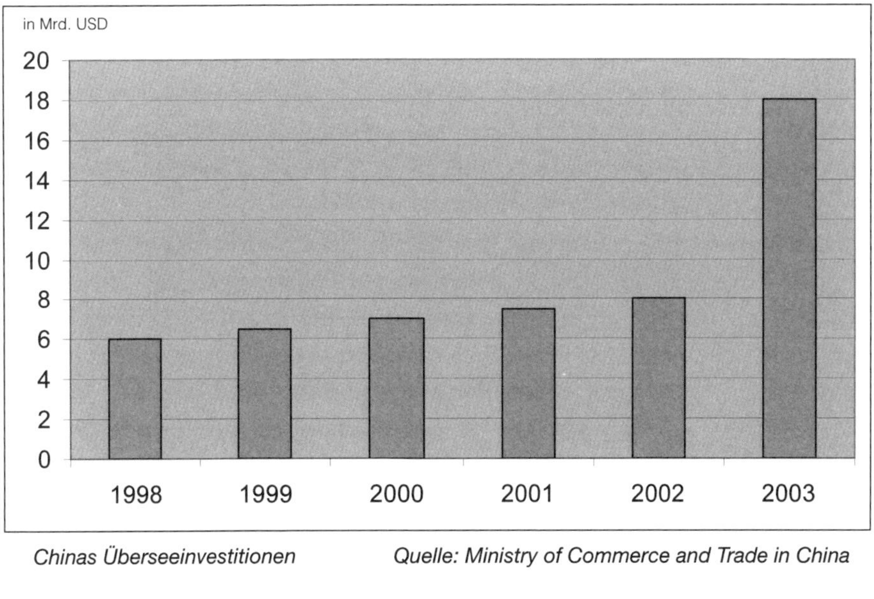

Chinas Überseeinvestitionen *Quelle: Ministry of Commerce and Trade in China*

Investitionen im Ausland zwischen 2002 und 2003 mehr als verdoppelt und erreicht mittlerweile fast 20 Milliarden US-Dollar pro Jahr.

Früher wurden ausländische Investitionen oft als Vehikel für eine Kapitalflucht genutzt, doch im Zuge der Öffnung Chinas hat sich diese Gefahr abgeschwächt. Das Gegenteil ist nun der Fall: Die Investitionen werden vor allem zu dem Zwecke vorgenommen, die eigenen Exporterfolge zu untermauern. Dies scheint gerade im Zuge des Beitritts zur Welthandelsorganisation notwendig zu sein, denn China muss international ein stärkeres Gewicht erhalten.

Neben dem wichtigsten Bereich der Rohstoffinvestitionen ist dies das sichtbare Zeichen für den seit einigen Jahren zu erkennenden Expansionswillen des Industriesektors. So konnte sich beispielsweise ein chinesisches Unternehmen namens Bluestar den Mehrheitsanteil am koreanischen Geländewagenhersteller Ssangyong sichern und internationale Bieter wie General Motors, DaimlerChrysler und Shanghai Automotive aus dem Rennen werfen. Die Regierung in Peking hat diesen Trend längst erkannt und unterstützt chinesische Unternehmen bei ihren Expansionsplänen ins Ausland. Man möchte den Wettbewerbsvorteil Chinas als günstigster Produktionsstandort mit niedrigen Arbeitskosten nutzen und parallel die Vertriebsstrukturen und Managementpraktiken der ausländischen Hersteller übernehmen. Zu diesem Zweck wurde die staatliche Institution »State Asset Supervision and Administration Commission« (SASAC) damit beauftragt, den Expansionsprozess der chinesischen Staatsfirmen zu unterstützen.

Die SASAC übt in der Rolle eines Investors die Überwachungsfunktion für die Restrukturierung der chinesischen Staatsunternehmen aus und begleitet eine Reihe von Staatsunternehmen bei der Umsetzung ihrer Reformpläne. Nicht weniger als 50 der etwa 200 Unternehmen, die von der SASAC überwacht werden, sollen künftig auf der Liste der 500 größten multinationalen Konzerne der Welt zu finden sein. Erreicht werden soll dies durch Effizienzsteigerungen und vor allem durch das Zusammenlegen von Geschäftsbereichen und Unternehmen einer Branche, die allein nicht wettbewerbsfähig sind. Vor allem die Sektoren Petrochemie und Stahl konnten erhebliche Fortschritte verbuchen. Immerhin waren zehn dieser Konzerne für nahezu 50 Prozent der gesamten operativen Gewinne des chinesischen Unternehmenssektors verantwortlich. Von den von der SASAC gemanagten Unternehmen findet man elf bereits unter den 500 größten Konzernen der Welt, darunter Unternehmen wie China Telecom oder Petrochina.

Zehn multinationale Konzerne Chinas (Angaben in Milliarden USD)				
Name	**Umsatz**	**Nettogewinn**	**Markt-kapitali-sierung**	**Branche**
Petrochina	29,5	5,7	90,7	Öl/Gas
China Mobile	15,5	4,0	65,4	Telekommunikation
Sinopec	39,2	1,9	47,8	Öl/Gas
CNOOC	3,2	1,1	16,8	Öl/Gas
Baosteel	4,1	0,6	11,1	Stahl
China Aluminium	2,0	0,2	8,4	Aluminium
Shanghai Automotive	0,6	0,1	4,6	Automobil
Legend	2,6	0,1	2,9	Computer
TCL	2,7	0,05	2,9	Elektronik
Qingdao Haier	1,4	0,05	1,0	Haushaltsgeräte

Quelle: EMFIS.com (Geschäftsberichte, Börse Hong Kong)

Obwohl die Unternehmen in ihren Tätigkeitsfeldern sehr unterschiedlich aufgestellt sind, lässt sich eindeutig ein Trend zu rohstoffnahen Sektoren sowie Telekommunikation und Haushaltsgeräten ausmachen. Dies ist für den derzeitigen Entwicklungsstand Chinas nicht weiter ungewöhnlich, denn auch Länder wie Japan und Südkorea waren in ihrer Anfangszeit auf die Sicherstellung der Ressourcenversorgung fokussiert. Mit Haier, TCL, Shanghai Automotive und kleineren Konzernen wie beispielsweise dem Sportschuhhersteller Yue Yuen haben sich aber bereits Unternehmen etabliert, die den künftigen Exportcharakter Chinas deutlich machen.

Die Strategien der weltweiten Expansion sind dabei ebenso unterschiedlich. Die Haier Group – der Name entstand aus einer chinesischen Aussprache-Abwandlung der deutschen Liebherr Geräte – ist bereits die weltweite Nummer zwei bei der Produktion von Kühlschränken. Das Unternehmen hat 13 Produktionsstätten auf der ganzen Welt aufgebaut. Darunter sind Länder wie Iran, Indonesien und sogar der US-Bundesstaat South Carolina. Dadurch konnte man geschickt alle Handelsbarrieren umgehen, und Haier besitzt damit in den USA einen Marktanteil von 30 Prozent. Es plant nicht nur bei Kühlschränken aufzuholen, sondern möchte sich als der weltweit drittgrößte Hersteller von Haushaltsgeräten hinter Whirlpool und Electrolux etablieren.

Völlig unerkannt erobern chinesische Unternehmen damit den Weltmarkt mit ihren Produkten. Dabei geht es nicht mehr nur um die Sättigung des globalen Marktes für Billigprodukte, sondern auch darum, Markenprodukte zu etablieren. Der bereits angesprochene Konzern TCL International, der aus einem der größten vormals staatlichen Elektronikunternehmen Chinas hervorgegangen ist, hat sich als einer der bedeutendsten Hersteller von LCD-Fernsehgeräten etabliert. Der Produktlebenszyklus für Fernsehgeräte scheint zwar an seinem Ende angekommen zu sein, doch gerade die ständigen Produktinnovationen von Schwarzweiß- über Farbfernsehgeräte bis hin zu Flachbild- und LCD-Bildschirmen hat neuen Herstellern aus den aufstrebenden Ländern Asiens immer wieder ein interessantes Betätigungsfeld verschafft. Waren es nach dem Zweiten Weltkrieg vor allem japanische Unternehmen, die dieses Marktsegment besetzten, so wurden diese von Korea und schließlich von China abgelöst.

Welchen Erfolg die chinesischen Hersteller verbuchen können, zeigte sich ganz deutlich an der Übernahme der deutschen Traditionsmarke Schneider durch TCL International. Dabei war weniger das deutsche Wissen über Technologien und Produktionsmethoden gefragt, sondern nur der Markenname, der es TCL ermöglichte, auf leisen Sohlen in die Liga der führenden Unternehmen aufzusteigen. Nach gerade mal anderthalb Jahren seit Neugründung des Unternehmens gehört Schneider Electronics zu den zehn größten LCD-TV-Anbietern in Deutschland und hat es mit Hilfe der chinesischen Komponentenproduktion, der Endgerätefertigung in der Ukraine und einer starken Vertriebsmannschaft in Deutschland geschafft, die Marke Schneider zu neuem Leben zu erwecken. Auch die im Herbst 2003 geschlossene Partnerschaft zwischen Thomson und TCL bei der Herstellung von Fernsehgeräten und DVD-Playern deutet darauf hin, dass an China kein Hersteller mehr vorbeikommt. Der Vorteil Chinas liegt dabei aber nicht nur auf der Produktionsebene, sondern, wie bereits in Kapitel 5 beschrieben, auch auf technologischer Ebene. Dies wird zum Beispiel an der Entwicklung des EVD-Standards deutlich, einer Weiterentwicklung des erst kürzlich mit viel Aufwand auf den Markt gebrachten DVD-Standards. Die weltweiten Elektronikkonzerne sehen dieser Entwicklung mit Sorge entgegen, denn China entwickelt sich nicht nur zum Billigprozenten und Massenlieferanten, sondern auch zum Technologie-Setter. Bislang führende Unternehmen in dieser Branche wie Sony, Philips und Matsushita Eletric erkennen die Gefahren. Eine Einführung und Durchsetzung dieses Standards in China würde bedeuten, dass sich ausländische – sprich: westliche – Elektronikkonzerne auf die Standards Chinas einstellen müssten. Dadurch würden Lizenzgebühren anfallen, was ein Produzieren und insbesondere ein Konkurrieren sehr schwierig machen würde.

Doch die Entwicklung im DVD-Markt dürfte erst der Beginn sein. Zurzeit arbeiten mehrere chinesische Unternehmen an neuen Softwarestandards, um sich weiter von den westlichen Wirtschaftsmächten unabhängig zu machen.

Dies ist keinesfalls ein Einzelfall. Eine Vielzahl von für den Massenmarkt produzierten Marken wird heute nach neuesten Qualitätsstandards in China hergestellt. Der Konsument bezahlt letztendlich nur noch den Aufpreis, den er für den Vertrieb und die Marke bereitstellen muss. Westliche Hersteller mussten im Zuge des internationalen Wettbewerbs zu diesen Maßnahmen greifen, doch scheint diese Strategie sehr risikoreich zu sein, denn schlussendlich werden die chinesischen Hersteller erkennen, dass sie durchaus in der Lage sein könnten, eine eigene Marke im Ausland zu etablieren. Zunächst gilt es also, das ausländische Know-how zu erhalten und im Heimatmarkt einen Markennamen zu etablieren. Der nächste Schritt wäre dann die Eroberung des Weltmarktes und die Abkopplung von internationalen Partnern, die China zur Auslagerung ihrer Produktion nutzen.

Auch der Automobilmarkt wird in den nächsten Jahren in erheblichem Maße von den Entwicklungen in China abhängig sein. Zurzeit werden in China Kapazitäten aufgebaut, die der Inlandsnachfrage hinterherlaufen. Doch die Geschwindigkeit des Aufbaus signalisiert, dass es in China spätestens ab 2006 erhebliche Überkapazitäten im Bereich der Automobilproduktion geben wird. Nirgendwo wird das Problem der Überkapazitäten deutlicher sichtbar als im chinesischen Automarkt. Trotzdem versuchen ausländische Hersteller ihre Produktion nach China zu verlagern, denn neben dem stark wachsenden Binnenmarkt ist China aufgrund seiner niedrigen Lohnkosten vor allem als künftige Exportbasis für den weltweiten Markt interessant. Volkswagen besitzt einen Marktanteil von fast 30 Prozent, wobei dieser in den vergangenen Jahren von 60 Prozent stark zurückgegangen ist. VW versucht diesen Trend nun zu stoppen und plant, die Produktion durch Investitionen bei seinem chinesischen Joint-Venture-Partner Shanghai Automotive auf 1,6 Millionen Autos pro Jahr bis 2007 zu verdoppeln.

Doch wie so oft scheinen die Autohersteller vom großen Binnenmarktpotenzial geblendet zu sein und verkennen, dass das Potenzial für Exporte nach Europa und in die USA begrenzt ist. Insgesamt werden in China bis 2006 etwa zehn Milliarden US-Dollar investiert und die Kapazitäten auf fünf bis sechs Millionen abgesetzte Automobile verdreifacht werden. Die Kapazitätserweiterungen treffen auf einen Binnenmarkt, der zurzeit nur etwa zwei Millionen abgesetzte Wagen zulässt. Diese Überkapazitäten werden dann im Export abgebaut werden müssen, was die Preise für Autos im unteren und mittleren Marktsegment erheblich unter Druck bringen wird. In China fallen die Autopreise bereits heute mit einer Jahresrate von zehn Prozent. Es ist kaum vorstellbar, wie die Welt in fünf Jahren aussehen wird, wenn chinesische Billigmarken mit Preisen von 4000 bis 5000 Euro pro Auto auf den Markt drängen. Dabei sprechen wir nicht von Kleinstwagen im Stile eines Fiat Pandas, sondern von durchaus wettbewerbsfähigen Familienautos. Europäische Hersteller wie Renault versuchen, dieser Gefahr durch eine expansive Osterweiterung entgegenzutreten. So wird mit der rumänischen Marke Dacia ab 2005 ein Familienauto zum Preis von 5000 Euro angeboten werden. Für die unter steigender Arbeitslosigkeit und Lohndruck leidenden Volkswirtschaften Europas werden diese Entwicklungen wie ein Segen wirken und könnten einen »deflationären« Boom auslösen. Das Konsumniveau bleibt demnach nominal konstant, aber die Zahl der Produkte, die ein Verbraucher für sein Geld, bekommt, wird deutlich zunehmen. Die Leidtragenden dieser Entwicklung werden die internationalen Autokonzerne sein.

Spätestens die 2008 in China stattfindenden Olympischen Spiele könnten das Markenpotenzial der chinesischen Hersteller deutlich machen und zu einer wachsenden Beliebtheit führen.

Chinas unersättlicher Hunger nach Rohstoffen

Um ihre riesige Nachfrage nach Rohstoffen zu befriedigen, sind chinesische Konzerne überall auf der Welt unterwegs und versuchen, sich die attraktivsten Vorkommen zu sichern. So unterzeichnete der chinesische Ölkonzern CNPC ein Abkommen mit Russland zum Bau einer 2 400 Kilometer langen Ölpipeline, um das Angarsk-Ölfeld in Irkutsk (Sibirien) mit der nordwestlichen Stadt Daqing im Nordwesten Chinas zu verbinden. Das Projekt hat eine Größenordnung von 700 Millionen US-Dollar. Darüber hinaus hat China mehr als 1,2 Milliarden US-Dollar in die Exploration von Eisenerz- und Aluminium-Minen in Australien investiert. Ein weiteres Projekt zur Ölförderung ist die Übernahme eines Ölfeldes in Indonesien, das für 262 Millionen US-Dollar von Devon Energy an Petrochina ging. Der chinesische Konzern China Aluminium gab Pläne bekannt, dass man rund eine Milliarde US-Dollar in ein Aluminium-Projekt in Vietnam investieren wolle, und der chinesische Versorger Huaneng Power kaufte sogar australische Stromerzeugungskapazitäten hinzu.

Wie umfangreich die chinesischen Überseeinvestitionen bereits heute sind, wird nirgendwo deutlicher als im Rohstoffsektor. Es lässt sich mit dem Engagement japanischer Unternehmen während der Zeit seines Aufstiegs zur Industrienation vergleichen. Das wichtigste Ziel für China ist die Sicherstellung seiner Ressourcenversorgung. War China 1983 beispielsweise noch ein Nettoexporteur von Öl, so steigen die Importe zurzeit rapide an und verdoppeln sich alle zehn Jahre. Heute muss China bereits mehr als 30 Prozent seines Ölbedarfs durch Importe aus dem Ausland decken, obwohl es nicht einmal einen Liter Erdöl pro Person und Tag verbraucht. Im Vergleich dazu verbrauchen die USA zehn Liter pro Tag und Kopf, und Länder wie Thailand oder Deutschland liegen bei rund fünf Litern. Vor allem die Randgebiete der großen Ölfelder, allen voran der Sudan, Algerien, Ägypten, Lybien, Gabun sowie die zentralasiatischen Regionen wie Kasachstan, haben es China zunehmend angetan, denn hier waren die traditionellen ausländischer Ölkonzerne aufgrund der politischen Differenzen während des Kalten Krieges unterrepräsentiert.

Auch in Lateinamerika trifft man zunehmend auf chinesische Investoren, die die Region aufgrund ihrer niedrigen Markteintrittsbarrieren, attraktiven Preise und reichhaltigen Bodenschätze sowie Agrarmöglichkeiten schätzen. Die Nachfrage nach Sojabohnen, die in China bei jährlich etwa 30 Kilogramm pro Kopf im Vergleich zu 158 Kilogramm in den USA liegt, nimmt aufgrund des wachsenden Fleischkonsums und der immer wichtiger werdenden Rolle von Soja als Hauptinhaltsstoff von Kraftfutter dramatisch zu. Selbst bei Getreide tauchte China im Jahr 2003 erstmals als Importeur auf und kaufte knapp eine Million Tonnen für seinen Konsum von fast 120 Millionen Tonnen hinzu, obwohl China in der Vergangenheit einer der größten Exporteure von Getreide an Länder wie Südkorea, Malaysia und Indonesien war. Selbst Reis, das Hauptanbauprodukt chinesischer Bauern, ist mittlerweile knapp. Aufgrund der Landflucht und der immer häufiger auftretenden Trockenheit sind nicht mehr genügend Anbauflächen vorhanden, um den weltweiten Markt mit der eigenen Überschussproduktion bedienen zu können. In Zukunft sollen weitere 300 Millionen Bauern in die Städte umgesiedelt werden. Dieser Umstand dürfte auch weiterhin für relativ gute Investitionsbedingungen für Rohstoffanleger sorgen.

Asien-Investoren sollten sich trotz der sehr volatilen Rohstoffmärkte immer wieder vor Augen führen, welche erheblichen Einflüsse China auf die Preise der weltweiten Rohstoffe und damit auch auf die Höhe der Inflation sowie das Zinsniveau der gesamten Welt haben wird.

5.2 Japan

Japan wird im Vergleich zu China eine gänzlich andere Rolle innerhalb der Weltwirtschaft einnehmen. Wie wir aus Kapitel 4.2 »Entwicklung der asiatischen Aktienmärkte« und in Kapitel 3.2 erfahren haben, ist die Wirtschaftsstärke Japans insbesondere auf die langjährigen und seit 1960 bestehenden guten Beziehungen mit dem Westen zurückzuführen. Erst seit

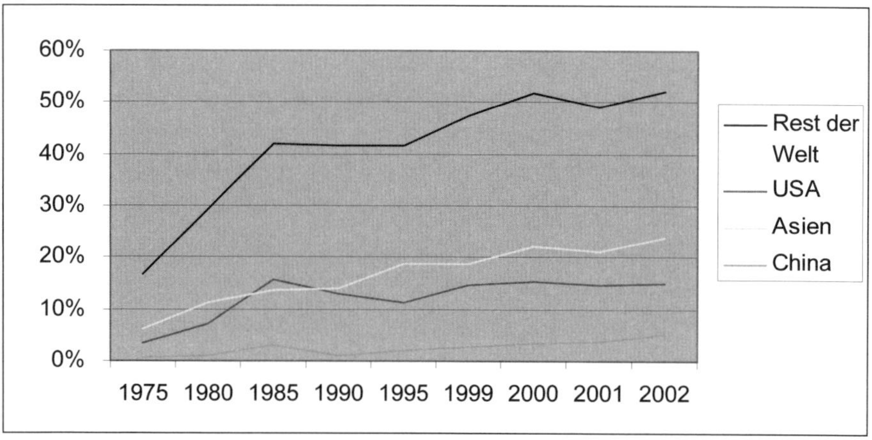

Japan: Exportentwicklung seit 1975

kurzer Zeit nimmt das Handelsvolumen innerhalb Asiens für Japan zu. Während die Exporte in den achtziger Jahren größtenteils im Westen der Welt für hohe Umsätze sorgten, nimmt Asien als Absatzstandort an Bedeutung zu.

Für die westliche Welt und hier vor allem für die USA ist Japan seit dem Korea-Krieg der wichtigste Verbündete und Partner in Asien. Dies wird sich in den nächsten Jahren voraussichtlich auch nicht ändern. Für die Weltwirtschaft bedeutet dies wiederum, dass Japan nun nicht mehr als westlicher Verbündeter gegen den Sozialismus aus China und Nordkorea benutzt wird, sondern womöglich als wirtschaftlicher Standort westlicher Industrien als Ausgangspunkt für Fernost. Die freundschaftlichen Beziehungen Japans und seine wirtschaftliche Abhängigkeit verbindet das Land stark mit dem Westen. Die Abhängigkeit Japans kommt unter anderem in der Finanzpolitik zum Ausdruck: Japan ist seit mehreren Jahren der größte Anleihenkäufer der USA und unterstützt somit die Verschuldungspolitik trotz angeschlagenem Staatshaushalt. Somit finanziert sich Japan seinen eigenen Exportmarkt in den USA und hat dadurch mit nur geringfügigen Handelsbeschränkungen zu kämpfen. Betrachtet man aber allein die Entwicklung der japanischen Zentralbank von 2002/03 bis 2003/04, so haben der schwache US-Dollar und die Wertverluste durch Anleihengeschäfte zu einem starken Einbruch des Zentralbankgewinns geführt: Nach einem Gewinn von 594,4 Milliarden Yen im Vorjahr ist nur noch ein Gewinn von 55,5 Milliarden Yen übrig geblieben – der niedrigste Stand seit 1971. Diese Entwicklung verdeutlicht also, dass Japan nicht mehr auf Dauer die hohe Ausgabenpolitik in den USA unterstützen kann. Erinnern wir uns an Deutschland im Jahr 1929, als die USA als Anleihenkäufer aufgrund der Wirtschaftskrise abgesprungen sind. Eine ähnliche Entwicklung könnte bei einem Ausfall Japans zu schwer wiegenden Problemen in den USA führen. Japan ist also als Mitfinanzier der US-Wirtschaft ein wesentlicher Bestandteil für die Wirtschaftsentwicklung des gesamten Westens, denn die USA wiederum stellen für Europa einen wichtigen Exportmarkt dar. Die Finanzkraft Japans wird die westlichen Volkswirtschaften maßgeblich mitbestimmen. Fraglich wird nun sein, wohin das Land der aufgehenden Sonne sein vorhandenes Kapital stecken wird. Die Investitionen Japans zeigen aber einen entscheidenden Trend: Während zunehmend Kapital aus dem Westen abgezogen wird, steigen die Investitionen in Asien. Zudem sind die ausländischen Investitionen Nippons mittlerweile auf die US-Staatsanleihen begrenzt.

Das aus den USA und aus dem Westen abgezogene Kapital setzt Japan, wie oben beschrieben, vornehmlich in Asien ein. Die steigenden Investitionen des nach wie vor finanzkräftigen Landes werden für Asien weitere Vorteile bringen.

Kapitalfluss Japans nach Asien

Wie im vorherigen Abschnitt angedeutet, ist Japan für den asiatischen Wirtschaftsaufschwung maßgeblich mit verantwortlich. Auch die japanischen Unternehmen positionieren sich verstärkt in Asien und bedienen sich der günstigen Arbeitskräfte im asiatischen Umfeld. Beispielsweise haben die japanischen Automobilhersteller in Thailand, Indonesien und China große Produktionsstätten errichtet, die durch die Autoverkäufe ins Ausland zwar nicht zum Bruttoinlandsprodukt der ausländischen Volkswirtschaften beitragen, aber die Kaufkraft dieser noch unterentwickelten Volkswirtschaften positiv beeinflussen. Somit spielt Japan aufgrund seiner Asien-Investitionen eine wesentliche Rolle im Wirtschaftswachstum der gesamten Region. Wie im späteren Abschnitt erklärt wird, hat der japanische Staat zwar schwer wiegende finanzielle Schwierigkeiten, aber die gesunden und starken Unternehmen beziehungsweise Konglomerate verfügen über eine gewaltige Finanzkraft, die auch künftig für die asiatische Region bedeutend sein werden.

In diesem Zusammenhang können wir also die Macht Japans aufgrund seiner Investitionsmöglichkeiten für Asien definieren. Wohin auch das Kapital Japans fließt, der Wirtschaftsaufschwung ist in diesen Regionen garantiert. Schwierig wird es nur dann, wenn es kurzfristige Investitionen sind, die schließlich zu einem schnellen Abzug führen könnten und somit Problemphasen ähnlich der Asien-Krise 1997 entstehen lassen. Aber diese Entwicklung wird für die nächsten Jahre in Asien eher unwahrscheinlich, da sich die Rahmenbedingungen geändert haben. Die potenzielle und wahrscheinliche Triebfeder Asiens, nämlich China, wird das Kapital weiterhin nach Asien fließen lassen. Nach wie vor strömen riesige Geldmengen in westliche Volkswirtschaften, was zu Schwierigkeiten in diesen Nationen führen könnte, etwa bei einem plötzlichen und schnellen Kapitalabzug aus dem Westen, der wahrscheinlich in Richtung Asien fließt. Deshalb wird sich die jetzige Investitionsumschichtung Japans künftig positiv für die Region Asien, aber auch für Japan selbst auswirken. Nehmen wir trotzdem nochmals Bezug auf unser erwartetes und wahrscheinliches Szenario der weltwirtschaftlichen Entwicklung, die durch China ausgelöst wird.

Japans Rolle im China-Szenario

China spielt aufgrund seines Nachfragepotenzials die Hauptrolle beim wirtschaftlichen Wachstum, und Japan fungiert als finanzielle Antriebsfeder – beide Faktoren werden Asien weiter beflügeln. Im Falle wachsender Handelsspannungen zwischen dem Westen und China wird Japan noch für lange Zeit das Bindeglied zwischen den beiden Regionen sein. Doch der Konsum wird in den USA stetig zurückgehen, und Japan wird seine Interventionspolitik zum Niedrighalten seiner Währung nicht mehr lange weiterführen können. Somit werden langfristig auch die USA für Japan immer weniger interessant, und die japanische Wirtschaftskraft wird sich nach Asien verschieben. Die Spannungen, die für die Handelsbeziehungen zwischen China und dem Westen zu erwarten sind, werden Japan zunächst nur unwesentlich negativ beeinflussen. Möglicherweise wird sich dies auf Japan sogar positiv im Export auswirken. Die starken Weltmarken Japans aus der Elektronik- und Automobilindustrie werden das Land höchstwahrscheinlich noch für geraume Zeit auf dem internationalen Markt mitspielen lassen.

Langfristig konzentriert sich Japan bereits auf Asien. Große Probleme werden sich hinsichtlich der großen Preiskämpfe innerhalb Asiens für Japan ergeben. Die umliegenden Emerging Markets werden an Produktionskraft gewinnen, was sich bereits mittelfristig negativ auf die Arbeitslosigkeit in Japan auswirken wird. Die Produktivität Japans ist innerhalb Asiens nach wie vor unschlagbar. Dies ermöglichte es japanischen Unternehmen, über die Jahre staatlicher finanzieller Schwierigkeiten hinweg einen hohen Lebensstandard zu halten. Aber zu einem bestimmten Zeitpunkt – Nippon ist entweder an diesem Punkt bereits angelangt oder steht kurz davor – werden die Nachbarländer wie Südkorea an Produktivität zulegen, gleichzeitig ihre Löhne niedriger halten und somit im Wettbewerb auch innerhalb Asiens eine starke Position einnehmen. Vor allem die großen Konglomerate und die gesunden Unternehmen Japans werden durch ihre Auslandsinvestitionen in den Billiglohnländern langfristig überleben und stellen daher interessante Anlagemöglichkeiten dar. Für Japan selbst bedeutet dieses Szenario einer weltwirtschaftlichen Neuordnung mit der Konsumstärke Chinas, die weltweit jene der USA ablöst, einen Wettlauf gegen die Billiglohnländer. Einschnitte bei der Bevölkerung – konkret: ein sinkender Lebensstandard – werden die Folge sein.

5.3 Südkorea

Südkorea wird sich aufgrund seiner Anpassungsfähigkeit und politischer Reformbereitschaft künftig weiterhin mit innovativen und technologisch hochentwickelten Produkten weltweit gut positionieren. Ähnlich wie für China könnte es im weltwirtschaftlichen Handel auch für Südkorea durch Schutzzollbeschränkungen Probleme geben. Insbesondere westliche Volkswirtschaften könnten die hohen staatlichen Finanzspritzen in Forschung und Entwicklung Südkoreas als Anlass für solche Schutz- beziehungsweise Strafzollmaßnahmen nehmen. Wie im einleitenden Kapitel bereits geschildert, ist eine solche Strafzollerhebung recht wahrscheinlich, da dies bereits im Falle des südkoreanischen Halbleiterproduzenten Hynix Semiconductor in Europa und den USA umgesetzt wurde. Ein weiterer Faktor, der zu Spannungen zwischen Südkoreas und der Welt führen könnte, ist der niedrige Konsum südkoreanischer Bürger. Das Wirtschaftswachstum basiert größtenteils auf dem Export, da der Binnenmarkt trotz niedriger Arbeitslosenquote (drei Prozent) schwach ist. Obwohl sich Südkorea wirtschaftlich nach der Asien-Krise gegenüber dem Westen und anderen Volkswirtschaften öffnen musste und diese Öffnung auch vollzogen wurde, könnte ein stetiges Handelsdefizit der südkoreanischen Handelspartner zu ähnlichen Beschränkungen führen. Diese Beschränkung war bekanntlich einer der Auslöser der Asien-Krise für Südkorea.

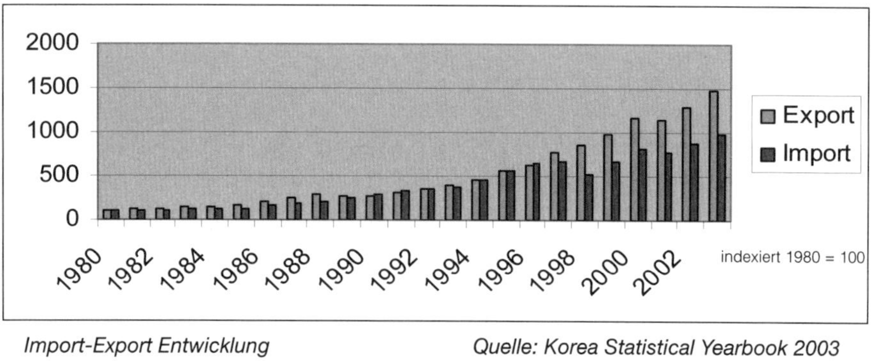

Import-Export Entwicklung *Quelle: Korea Statistical Yearbook 2003*

Weltweit hat sich Südkorea mit seinen Chaebols einen guten Namen gemacht. Die Produkte aus der Elektronik- und Automobilindustrie sind weltweit als Qualitätsprodukte anerkannt und zudem preisgünstiger als die vergleichbaren Erzeugnisse der Konkurrenzen. Die Strategie südkoreanischer Konzerne, sich in gesättigte Märkte mit Billigprodukten einzukaufen, diese als Qualitätsmarken zu etablieren und schließlich die Preise anzuziehen, dürfte auch weiterhin verfolgt werden. Somit können wir davon ausgehen, dass Südkorea in unserem wahrscheinlichsten China-Szenario eine Ausnahmefunktion in Asien übernehmen könnte. Südkoreas Löhne sind nicht mehr auf dem Stand eines Entwicklungslandes, und Südkorea ist deshalb auch kein Billiglohnland mehr. Aber die langen Arbeitszeiten dieses fleißigen Volkes bieten in Verbindung mit steigender Produktivität gute Möglichkeiten, den weltweiten Export weiter zu steigern. Auch innerhalb Asiens werden sich die Handelsbeziehungen weiter verbessern. Im Jahr 2005 will Südkorea mit Japan und Singapur ein Freihandelsabkommen abschließen. Die Nachfrage aus dem Nachbarland China wird auf hohem Niveau stabil bleiben, und man kann ebenfalls erwarten, dass die südkoreanischen Unternehmen im asiatischen Raum expandieren werden.

Südkorea weist eine Besonderheit auf, die das Land von den anderen Staaten der Region unterscheidet und für die asiatische wie auch für die globale Wirtschaft von Bedeutung ist. Die Rede ist vom getrennten und kommunistischen Nordkorea. Die Chancen und Risiken, die sich auf das Schwesterland Nordkorea beziehen, werden ausführlich in Kapitel 6.3 »Chancen und Risiken in Südkorea« behandelt. Nordkorea ist einer der wenigen Staaten weltweit, die immer noch unter einer kommunistischen Diktatur leiden. Das Land hat sich weitestgehend von den wirtschaftlichen Entwicklungen seiner Nachbarn abgeschottet und sich auf Schutzbarrieren gegen die imperialistische Welt konzentriert. Die Gefahr der atomaren Aufrüstung Nordkoreas ist zwar nicht von der Hand zu weisen, wird aber meist übertrieben dargestellt. Genau diese Übertreibung der nordkoreanischen Bedrohung zeigt die angespannte Situation. Man kann nur hoffen, dass die Expansionspolitiker bestimmter Staaten nicht auf die Idee einer »Befreiung« dieses Landes kommen, sondern dass es Nordkorea gelingt, sich Schritt für Schritt selbst zu öffnen. Sollten die vorhandenen Spannungen tatsächlich eskalieren, stünde Südkorea zwar im Mittelpunkt der internationalen Gespräche, aber auch im Zentrum des Kapitalabzugs internationaler Investoren, der hohe Verluste für die Wirtschaftskraft in Südkorea mit sich bringen würde. Bei einer stetigen

Öffnung Nordkoreas, die man sicherlich für die nächsten Jahre erwarten darf, wird ein weiteres kommunistisches Land in den Kreis der kapitalistischen Welt aufgenommen werden. Welche Chancen und Risiken sich dadurch ergeben, liegt zunächst auf der Hand: Für Südkorea wäre durch die Öffnung eine direkte Anbindung an China durch die Grenze Nordkoreas gegeben, und eine günstige Auslagerung von Produktionsstandorten wäre wahrscheinlich. Außerdem verfügt Nordkorea über Rohstoffe, die Südkorea aufgrund seiner geographischen Lage nicht besitzt. Der Rohstoffbedarf Südkoreas wird in den nächsten Jahren zu einer entscheidenden Größe für die asiatischen Nachbarstaaten, die nicht nur von Japan und China profitieren werden.

Südkorea ist, wie bereits gezeigt, ein exportorientiertes Land. Für die Produktion der weltweit zwölftgrößten Industrienation werden immer mehr Rohstoffe benötigt, über die Südkorea nicht verfügt. Die asiatischen Nachbarstaaten und Emerging Markets werden somit für Südkorea immer wichtiger. Ob Rohstoffe in Form von Öl, Kohle, Eisenerz und Stahl oder Agrarrohstoffe: Südkorea wird als Abnehmer für die gesamte Region immer wichtiger. Somit ist es im Prozess der Entwicklung der asiatischen Emerging Markets das drittwichtigste Land. Die Rohstoffnachfrage ist im Vergleich zum BIP deutlich gewachsen. Wie in einer exportorientierten Industrienation üblich, sind die Importe größtenteils aus der Rohstoffnachfrage entstanden. Als Exportland, das sich offensichtlich weltweit immer besser positioniert und dessen Innovationskraft größer wird, wird Südkorea die Rohstoffnachfrage zweifelsohne weiter ankurbeln.

Angeheizt wird die Rohstoffnachfrage in Südkorea durch die Schwerindustrie wie Schiffsbau oder Stahlherstellung, die hauptsächlich wiederum auf der Nachfrage aus China beruht. Sollte in China, wie in unserem Szenario angenommen, die Nachfrage zurückgehen, wird auch Südkorea als Rohstoffinteressent für die Emerging Markets schwächer.

Fazit

Südkorea stellt mit seinem kommunistischen Schwesterland Nordkorea einen Ausnahmefall innerhalb Asiens dar. Daraus entstehen Risiken, aber auch Chancen. Für die Weltwirtschaft könnte Südkorea aufgrund seiner expansiven Exportpolitik eine wachsende und ernst zu nehmende Rolle spielen.

5.4 Gesamt-Asien

Die Volkswirtschaften der asiatischen Emerging Markets werden im Zuge der weltwirtschaftlichen Entwicklung verschiedene Rollen spielen. Auch die Entwicklung der westlichen Industrienationen wird die Weichen für die Emerging Markets stellen. Falls der reiche Westen in den kommenden Jahrzehnten an Wirtschaftskraft einbüßt, wird die Nachfrage nach Billigprodukten steigen. Die Produktion in den Emerging Markets wird weiterhin günstiger bleiben und somit die Lieferung von Billigprodukten gewährleisten können. Die Nachfrage nach solchen Produkten, vorrangig aus der Textil-, Elektronik- und Schwerindustrie, wird zunehmen. Somit kann man von steigenden Einnahmen und – als Konsequenz daraus – von zunehmender Kaufkraft ausgehen. Der Lebensstandard wird sich also kontinuierlich verbessern. Der chinesische Rohstoffbedarf und die Nachfrage nach Niedriglohnprodukten wird den Emerging Marktes einen hohen Stellenwert innerhalb der Weltwirtschaft zuweisen. Die Schwellenländer wären somit ein wirtschaftliches Druckmittel für westliche Hersteller, die mit den niedrigen Preisen nicht mehr konkurrieren könnten. Es würde also zu einem sinkenden Lebensstandard im Westen führen, der sich zugunsten der Emerging Markets entwickeln wird. Doch die westlichen Staaten werden sich gegen die Überschwemmung ihrer Märkte mit Billigprodukten mit Handelsbeschränkungen zur Wehr setzen. Wie verheerend sich derlei protektionistische Maßnahmen auf die Niedriglohnländer auswirken, wurde bei der Asien-Krise deutlich. Deshalb wird – auf mittlere bis lange Sicht – die Abhängigkeit der Emerging Markets vom Westen bestehen bleiben.

Interessanter wird dabei die Rolle der Emerging Markets innerhalb Asiens. Wir bleiben auch in diesem Kapitel unverändert bei unserer These, dass China die entscheidende Rolle im Entwicklungsprozess Asiens spielen wird. Wahrscheinlich ist dabei, dass die Emerging Markets von einem chinesischen Wirtschaftsaufschwung teilweise sogar noch stärker profitieren als China selbst, jedoch bei einer Schwäche der chinesischen Wirtschaft zusätzlich unter Druck geraten. Diese Überlegung gilt jedoch zunächst nur kurzfristig. Sollten sich in den Emerging Markets die Märkte weiterhin stabilisieren und sollte das Szenario einer tatsächlichen Spaltung der weltweiten Wirtschaft in West und Ost eintreten, so hätten die Emerging Markets die große Chance, von dem riesigen »Binnenmarkt« Asiens zu profitieren, der sich unweigerlich ergeben würde. Während es bei einer möglichen Wirtschaftsabschwächung der USA und Europas zu politischen Spannungen und inneren Unruhen kommen könnte, würden sich die wachsenden Emerging Markets mit Hilfe der dann steigenden Kaufkraft und der wachsenden Nachfrage, angetrieben durch die enorme Nachfrage aus China und vom Kapital aus Japan, rasant zu wirtschaftlich stabilen und konsumstarken Märkten entwickeln.

Doch liegen in einer solchen Entwicklung auch Gefahren. Mit ihnen beschäftigt sich Kapitel 6 ausführlicher.

Fazit

Die Emerging Markets sind noch immer von anderen Volkswirtschaften und von der Weltwirtschaft abhängig. Es wird ein langwieriger Prozess für die einzelnen Länder werden, sich so zu entwickeln, wie Südkorea dies anschaulich vorgeführt hat. Doch die Geschichte lehrt uns, dass solche Kräfte in der Tat zu mobilisieren sind. Die asiatischen Emerging Markets können also nach unserer Auffassung optimistisch in die Zukunft schauen, denn ihr Wirtschaftpotenzial wird das der westlichen Märkte bei weitem übersteigen.

6 Zukunft – Chancen und Risiken

»Risiken werden wir in allen Bereichen der Investition haben, und sollten wir keine Risiken finden, dann haben wir sie übersehen«. Dieser Satz stammt von einem älteren Investor, der uns stets bei unseren Anlageentscheidungen als Mentor zur Seite stand. Er hatte und hat vollkommen Recht: Je mehr positive und optimistische Stimmen wir über ein Investmentthema hören, desto mehr muss man die Risiken herausfiltern. Investmentthemen, die auf großes Interesse stoßen, werden meist mit steigenden Preisen gleichgesetzt und korrelieren somit stets in ihrer Entwicklung. Bei wachsendem Interesse an einem Investmentthema kommt es häufig zu einer Überhitzung, die sich zunächst in den übertrieben hohen Bewertungen von Aktien zeigt, dann in der zu hohen Kapitalflut, die ein Investmentthema – meist eine Volkswirtschaft – überflutet. Schließlich führt dies zur Überhitzung bei den Kapazitäten, die durch zu euphorische Stimmungen und zu viel Kapital entsteht. Doch genauso, wie wir in vielen Investmentthemen eine Überhitzung und daraus folgernd einen Boom entstehen sehen, finden wir auch Investments, aus denen aufgrund einer Überhitzungsphase in anderen Sektoren Kapital abgezogen wurde und die dadurch günstig geworden sind. Genau dies sind unsere Chancen bei erfolgreichen Investitionen, da hier das Chancen-Risiken-Verhältnis in Bezug auf eine Wertsteigerung meist zu Investitionen einlädt. Wenn wir über die asiatischen Märkte sprechen, so können wir hier eine Reihe von Zyklen feststellen, die uns günstige Anlagemöglichkeiten boten, aber auch Phasen, die einen Ausstieg signalisierten. Seit dem Beitritt Chinas in die WTO und seiner neuen Rolle in der Weltwirtschaft (siehe Kapitel 5.1) ist der Investitionsstandort Asien verstärkt ins Gespräch gekommen. Alle zuvor genannten Anzeichen eines kurzfristig überhitzten Marktes finden wir auf diesem Schlüsselmarkt wieder. Es begann mit dem steigenden Interesse großer Investoren; diese bewegten den Aktienmarkt zu steigenden Kursen. Zusätzlich trieb die zusätzliche Nachfrage des Kapitalmarkts die Platzierung von Neuemissionen voran, und es kam schließlich zu einer Überhitzung und zu

Überkapazitäten. Diese Entwicklung vor Augen, scheint in vielen Ländern ein erster Hochpunkt eines lange anhaltenden Trends erreicht zu sein. Die Risiken, dass in den meisten Sektoren des chinesischen Marktes eine Überbewertung vorhanden ist und somit künftig ein Werteverlust entstehen wird, sind höher als die Chancen, dass weiteres Kapital in diese Volkswirtschaft und Sektoren fließt. Doch wie soeben erwähnt, befinden wir uns hier an einem zyklischen Hochpunkt innerhalb eines langen Wachstumstrends. Diese Entwicklung der sinkenden Werte wird Anlegern eine Reihe von großen Chancen eröffnen. Es lässt sich eine Parallele zur Entwicklung in Deutschland nach dem Zweiten Weltkrieg beobachten: Zunächst entstand ein hohes Interesse von ausländischen Investoren. In der Folge überhitzte der Kapitalmarkt, und es entstanden Überkapazitäten. Schließlich konsolidierten die Aktienmärkte. Doch nach dieser ersten Marktbereinigung tauchten erneut Investoren auf und wagten Engagements auf dem Wachstumsmarkt. Das folgende Wachstum war aufgrund weiter fortgeschrittener Strukturen stabiler und konnte nach einiger Zeit das vorherige Hoch der Aktienmärkte sogar mit niedrigeren Bewertungen übersteigen. Wir finden hier Parallelen zu Sektoren, in denen Überbewertung und Euphorie so groß sind, dass wir trotz des erwarteten langen Wachstums für einige Jahre die Höchststände nun gesehen haben dürften. Der Gesamtmarkt an sich wird sich aber weiterhin positiv entwickeln.

In diesem Buch haben wir bewusst die gesamten Strukturen der drei großen Volkswirtschaften vorgestellt, um Ihnen die Eckpunkte für die richtige Investition vorzustellen. Eine konkrete Entwicklung der asiatischen Märkte für die nächsten 30 Jahre können wir jedoch nicht vorhersagen. Es werden uns immer wieder Faktoren an den Märkten überraschen, die man bei einer Investitionsentscheidung niemals ausschließen kann. Wir können keine Umweltkatastrophen, Kriege, Wirtschaftsboykotte, Handelsbeschränkungen oder Epidemien voraussehen. Das Einzige, was wir mit diesen Beiträgen versuchen, ist, Ihnen das vorhandene Potenzial, aber auch die Risiken der asiatischen Märkte zu verdeutlichen. So gibt es Tausende von Szenarien, die wir an dieser Stelle jedoch nicht erörtern können. Außerdem soll dieses Buch Sie zu eigenen Einschätzungen anregen und Ihnen dabei behilflich sein. Im Folgenden erhalten Sie nun unsere Einschätzung, wie sich – aus heutiger Sicht – Gesamt-Asien entwickeln könnte.

6.1 China

Im einleitenden Kapitel für die Zukunftsaussichten Asiens haben wir bereits einige Details des künftigen Einflusses Chinas auf die Weltwirtschaft und Asiens Wirtschaft behandelt. In dieser detaillierten Betrachtung gehen wir nun verstärkt auf die Chancen und Risiken ein. Die Medien bezeichnen Chinas Wirtschaft als Motor der Weltwirtschaft der nächsten Jahre. In diesen Berichten werden jedoch häufig die Risiken vernachlässigt, die in nicht unerheblichem Maße vorhanden sind. Zudem sind diverse Grundkenntnisse über die aktuelle wirtschaftliche Situation und Struktur nötig, zum Beispiel über die einzelnen Börsensegmente, Unternehmensstrukturen und Privatisierungsprozesse. Sie muss ein Anleger in seinen Investitionsentscheidungen unbedingt berücksichtigen.

Chancen

Anpassung des Ost-Niveaus im Westen

Ein bereits häufig angesprochener Faktor, der uns äußerst positiv in die künftigen Wirtschaftsjahre in China blicken lässt, ist die potenziell hohe Nachfrage seit der Öffnung Chinas zum Kapitalismus. Wenn man die Entwicklung der Boom-Städte wie Shanghai oder Gouangzhou der vergangenen fünf Jahre betrachtet, wird das Ausmaß des nachzuholenden Konsums deutlich. Allein Shanghai mit seinen Außenbezirken fasst von den 1,3 Milliarden in China lebenden Menschen etwa 40 Millionen Einwohner. Die Stadt hat eine Wirtschaftsentwicklung durchlebt, die auf Gesamt-China einen entscheidenden Einfluss hatte. Wie die folgende Tabelle verdeutlicht, hat die Region um Shanghai die Wirtschaftskraft entscheidend vorangebracht.

Wenn man sich nun vor Augen führt, dass in den vergangenen Jahren eine große Landflucht stattgefunden hat, gibt es in China nach wie vor viele Regionen und Provinzen, die diesen Aufschwung noch nicht mitgemacht haben. Bislang sind es die Regionen Goungdong (Gouangzhou), Shanghai und Peking, die diese Wachstumsentwicklung beschleunigten und davon profitierten.

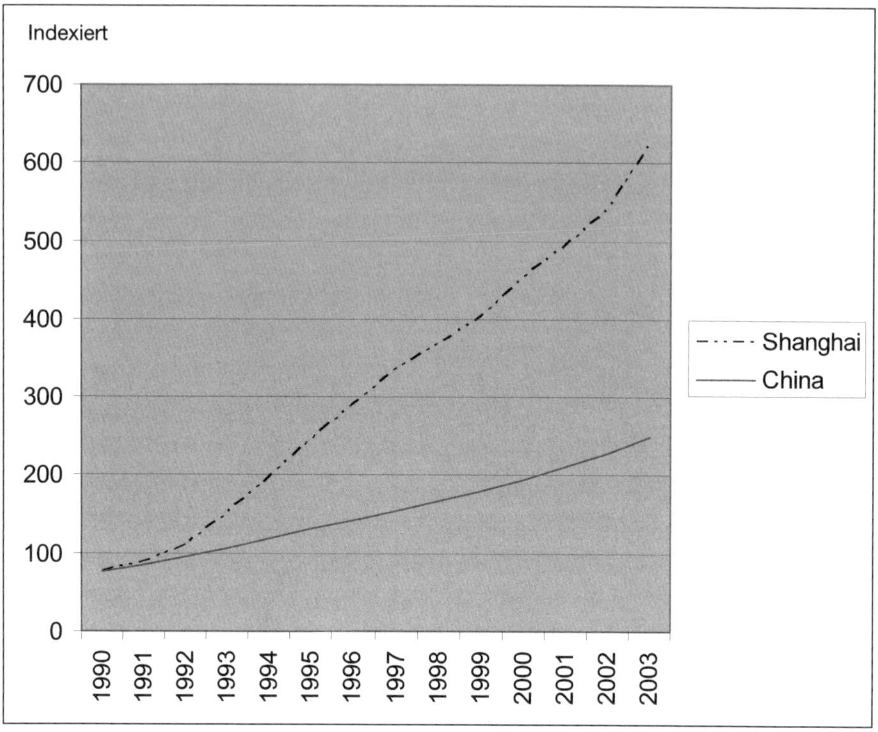

Wirtschaftswachstum von China und Shanghai im Vergleich
Quelle: China Economic Review 2003

Innerhalb dieser starken Regionen ist die Kaufkraft aufgrund der zunehmenden Ansiedlung großer Industrien stark gestiegen und hat deshalb zu einem florierenden Handel und Binnenmarkt in diesen Regionen beigetragen. Doch im Westen Chinas sieht die Welt noch anders aus: Er wird hauptsächlich von armen Landwirten bewohnt, deren Arbeitslosenquote unverändert hoch ist oder sogar anstieg. Es gibt mehr Arbeitsuchende als Arbeit, sodass diese Region als Produktions- und Investitionsstandort interessant werden könnte. Deshalb wird man hier in den kommenden Jahren verbesserte Arbeits- und Lebensbedingungen erleben, die für Gesamt-China weiteres Wachstumspotenzial bedeuten. Zu berücksichtigen sind dabei die Schwierigkeiten, die sich bei einem zunehmenden Gefälle zwischen Arm und Reich (West und Ost) zuvor ereignen könnte.

Steigerung der Nachfrage nach Billigprodukten

Wenn westliche Industrienationen finanzielle Krisen durchmachen, steigt die Nachfrage nach Billigprodukten. Eine solche Entwicklung wäre für die Exportwirtschaft nahezu ideal, da das Lohnniveau niedrig und somit die Produktion in China günstig ist. Wir sehen bereits jetzt die Anzeichen hoher Privatverschuldung in der westlichen Welt, die genau diese Entwicklung wahrscheinlich macht. Zudem könnte das noch niedrigere Lohnniveau im Westen Chinas für Produktionsstandorte ausgenutzt werden, sodass sowohl Gesamt-China als auch die unterentwickelten Regionen davon profitieren könnten. Die chinesische Regierung ist sich dieser Schieflage bewusst und versucht bereits jetzt mit Fördergeldern den Investitionsstandort »West-China« attraktiv zu gestalten. Doch bislang haben erst wenige Hersteller von diesem staatlichen Hilfsangebot Gebrauch gemacht.

Weltwirtschaftliche Abhängigkeit von China-Standards

Im Kapitel 5 wurde die künftige weltwirtschaftliche Abhängigkeit von chinesischen Standards betrachtet. Dies soll nun vertieft betrachtet werden.

Die in China gesetzten Standards, die durch den starken Nachfrage-Pool unterstützt werden, führen zu Lizenzeinnahmen. Diese lassen Unternehmen – teils private, teils staatliche – zu Riesenkonzernen anwachsen, da die Lizenzeinnahmen zu hohen Gewinnsteigerungen führen. Ausländisches Kapital und ausländische Unternehmen, die in China investieren, werden diesen Fortschritt vorantreiben. Die Bildung der Menschen wird zunehmen und Chinas Unternehmen zu weltweit führenden Konzernen in vielen Wirtschaftssektoren aufsteigen lassen. Die Chancen, die in dieser heranwachsenden Wirtschaftsmacht liegen, könnte man nun als Spekulation bezeichnen. Doch wenn man sich die Entwicklung neu erschlossener Märkte wie beispielsweise im Amerika des 19. Jahrhundert anschaut, so kann man durchaus vom Beginn eines lange anhaltenden Wirtschafts-Booms in China ausgehen, mit unterschiedlichen Phasen der Krise und des Aufschwungs. Die folgende Grafik zeigt die wachsende Bedeutung Chinas für den weltweiten Technologieexport.

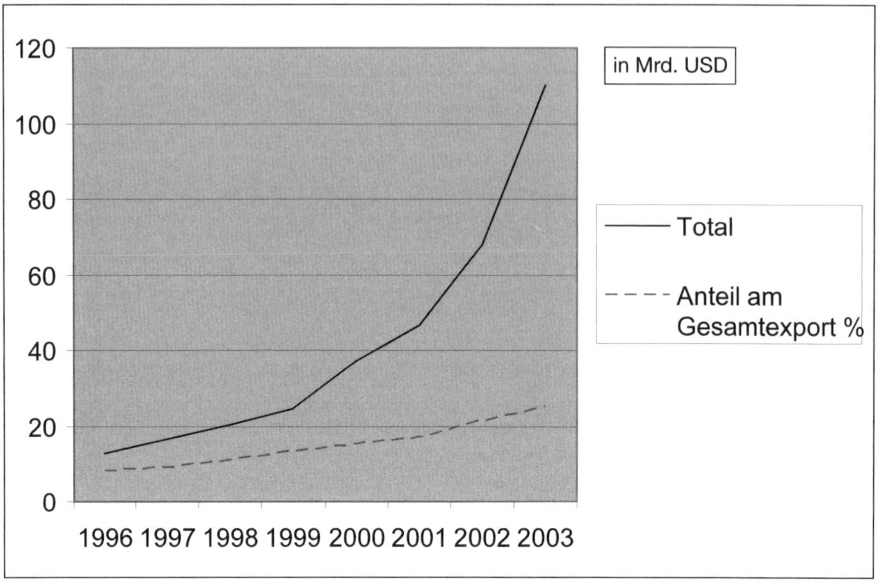

Chinas Hightech-Exporte *Quelle: Ministry of Commerce in China*

Asiatisches Umfeld

Eine große Chance bietet für China auch die gesamte Region, die vom Wachstum Chinas profitiert und profitieren wird. Wie in Kapitel 5.1 »Die Rolle Asiens in der Weltwirtschaft« bereits beschrieben, werden die asiatischen Nachbarstaaten Chinas als Rohstofflieferanten oder Outsourcing-Standort wegen der steigenden Nachfrage Chinas immer wichtiger, und ihre Kaufkraft wird zunehmen. Die steigende Kaufkraft im asiatischen Ausland bietet für chinesische Unternehmen wiederum Absatzmöglichkeiten. Es könnte eine Kettenreaktion entstehen, die das Wachstum durch Exporte weiter antreibt. Und auch der Binnenmarkt an sich, den eine Volkswirtschaft benötigt, wird langfristig wachsen, aber auch Risiken bergen.

Große Chancen liegen auch im Wirtschaftsraum Indien. Indien, ebenfalls erst kürzlich der kapitalistischen Welt beigetreten, ist mit einer Milliarde Einwohnern ein riesiger potenzieller Nachfrager. Erst im Frühjahr 2004 haben sich China und Indien entschieden, ihren Handel auszubauen. Indien, das zu einem späteren Zeitpunkt ausführlicher behandelt wird, hat neue Infrastrukturprojekte ins Leben gerufen, unter anderem den Bau von 13 000 Kilometern Straße. Beide Länder werden von- und miteinander profitieren, was dazu führen könnte, dass dieser Markt die westlichen Volkswirtschaften nicht mehr benötigt. Die große Chance liegt also im Aufbau eines großen asiatischen Binnenmarktes.

Chancen im Überblick:

- Wirtschaftlich schwache, aber ausbaufähige Regionen
- Günstige Produktion bleibt durch hohe Arbeitslosenzahlen gewährleistet
- Abhängigkeit anderer Staaten von China steigt
- Kaufkraft und Nachfrage innerhalb Asiens steigen
- Aufbau eines Binnenmarktes

Risiken

Die Chancen, die wir im Überblick dargestellt haben, werden von Risiken begleitet sein, die zu Schwankungen bei der wirtschaftlichen Entwicklung Chinas führen werden.

Überhitzung von Kapitalmarkt und Kapazitäten

China, das aufgrund seines vermutlich langen Wirtschaftsaufschwungs die Gunst der internationalen Investoren erlangte, wird auch in Zukunft viel ausländisches Kapital erhalten. Wie bereits gegen Ende 2003 und zu Beginn 2004 diskutiert wurde, ist die Überhitzung des Kapitalmarktes bereits in vollem Gange. Wir sprechen hier von Direktinvestitionen, deren starke Entwicklung seit 1991 die folgende Tabelle zeigt. Zwischen 1991 und 2002 sind die Direktinvestitionen in China um 1100 Prozent gestiegen.

Jahr	Direktinvestitionen in Mrd. US-Dollar	Prozentuale Veränderung
1991	4,366	
1992	11,008	152%
1993	27,515	150%
1994	33,767	23%
1995	37,521	11%
1996	41,726	11%
1997	45,257	8%
1998	45,462	0,5%
1999	40,318	-11%
2000	40,715	1%
2001	46,846	15%
2002	52,743	12%

Quelle: Ministry of Commerce in China

Man könnte nun meinen, dass hohe Auslands- beziehungsweise Direktinvestitionen für eine Volkswirtschaft positiv sind, jedoch gibt es eine Menge möglicher negativer Begleiterscheinungen, die nicht vergessen werden dürfen. So ermöglichen hohe Investitionen den Auf- und Ausbau von Produktionskapazitäten, die schließlich zu Überkapazitäten führen. Unternehmen, die bereits auf den Märkten positioniert sind, fahren ihre Kapazitäten hoch, da das hierfür benötigte Kapital vorhanden ist. Neue Unternehmen erhalten für dieselben Branchen aufgrund des international großen Interesses ebenfalls viel Geld, um Produktionen aufzubauen. Auch hier entstehen Überkapazitäten, die zu steigendem Angebot bei nur geringfügig wachsender Nachfrage führen. Überkapazitäten sind somit die Grundlage für hohe Lagerbestände, Preiskämpfe sowie sinkende Margen und führen schließlich zu Pleiten einzelner Unternehmen. Diese Pleiten sind dabei wiederum der Auslöser für steigende Arbeitslosigkeit und schwächelnder Kaufkraft und somit für eine sinkende Nachfrage.

Energieproblem

Im Zuge der beschriebenen Überkapazitäten benötigt die Volkswirtschaft zunehmend Energie. Die Energieknappheit ist in China zwar kein neues Thema, aber die Risiken, die in diesem Zusammenhang auftauchen, sind top-aktuell. Zum einen führt die Energieknappheit zu Stromausfällen und steigenden Preisen, was sich auf die Produktion negativ auswirkt, zum anderen werden 70 Prozent der Energie aus Kohle gewonnen, was die bestehende Umweltproblematik nochmals verschärft. Die Energieknappheit veranlasst die Provinzen zur Aufrüstung ihres Energiesektors – der Wettlauf um Ressourcen und Rohstoffe ist bereits in vollem Gange. Der Kohlepreis steigt aufgrund der ebenfalls steigenden Nachfrage benachbarter Regionen wie Japan zusätzlich an. Ein weiteres Problem besteht darin, dass selbst im Energiesektor langfristige Überkapazitäten entstehen, wenn sich die Wirtschaft tatsächlich abkühlt. Es sind somit zwei Faktoren – aktueller Energiemangel und künftiger Energieüberschuss –, die zwangsläufig negative Folgen für den Energiesektor Chinas haben werden.

Ein großes Umweltproblem ist auch der steigende Emissionsausstoß. Er wuchs bereits vor dem Beitritt Chinas in die WTO extrem stark an. Betrachtet man Peking oder andere Wirtschaftszentren Chinas aus der Nähe, so fallen einem die Angst einflößenden Smog-Schwaden auf, und die werden auch in Zukunft nicht geringer. Die ersten Maßnahmen zum Schutz der Umwelt wurden mit dem Kyoto-Protokoll bereits eingeleitet. Sollte eine solche internationale Bestimmung tatsächlich auch China erreichen, so würden hohe Kosten auf das Land zukommen. Nicht vergessen werden darf aber, dass China selbst Opfer der Umweltverschmutzung ist.

Zwischen Arm und Reich klafft eine große Lücke

Ein anderer Risikofaktor, der in der Geschichte Chinas häufig zu inneren Unruhen geführt hat, ist das extrem hohe Ungleichgewicht zwischen Arm und Reich sowie, als Folge daraus, das Fehlen eines Mittelstands. Wie bereits geschildert, klafft zwischen dem Wohlstand der östlichen Wirtschaftszentren Chinas und dem Leben in westlichen Armenvierteln eine riesengroße Lücke. Außerdem sollte man sich das Pro-Kopf-Einkommen vor Augen halten: In Shanghai liegt es bei 157 US-Dollar, in der westchinesischen Provinz Xinjiang bei 78 US Dollar.

Große Ungleichgewichte führten in der Geschichte stets zu inneren Unruhen. Benachteiligte Bauern könnten Aufstände gegen die Industriezentren ins Leben rufen, die das Wirtschaftswachstum nachhaltig beeinträchtigen. In ausländischen Medien wird sehr selten darauf hingewiesen, aber im Frühjahr 2004 beispielsweise gab es die ersten Aufstände von Taubenzüchtern, die

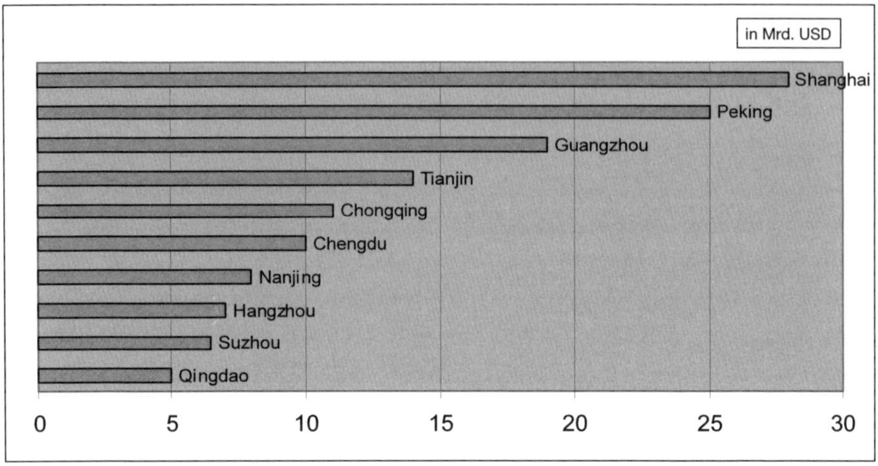

Chinas Kaufkraft- und Konsumniveau zeigt eine große Diskrepanz zwischen den einzelnen Städten. Vor allem ist ein Ost-West-Gefälle erkennbar! Quelle: China Economy Review 2003

sich gegen einen Abriss ihres Areals zur Wehr setzten. Dieser Abriss hätte die Existenz mehrerer tausend Bauern bedroht. Daneben bestehen weitere Krisenherde, weil sich Bauern gegen die noch immer zentralisierte Politik Chinas wehren. Hinzu kommt, dass in Wirtschaftszentren wie Shanghai die Bewohner sozial schwacher Stadtviertel nahezu enteignet werden, damit die Bauunternehmen die geplanten Wolkenkratzer errichten können. Der Preis, den die vertriebenen Bewohner und Ex-Eigentümer für ihr Land erhalten, ist so niedrig, dass sie kaum in der Lage sind, am Stadtrand eine neue Existenz aufzubauen.

Handelsbeschränkungen westlicher Industrienationen

Zu den Risiken, die wir in Kapitel 5.1 »Die Rolle Asiens in der Weltwirtschaft« ausführlich behandelt haben, gehören Handelsbeschränkungen aus der westlichen Welt. Sie wirken sich bereits jetzt schädlich auf die chinesische Wirtschaft aus. Sollten die Handelsbeschränkungen weiter zunehmen, so würde zumindest kurzfristig ein entscheidender Einnahmen-Pool, nämlich die Exporte in den Westen, wegfallen. Man kann bei zunehmender Wirtschaftsschwäche im Westen davon ausgehen, dass Regierungsmaßnahmen wie diese vermehrt in Anspruch genommen werden. Wie verheerend sich Handelsbeschränkungen auswirken, haben wir im Falle Südkoreas während der Asien-Krise erlebt. Zwar wären die negativen Folgen für China nicht ganz so groß, doch Handelsbeschränkungen würden sicherlich auch hier zu Problemen führen und zusätzlich das bereits angeschlagene Bankensystem durch Zahlungsausfälle großer Exportunternehmen belasten.

Bankensystem – faule Kredite

Das chinesische Bankensystem ist nach wie vor vollständig in staatlicher Hand. Mit großen Sanierungsprojekten sollen die Bilanzen für den künftigen Börsengang auf Hochglanz poliert werden. Hierfür sind wegen der vielen faulen Kredite milliardenschwere Finanzspritzen vom Staat begeben worden. Aktuell betragen die faulen Kredite der vier Großbanken (IBOC) insgesamt 429 Milliarden US-Dollar. Die hohen, nicht zurückbezahlten Kredite stellen also einen zusätzlichen Risikofaktor dar. In Japan bereiten die faulen Kredite, die bereits zu Beginn der neunziger Jahre zu Schwierigkeiten führten, noch heute Probleme. Ein weiteres Problem liegt in den Eigenheiten der chinesischen Währung Yuan. Der Yuan ist im Verhältnis zum US-Dollar auf 1:8 festgelegt. Sollte der Yuan vom US-Dollar abgekoppelt werden, wie es die Amerikaner fordern, so könnte dies zu einer raschen Aufwertung des Yuan führen. In diesem Fall würden die Exportprodukte der Chinesen gegenüber dem Ausland deutlich teurer werden, und somit würde die Nachfrage trotz günstiger Arbeitsbedingungen im Ausland zurückgehen. Darüber hinaus bestünde die Gefahr einer Währungs-Bubble. Deren Platzen würde Krisen auslösen, die der indonesischen oder thailändischen Devisenentwicklung während der Asien-Krise ähnlich wären. Die Folge bei einem solchen Szenario wäre eine Welle von Kapitalabzug und Preisstürzen. Vor allem der Immobiliensektor und die Unternehmen, die im Ausland verschuldet sind, hätten mit großen Schwierigkeiten zu kämpfen.

Staatsverschuldung

Offiziell liegen die Schätzungen für die chinesische Staatsverschuldung bei rund 33 Prozent des BIP. Doch wie schon Winston Churchill sagte: »Glaube keiner Statistik, die du nicht selbst gefälscht hast«. Inoffiziell sieht die Finanzlage des chinesischen Staates viel schlechter aus. Nicht nur, dass China ein jährliches Defizit in Höhe von drei Prozent des BIP aufweist, es versteckt auch einen großen Teil seiner Verschuldung, wie folgende Grafik zeigt.

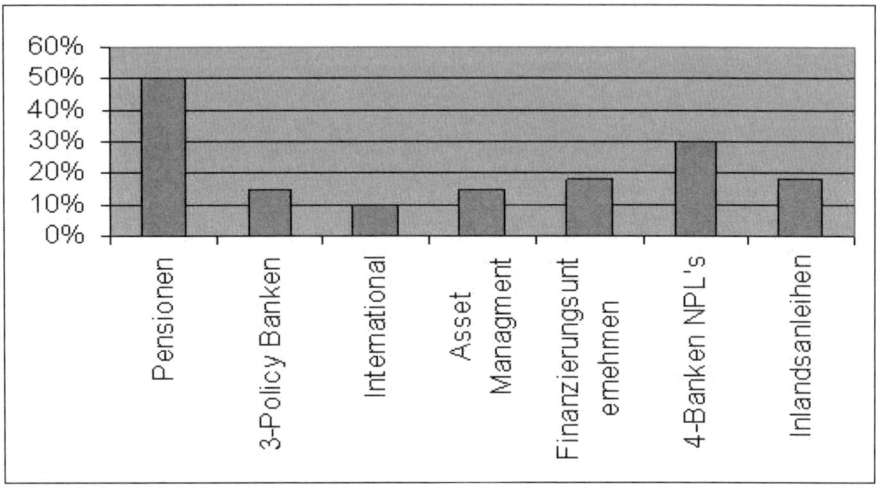

Verschuldung in % des BIP
Quelle: Stephen Green China´s Stockmarket (ISBN 1-86197-665-8)

Insgesamt liegt die Verschuldung des chinesischen Staates damit bei 156 Prozent des BIP!

Rechnet man mit Schätzungen privater Prüfer, so liegen die Problemkredite bei den Banken (NPLs) mit 60 Prozent und die ungedeckten Pensionsverbindlichkeiten mit 80 Prozent des BIP noch wesentlich höher.

Doch wie kam es zu dem starken Anstieg der Verschuldung?
Nach den Wirtschaftsreformen des Jahres 1978 zog sich der Staat vielfach aus seinen früheren Verpflichtungen zurück und räumte dem Privatsektor einen höheren Stellenwert ein. Trotzdem wurden über verschiedene Finanzierungstöpfe weiter »Geschenke« an die staatlichen Unternehmen verteilt. Obwohl die Finanzierung offiziell den Namen Kredit trug, machten sich die Unternehmen bis Ende der Neunziger keine Gedanken über eine mögliche Rückzahlung. Erst als es zu Pleiten der so genannten TICs (staatlich gestützte Infrastruktur- und Finanzierungsfonds) kam – die bekannteste war die in Hong Kong börsennotierte Guangdong International Trust Investment Corp. (GITIC) –, wurde ausländischen Banken und Kapitalgebern das Problem der chinesischen Problemkredite bewusst.

China reagierte und rief zur Lösung des Problems vier Asset-Management-Unternehmen ins Leben, um die Problemkredite der Banken mit Hilfe von

Staatsgeldern zum Nominalwert aufzukaufen und zu versuchen, durch eine Restrukturierung, zumeist in Form von Debt/Equity Swaps (Tausch von Fremd- in Eigenkapital), einen Restwert, in der Regel etwa 20 Prozent des früheren Volumens, zu erlösen.

Die vier Asset-Manager sind:

Huarong Asset Management = Industrial & Commercial Bank

Cinda Asset Management = Agricultural Bank

China Orient Asset Management = China Construction Bank

China Great Wall Asset Management = Bank of China

Aufgrund der Transaktionen dieser Asset-Manager bleiben diese auf einer Vielzahl mehr oder weniger erfolgreich restrukturierter Unternehmen sitzen, und sie werden in Zukunft versuchen, diese über den Kapitalmarkt zu veräußern oder untereinander zu fusionieren, um Liquidität für neue Projekte zu schaffen.

Chinas Asset-Manager spielen so die Rolle einer Investmentbank, und sie werden in Zukunft wohl verstärkt international auftreten. Vielleicht schafft es eines dieser Unternehmen einmal an die Spitze der Investmentbanken. Verwunderlich wäre es jedenfalls nicht.

Doch wie China das Problem der Staatsverschuldung lösen möchte, wenn weiterhin enorme Summen in fragliche Projekte investiert werden, keine breite Besteuerungsbasis vorhanden ist und das Land mit einer Reihe von sozialen Problemen zu kämpfen hat, bleibt ungewiss. Die Anfang 2004 aufkommenden inflationären Tendenzen und die staatliche Festschreibung des langfristigen Zinsniveaus auf relativ niedrige vier Prozent ist zwar ein möglicher Weg, führt aber zu einem realen Vermögensrückgang in den chinesischen Haushalten und erschwert die künftige Finanzierung des Staatssektors über die Ausgabe weiterer Anleihen.

Risiken im Überblick

- Überhitzung des Kapitalmarktes
- Aufbau von Überkapazitäten
- Energieknappheit
- Umweltverschmutzung – ausländische Bestimmungen und höhere Kosten
- Abzug ausländischer Investoren
- Arm und Reich – Aufstände von Bauern, die sich bereits verstärken (Bezug auf Historie)
- Handelsbeschränkungen mit dem Westen
- Faule Kredite und Schwierigkeiten im Banken- und Finanzsystem
- Bezug von Rohstoffen
- Entkopplung der chinesischen Währung
- Ausufernde Staatsverschuldung

Aktuelle Entwicklung des Binnenmarktes

Die laufende Urbanisierung Chinas führt zu einem unaufhörlichen Anstieg des Konsumniveaus in den Städten, deren Einwohnerzahl mittlerweile bei etwa 500 Millionen liegt. Die Kaufkraft der umgesiedelten Landbevölkerung, die ihre Zukunft in einer Abwanderung in die städtischen Produktionszentren sucht, nimmt stetig zu und erhöht den jährlichen Bedarf an qualitativ hochwertigen Wohnungen, Autos, Dienstleistungen und Konsumgütern. Auch die Zahl der Touristen aus China wird sich in den nächsten Jahren stetig erhöhen. So wird die Zahl der jährlichen Touristen aus China von etwa zehn Millionen auf 100 Millionen ansteigen.

Dennoch ist der größte Irrtum, dem internationale Investoren unterliegen, die Behauptung, dass China ein großer homogener Absatzmarkt für westliche Produkte werden könnte. Denn das ist bis zum heutigen Tage nicht der Fall. Vielmehr ist in China eine regional unterschiedliche Entwicklung zu beobachten, die sich, ausgehend von den relativ reichen südlichen Küstenstädten des Pearl-River-Delta inklusive Hong Kong und den nicht zu China gehörenden Nachbarinseln Taiwan und Singapur, nach Norden zieht und schließlich in den Nordöstlichen Städten wie Shenyang in der Provinz Liaoning ihr Ende findet. In den nordöstlichen Regionen wurden in der Zeit des

Kommunismus die bekannten Industriestädte aufgebaut, die heute im Zuge der Neustrukturierung vor erheblichen Problemen stehen und im Allgemeinen als der »Rostgürtel« Chinas bezeichnet werden. Eine hohe Arbeitslosigkeit, eine niedrige Kaufkraft und die Gefahr weiterer Firmenschließungen belasten diese Region Chinas, in der heute immer noch knapp über 100 Millionen Einwohner leben.

Wie groß ist der chinesische Markt also wirklich? Die insgesamt 1,3 Milliarden Chinesen verfügen über ein jährliches Durchschnittseinkommen von nicht einmal 600 US-Dollar, das sich in ländliche Regionen mit etwa 250 US-Dollar und städtischen Regionen mit etwa 1100 US-Dollar pro Jahr aufteilt. Ökonomen gehen davon aus, dass Konsumgüter ab einem Einkommensniveau von 4000 bis 5000 US-Dollar pro Jahr nachgefragt werden. Damit liegt China, rein statistisch gesehen, noch hinter Ländern wie Namibia oder Guatemala zurück. Selbst die reichsten 20 Prozent kommen kaum auf Einkommen von über 2000 US Dollar pro Jahr. Trotzdem sollte man die Errungenschaften der vergangenen Jahre nicht verachten, denn seit der Umsetzung der ersten Reformen Ende der siebziger Jahre stieg das Durchschnittseinkommen mit einer Jahresrate von 14 Prozent an. Man sollte deshalb deutlich selektieren, welche Produkte ein durchschnittlicher chinesischer Haushalt überhaupt kaufen kann. Ein Konsum nach dem Vorbild der westlichen Länder ist in China frühestens in den nächsten 20 Jahren vorstellbar, was für die Ertragserwartungen vieler neuer Investoren wohl zu lang sein dürfte.

Was Sie wissen müssen

Um in China am Aktienmarkt langfristig rentabel zu investieren, ist ein bestimmtes Grundverständnis erforderlich. Es handelt sich dabei in erster Linie um die Strukturen des Privatisierungsprinzips großer staatlicher Institutionen. Im Folgenden stellen wir mehrere vor, um zu zeigen, wie vorsichtig Anleger sein müssen.

Privatisierung von Staatsunternehmen

China besitzt zurzeit etwa 200 000 Staatsfirmen; 1997 waren es 260 000. Diese Staatsbetriebe stellten einst das Rückgrat der chinesischen Wirtschaft dar, doch dann ging der Produktionsausstoß dieser Konzerne seit 1980 mit 90 Prozent auf 30 Prozent im Jahr 2000 zurück. Obwohl die vollständig und teilweise privatisierten Sektoren bereits effizienter arbeiteten und für etwa die Hälfte aller Sachanlageinvestitionen verantwortlich sind, gibt es immer noch viele staatseigene Betriebe mit Millionen von Mitarbeitern, die aufgrund ihres großen sozialen Engagements bei der Bereitstellung lokaler Infrastruktur wie Krankenhäusern oder Schulen nicht aufgegeben, sondern im Gegenteil mit erheblichen Geldmitteln versorgt werden. Vor allem die lokalen Behörden haben großes Interesse daran, die für die örtliche Infrastruktur wichtigen Unternehmen zu erhalten und notfalls auch mit Krediten zu versorgen, auch wenn deren Rückzahlungswahrscheinlichkeit sehr gering ist. Darüber hinaus werden diese Unternehmen, trotz erheblicher Verbesserungen bei der Überwachung, immer wieder für die persönliche Bereicherung einzelner Manager und Politiker missbraucht. Auch die relativ erfolgreich restrukturierten internationalen Unternehmen tragen bei der Bereitstellung von öffentlicher Infrastruktur eine erhebliche Verantwortung. So werden ein Großteil der Wohnungen und die Stromversorgung in der nordöstlichen Ölhauptstadt Daqing in der Provinz Heilongjiang vom Ölunternehmen CNPC bezahlt. CNPC ist die Muttergesellschaft der international bekannten Petrochina, die indirekt ebenfalls zur Kasse gebeten wird und ein Hotel sowie Restaurants in der Stadt betreibt. Dies ist – neben den rückläufigen Ölreserven – der Hauptgrund für die relativ hohen Produktions- und Erschließungskosten von Petrochina im Vergleich zu denen anderer internationaler Ölkonzerne.

Zur Lösung des Problems wurde Anfang 2003 eine neue Strategie eingeschlagen, die eine Zentralisierung der wesentlichen Staatsvermögen in der Hand der bereits beschriebenen SASAC vorsieht. Die SASAC übt in ihrer Rolle als Investor eine Kontrollfunktion aus und ist für die Restrukturierung dieser Staatsunternehmen verantwortlich. Dieser Schritt musste vollzogen werden, da die bisherigen Restrukturierungen oft sehr ineffizient verliefen und eine Veräußerung der Firmenanteile über die Börse nach wie vor sehr schwierig ist. Zudem besitzt der Markt nur eine begrenzte Aufnahmekapazität, und die Investoren reagieren oft sehr skeptisch auf Aktienmarktplatzierungen von Staatsbetrieben. Denn die Rendite der vormals staatlichen Unternehmen entwickelte sich nach dem Börsengang oft unvorteilhaft für die Investoren. 2003 scheint jedoch eine Wende stattgefunden zu haben. So sackte die Gesamtkapitalrendite der staatlichen Unternehmen zwischen 1985 und

2001 von 18 Prozent auf fast fünf Prozent ab, bevor sie sich in den letzten Jahren wieder erholen konnte.

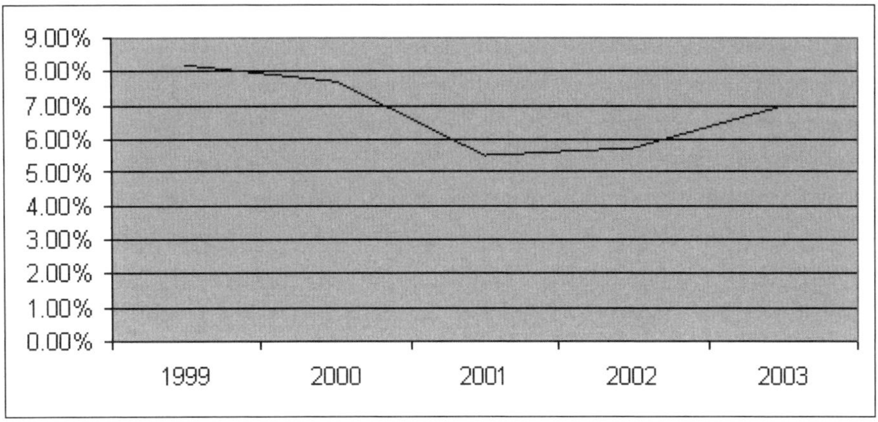

Gesamtkapitalrente börsennotierter Unternehmen *Quelle: CSRC*

Unternehmensstrukturen verstehen

China Telecom

Am Beispiel des chinesischen Festnetz- und Internetriesen China Telecom werden die staatlichen Einflüsse deutlich. Der Staat regelt nämlich nach wie vor die Anzahl des Mitarbeiterstammes, obwohl das Unternehmen durch den Börsengang privatisiert ist. Die staatlichen Bestimmungen lassen dem Unternehmen nicht den nötigen Freiraum, den ein Konzern im weltweiten Wettbewerb benötigt. Wenn man sich in China näher umschaut, wird man feststellen, dass beim Einrichten eines Breitband-Internetzugangs bis zu vier Mitarbeiter die Kunden besuchen. Allein dies verdeutlicht die Ineffizienz eines solchen Konzern mit seinen staatlichen Einflüssen. Sollte der chinesische Telekommunikationssektor wie geplant im Jahre 2006 liberalisiert und für ausländische Unternehmen geöffnet werden, so wird sich China Telecom einer Neustrukturierung nicht entziehen können. Außerdem sind die Aktivitäten des Unternehmens nur teilweise privatisiert. Es bestehen immer noch Netze in staatlichem Besitz, für die das börsennotierte Unternehmen Lizenzgebühren zahlen muss. Außerdem werden die Netze Schritt für Schritt an die börsennotierte Tochter verkauft, was wie zuletzt zu Kapitalmaßnahmen (Kapitalerhöhungen) führt. Solche Kapitalerhöhungen dienen zwar der Aufwertung des Gesamtunternehmens, verwässern jedoch das eingesetzte Kapital. Allerdings muss man China zugute halten, dass die Preise für die verkauften Netze nicht überhöht sind.

Ein anderes Beispiel, das zeigt, wie wichtig es ist, die staatlichen und privatisierten Unternehmensstrukturen in China zu kennen, ist TCL.

TCL

TCL International Holdings, der weltweit größte Hersteller von Fernsehgeräten, ist börsennotiert. Seine in China gehandelte und privatisierte Schwestergesellschaft TCL Mobile ist ein vollständig anderes Unternehmen, obwohl viele deutsche Anleger davon ausgehen, dass die Wachstumsraten der verkauften Mobilfunkgeräte der TCL Mobile die TCL International Holdings betreffen. Trotzdem sind beide Unternehmen über Beteiligungen miteinander verflochten. So hält die TCL International Holdings bis zum Börsengang der Schwester TCL Mobile 60 Prozent und wird vom Börsengang der Schwester (Anteilsverkauf) profitieren. Aber es gibt noch ein drittes Unternehmen, das in staatlichem Besitz ist: TCL Corp. Dieses Unternehmen ist nicht nur an den beiden Töchtern TCL International Holdings und TCL Mobile beteiligt, sondern auch in anderen Elektroniksektoren tätig. Wichtig ist nun dabei, sich von Unternehmensmeldungen nicht verwirren zu lassen. Wir hatten schon einige Anfragen in unseren anderen Publikationen (Tiger&Dragon beziehungsweise asia economy /EMfis), wieso die Aktie der TCL International Holdings bei solch tollen Wachstumszahlen nicht explodiert. Dabei betrafen die Wachstumszahlen ein anderes Unternehmen innerhalb der TCL-Familie.

Es ist also wichtig, die verschiedenen staatlichen und privatisierten Strukturen zu kennen und auseinander zu halten. Beispiele wie die von China Telecom und TCL gibt es viele. Beinahe alle großen börsennotierten Unternehmens Chinas sind aus staatlichen Konzernen hervorgegangen, die noch immer wesentliche Regeln der privatisierten Konzerne bestimmen.

Börsensegmente verstehen (A-, B-, H-Aktien)

Wie im Kapitel der Kapitalmarktentwicklung bereits ausführlich dargestellt, hat China eine junge Börsenkultur. Die chinesischen Aktiengesellschaften sind dabei in unterschiedlichen Börsensegmenten gelistet, die teilweise für Verwirrung sorgen können. Die Rede ist von den A-, B-, und H-Aktien. Deren Eigenheiten müssen im Handel eingepreist werden. Insbesondere bei einer Liberalisierung, Öffnung oder Neuregelungen der einzelnen Segmente ergeben sich für Anleger sowohl Chancen als auch Risiken, die beachtet werden müssen. Ein Beispiel aus der jüngsten Vergangenheit ist die Angleichung der A- und B Aktien. Da es sich bei den A-, B- und H-Aktien um jeweils dieselben Unternehmen handelt, entstehen aufgrund der teilweise »gesperrten« Zugänge für Investoren unterschiedliche Bewertungen. Diese Bewertungsdifferenzen laden in der Tat zum Arbritage-Handel ein, den vor allem die großen Investmentbanker nutzen. Wenn man frühzeitig über neue Regeln informiert ist, kann dies mit geringem Risiko zu hohen Renditen führen.

Volumen chinesischer Werte in Deutschland

Die an deutschen Börsen gehandelten China-Aktien haben unterschiedliche Volumen. Es ist unbedingt darauf zu achten, welche Werte mit höherem Volumen oder niedrigem Volumen gehandelt werden. Die unterschiedliche Nachfrage kann durchaus zu Spreads (Differenz zwischen Kauf- und Verkaufspreis) von fünf Prozent oder mehr führen. Deshalb ist der Einstieg in chinesische Werte mit niedrigem Handelsvolumen in Deutschland unattraktiv. Es bieten sich hier mehrere Möglichkeiten, wie man die Handelsnachteile beschränken kann. Eine einfache Variante bieten Auslandskonten, die den Handel an der Hongkonger Börse ermöglichen. Details und Lösungsvorschläge behandeln wir an späterer Stelle.

Währung Yuan

Seit der Marktöffnung Chinas ist die Währung Yuan (Renminbi) im Verhältnis ein zu acht an den US-Dollar gekoppelt. In den vergangenen Monaten gab es Diskussionen zwischen dem Westen und China, die eine Entkopplung forderten. Das Ziel der USA war die Aufwertung der chinesischen Währung. Die Gründe lagen unter anderem darin, dass durch eine Aufwertung des chinesischen Yuan die chinesischen Produkte in den USA verteuert und somit verstärkt einheimische Produkte in den USA nachgefragt werden. Aber bislang blieb die chinesische Währung unverändert an den US-Dollar gekoppelt, und es gibt aktuell keine Anzeichen einer schnellen Änderung. Im Falle einer Aufwertung des Yuan könnte es zu einer schnell steigenden Währung führen, wie bereits darstellt wurde.

Zusammenfassung

- Privatisierung (Einfluss staatlicher Mutterkonzerne auf börsennotierte Töchter)
- Verschiedene Börsensegmente
- Volumen chinesischer Werte in Deutschland unterschiedlich hoch → Limitsetzung sinnvoll
- Währung an US-Dollar gekoppelt

6.2 Japan

Eine Volkswirtschaft wie Japan, beim Bruttoinlandsprodukt weltweit die Nummer zwei, sind die Chancen auf ein enormes Wachstum eher begrenzt. Japan bietet zwar angesichts der wirtschaftlichen Stärke und Finanzkraft seiner Unternehmen interessante Möglichkeiten, doch im Staatshaushalt liegen Probleme, die wir im Folgenden näher untersuchen.

Chancen

Japan ist ein Widerspruch in sich, wenn man über die finanzielle Stärke der Volkswirtschaft spricht. Einerseits ist der Staatshaushalt mehr als verschuldet, andererseits sind die Wirtschaftsinstitutionen sehr kapitalkräftig und mächtig. In dieser Kapitalkraft japanischer Institutionen, Konglomerate und Unternehmen liegt die erste Chance.

Finanzkraft japanischer Institutionen und Konzerne

Die japanischen Kapitaleigner haben ihre Finanzkraft bereits in vielen Sektoren weltweit untergebracht. Während das Kapital vor einigen Jahren vor allem in die USA und Europa floss, werden diese Gelder nun verstärkt innerhalb Asiens eingesetzt. Vor allem die Unternehmen investieren in ihre asiatischen Nachbarstaaten und erwirtschaften durch die günstigen Löhne höhere Gewinne. Die Exporte japanischer Unternehmen aus den Nachbarstaaten wie Thailand werden in das Bruttoinlandsprodukt Japans eingerechnet, sodass die Volkswirtschaft auch künftig mit ausländischer Hilfe wachsen wird. Die Chancen liegen also in Investitionen der Großkapitalgeber Japans, die trotz hoher Produktionskosten im Inland das Wachstum ankurbeln können. Die zweite Chance, die Japan bereits seit mehreren Jahren den hohen Lebensstandard ermöglicht, ist die überaus hohe Produktivität. Vergleicht man Japans Schiffbau mit der deutschen Werftindustrie, zeigt sich, dass die japanischen Schiffsbauer trotz höherer Löhne weiterhin profitabel wirtschaften, während deutsche Werften in monopolisierende Fusionsvereinbarungen zum Erhalt von Arbeitsplätzen flüchten.

Produktivität und Entwicklung

Die Produktivität japanischer Unternehmen ist ein wichtiges Element zum Erhalt der Wirtschaftskraft. Japanische Konzerne waren durch die aufkommende Deflation und ausländische Konkurrenz gezwungen, Restrukturierungsmaßnahmen zügig und erfolgreich umzusetzen. Japan hat es tatsächlich geschafft, durch Produktivitätssteigerung den Lebensstandard zu sichern. Westliche Unternehmen geraten zunehmend unter jenen Druck, den japanische Unternehmen bereits Ende des letzten Jahrhunderts meistern mussten. Genau darin liegt auch künftig die Chance Japans: Während sich die weltweite und hier insbesondere die westliche Konkurrenz mit Optimierungen und Restrukturierungen befassen muss, können sich japanische Unternehmen weiterentwickeln. Der Entwicklungsvorsprung, den Japan beispielsweise im Mobilfunkstandard bereits hat, wird auch künftig weiter wachsen. Im Vergleich zu westlichen Forschungs- und Entwicklungszentren ist beispielsweise der Standort von NTT DoCoMo nahe Tokio mit Abstand der weltweit größte. Mit anderen, meist japanischen und asiatischen Unternehmen arbeitet NTT DoCoMo in Form von Joint Ventures an neuen Standards. Deutlich werden die Entwicklungsgeschwindigkeit und die Umsetzung am Beispiel des Mobilfunkstandards der dritten Generation. Er ist bereits in der dritten Generation in Japan erfolgreich auf dem Markt. In Deutschland und den USA bemüht man sich weiterhin um den Netzaufbau. Währenddessen wird in den Forschungsräumen der japanischen Mobilfunker bereits an der vierten Mobilfunkgeneration gearbeitet.

Bekanntheitsgrad der Marken

NTT DoCoMo ist ein Beispiel dafür, dass die künftigen Vorteile japanischer Unternehmen in ihren weltweit bekannten Marken liegen. Als Folge der über Jahre hinweg aufgebauten Handelsbeziehungen sind die japanischen Hersteller meist weltweit vertreten. Dies wird auch die Chance für Japan bleiben, sich in heranwachsenden Märkten zügig mit ihren bereits etablierten Marken zu positionieren. Unter den Top-100-Marken weltweit findet man japanische Unternehmen wie Toyota, Honda, Sony, Canon, Nissan, Nintendo und Panasonic.

Handelsbeziehungen

Das japanische Wirtschaftsministerium strebt nicht nur gute Handelsbeziehungen mit westlichen Industrieländern an, sondern allgemein mit dem Ausland. Bereits 2005 soll ein Freihandelsabkommen zwischen Japan und Mexiko sowie mit Südkorea unterzeichnet werden. Die strategischen Handelsentscheidungen der japanischen Regierung ermöglichen den Unternehmen einen großen Wettbewerbsvorteil gegenüber anderen Konkurrenten, die aufgrund höherer Zölle und Einfuhrbestimmungen preislich unattraktiver sind. Von großem Interesse ist langfristig das neue Handelsabkommen mit Mexiko. Die günstigere Einfuhr von Elektronikgeräten und Automobilen eröffnet japanischen Unternehmen Zugang zu den gesamten lateinamerikanischen Ländern, die dann aus Mexiko beliefert werden.

Asiatisches Umfeld

Innerhalb Asiens sind, wie gezeigt, die Chancen durch den Wirtschaftsmotor Chinas bereits deutlich geworden. Der Handelsüberschuss Japans mit den asiatischen Ländern ist stark angestiegen. Von einem weiteren Wirtschaftswachstum Chinas werden die gesamten Volkswirtschaften Asiens von der Region profitieren. Insbesondere diejenigen Unternehmen werden gewinnen, die bereits in Form von Gemeinschaftsunternehmen ihren Fuß in der Tür haben. Wie sich in den vergangenen Jahren der japanische Handel in Richtung Asiens entwickelt hat, zeigt die folgende Grafik eindrucksvoll.

	Q1 2002 (Mrd. USD)	Q2 2003 (Mrd. USD)	Q1 2004 (Mrd. USD)
Gesamt	170	201	241,5
Asien	70	88	111,2
China	21	29	37,7
USA	42,1	41,8	45,5

Quelle: METI Ministry of Economy, Trade and Industry Japan

Chancen im Überblick

- Kapital- und Investitionsland → dadurch Steigerung des BIP
- Hohe Produktivität lässt Lebensstandard hoch bleiben
- Schneller Entwicklungsprozess
- Handelsbeziehungen werden weiter ausgebaut (unter anderem mit Mexiko)
- Keine inneren Unruhen
- Wirtschaftlich und finanziell starke Unternehmen
- Weltweit positionierte Marken
- Joint-Venture-Aufbau mit chinesischen Unternehmen → Positionierung in China
- Produktionsauslagerungen im asiatischen Ausland

Risiken

Japan hat mit vielen Gefahren zu kämpfen, weshalb einige Experten ein Untergangszenario aufgebaut haben, allen voran die hohe Staatsverschuldung, die 140 Prozent des Bruttoinlandsprodukts ausmacht. Hinzu kommen die schon lange anhaltende Deflation und das Bankenproblem der faulen Kredite. Langfristig hat sich die anhaltende Deflation, die durch den Globalisierungsprozess und Rückgang der Immobilienpreise entstanden ist, negativ auf die Unternehmensergebnisse ausgewirkt. Als Folge der schwachen Unternehmensgewinne musste der Staat mit sinkenden Steuereinnahmen rechnen, sodass sich die Haushaltsbilanz Japans weiterhin verschlechterte. Der Beginn der japanischen Deflation hat in den neunziger Jahren zu einer Pleitewelle geführt, und die wiederum war ausschlaggebend für die hohen faulen Kredite, die dann zur Bankenkrise führten. Noch immer, und das ist das entscheidende Risiko, haben die japanische Banken hohe Abschreibungen fauler Kredite in ihren Büchern. Diese abzuschreibenden Gewinne übernimmt teilweise der Staat, der einer größeren Bankenkrise entgegenwirken muss: Er gibt Finanzspritzen, wie zur Erhaltung der Resona Holdings im Frühjahr 2003, und gewährt Steuerrückzahlungen für erwartete Kreditausfälle, die frühzeitig zur Verbesserung der Eigenkapitalquote ausbezahlt wurden. Die faulen Kredite japanischer Banken verbessern sich durch solche Maßnahmen zwar kurzfristig, sind jedoch keine Garantie für eine tatsächliche langfristige Erholung der japanischen Banken. Im Zuge dieser faulen Kredite haben japanische Banken ihr Risikomanagement bei der Vergabe von Krediten nochmals verschärft. Privatkredite werden trotz der Niedrigzinspolitik Japans nur für große Anschaffungen wie Immobilien vergeben. Konsumentenkredite erhält man nur von privaten Instituten, und das zu horrenden Zinssätzen von bis zu 15 Prozent. Dies hatte zur Folge, dass im Mai 2004 die Kreditvergabe das 77. Mal in Folge gesunken ist. Eine Verbesserung ist auf kurze Sicht nicht zu erwarten.

Konkurrenz von Billiglohnländern

Innerhalb der Unternehmen liegen die Risiken im Wesentlichen bei den Billigproduzenten des nahen Auslands. Der Konkurrenzdruck aus dem Ausland verschärft sich zunehmend, was im Zuge der Globalisierung bereits die Preise gedrückt und die Deflation ausgelöst hat. Selbst wenn wir von einer steigenden Kaufkraft innerhalb Asiens ausgehen, werden zunächst günstigere Produkte nachgefragt. Japan kann, wie erwähnt, nur seine Investitionsmöglichkeiten für die Produktionsverlagerung ins Ausland vorantreiben. Aber genau dies wäre Gift für die japanische Volkswirtschaft: Voranschreitende Produktionsauslagerung ins Ausland führt zum Abbau von Arbeitsplätzen und beflügelt den Binnenmarkt, der zur Bekämpfung der Deflation entscheidend ist, gewiss nicht. Bis 2010 gehen Experten vom Abbau von mehr als drei Millionen Arbeitsplätzen aus, wenn nicht entschieden entgegengewirkt wird. Dieses Risiko ist zwar zurzeit aufgrund der hohen Produktivität japanischer Konzerne und Mitarbeiter noch nicht akut, könnte aber in den nächsten Jahren größer werden.

Absatzmarkt USA

Eines der größten Risiken, dem Japan mit Blick auf die Handelsbilanz bereits entgegensteuert, ist der Exportmarkt USA. Die hoch verschuldete Konsumgesellschaft wird in den kommenden Jahren zwangsläufig zu sinkendem Konsum tendieren müssen oder zumindest nicht weiter zunehmen können. Der Handel verschiebt sich zunehmend in Richtung Asien. Aber sollte die Tendenz rückläufiger Exporte in die USA stärker werden, könnten vor allem die US-orientierten Unternehmen Japans in ernsthafte Schwierigkeiten geraten. Fraglich wird in der weltwirtschaftlichen Entwicklung für Japan sein, inwieweit der asiatische Markt die möglichen Exportverluste aus den USA, deren Wahrscheinlichkeit jährlich größer wird, ausgleichen.

Risiken im Überblick

- Schwacher Binnenmarkt und anhaltende Deflation
- Finanz- und Bankenkrise noch nicht überwunden
- Marode Staatsfinanzen
- Hoher Konkurrenzdruck durch asiatische Billigproduzenten
- Potenziell schwächere Nachfrage der US Konsumenten
- Finanzielle Hilfe und Abhängigkeit innerhalb der Keiretsu → Mitsubishi

Was Sie wissen müssen

Staatlicher Eingriff in den Kapitalmarkt
Auf kaum einem anderen Kapitalmarkt nimmt der Staat einen solch starken Einfluss wie in Japan. Allein die Tatsache, dass zur Stützung der Resona Holdings die japanische Regierung 15 Milliarden US-Dollar bereitstellte und zusätzlich Stützungskäufe für die Stabilisierung der Banken-Aktien tätigte, muss die Anleger beunruhigen.

Exportland – Abhängigkeit von der Währung
Japan ist als Exportland stark von seiner Währung Yen abhängig. Im Zuge der Währungsabwertungswelle hat Japan den Wettlauf gegen die USA bis Mitte 2004 verloren. Der Yen wertete somit gegenüber dem US-Dollar auf und be-

einträchtigte somit kurzfristig die Gewinnsteigerung der Unternehmen. Bei einem zunehmenden Druck auf den US-Dollar, der aufgrund der expansiven Geldpolitik durch die US-Notenbank und des schwachen Staatshaushaltes wahrscheinlich ist, sollte zunehmend auf die Währung geachtet werden.

Handelsvolumen japanischer Werte in Deutschland

Das Handelsvolumen japanischer Werte ist in Deutschland bei den meisten Investments auf stabil hohem Niveau. Deshalb können Aktien meist mit einem geringen Spread bezogen werden.

6.3 Südkorea

Chancen

Reformbereitschaft

Im Laufe der vorherigen Kapitel ist Südkorea immer wieder als anpassungsfähig und reformbereit beschrieben worden. Genau darin liegen auch die Chancen für das seit nunmehr 50 Jahren wachsende Land. Südkorea befindet sich selbst im Jahre 2004 in einem Anpassungsprozess, der politische Reformen zur Stabilisierung der noch immer nicht vollständig beseitigten Probleme der Asien-Krise beinhaltet. Die angegangenen Reformen sind: Entgegenwirken der Korruption, weitere Entmachtung der Chaebols sowie Erhöhung der Eigenkapitalquote der Unternehmen und Banken. Des Weiteren wird die südkoreanische Regierung ihren Förderkurs für innovative Unternehmen beibehalten und somit die technologisch orientierten Exportunternehmen stärken. Außerdem wird der Aufbau des Binnenmarktes vorangetrieben, der bislang die Schwachstelle Südkoreas war. All diese Reformmaßnahmen von Seiten der Regierung werden den Wachstumskurs und die flexible Wirtschaft vorantreiben.

Handelsabkommen

Südkorea ist ein Exportland, das Rohstoffe veredelt und diese höherwertig ins Ausland verkauft. Für die Exportmöglichkeiten schließt die südkoreanische Regierung weitere Freihandelsabkommen, um die Exportunternehmen zu unterstützen. In diesem respektive im nächsten Kalenderjahr soll das Freihandelsabkommen mit Japan geschlossen werden. Die bereits häufig angesprochene Strategie südkoreanischer Unternehmen, sich in gesättigten Volkswirtschaften zu etablieren, wird künftig weitere Chancen für das Wachstum bieten. Wenn wir erneut Bezug auf eine wahrscheinliche Konsumschwäche in der westlichen Industriewelt nehmen, so erkennen wir bereits jetzt die strategische Positionierung der südkoreanischen Konzerne. Nachdem zunächst Samsung Electronics mit günstigen Qualitätsprodukten die westlichen – insbesondere die europäischen – Märkte erobert hat, konnte die aufgebaute Marke ins obere Preissegment wechseln. Diesem Beispiel folgend geht auch Südkoreas zweitgrößter Elektronikriese LG Electronics diesen Weg. Während die Marktanteile der LG-Produkte im Westen weiter wachsen, erhöht das Unternehmen stetig die Preise und nimmt die Position eines Qualitäts- und Markenproduktherstellers an. Auch andere südkoreanischen Größen wie Hyundai Motor werden diesen Weg erfolgreich gehen.

Wiedervereinigung mit Nordkorea

Ein wenig philosophisch muss man dagegen die Chancen und Risiken einer Vereinigung zwischen Nord- und Südkorea sehen. Wir haben sowohl die positiven als auch die negativen Folgen einer Wiedervereinigung in Deutschland selbst erlebt. Aber in Korea sind die Unterschiede zwischen Süd und Nord noch erheblich größer. Zunächst werden wir uns mit dem Potenzial beschäftigen, das in einer Wiedervereinigung für Südkorea liegt, die in den nächsten Jahrzehnten vollzogen werden dürfte. Beim ersten Treffen im Jahre 2003 haben sich die beiden Staatsführer nach 50-jährigem Schweigen erstmals wieder unterhalten. Dabei war eine schrittweise Angleichung beider Volkswirtschaften vereinbart worden. Hauptvorteil der Wiedervereinigung wäre ein größerer Wirtschaftsraum, der aufgrund des wirtschaftlichen Aufbaus zu neuem Wachstum verhelfen würde. Außerdem hätte Korea dann eine direkte Handelsgrenze über den Landweg nach China, was den Warentransport enorm erleichtern würde. Weitere Chancen ergäben sich durch das rohstoffreiche Land im Norden Koreas. Südkorea muss bislang beinahe alle Rohstoffe importieren und ist somit von anderen Ländern abhängig.

Wachstum durch China

Die erwartete Nachfrage aus China in den nächsten Jahren ist ein zusätzliches Wachstumsinstrument für Südkorea. Die Entwicklung der Exporte Südkoreas nach China verdeutlicht, wie wichtig China bereits ist. Das Land könnte die gesamte Asien-Region beflügeln und dadurch auch die südkoreanische Wirtschaft. Die damit verbundenen Gefahren behandeln wir im Kapitel über die Risiken Südkoreas.

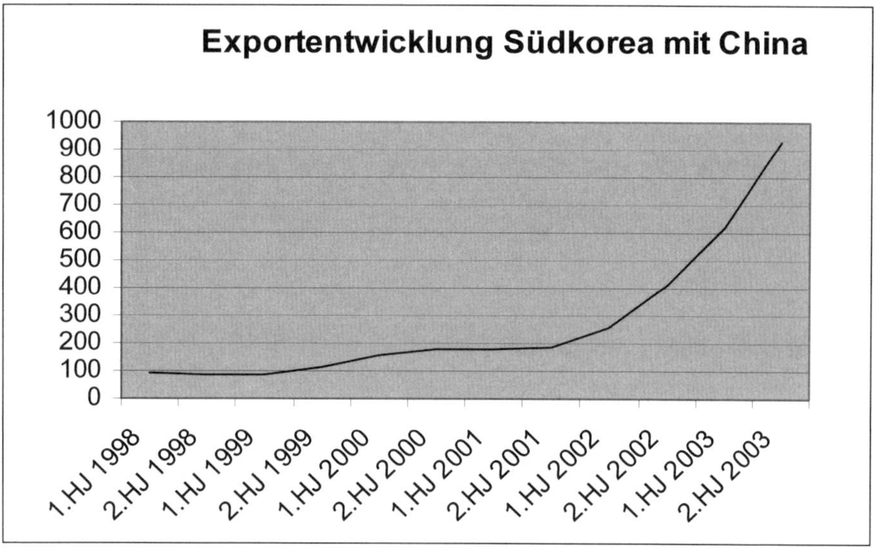

Quelle: Ministry of Foreign Affairs and Trade Korea

Anpassungsfähigkeit und Innovationskraft Südkoreas

Die Geschichte Koreas und der Zwang zur Exportorientierung haben aus Südkorea ein Land gemacht, das eine enorme Adaptionsfähigkeit besitzt. So hält man nicht an veralteten Strukturen fest, sondern sucht immer wieder neue Betätigungsfelder. Südkorea ist eine hochtechnologische Gesellschaft, die sich neue Technologien sowohl im Privaten wie auch im Geschäftlichen zunutze macht. Der dadurch entstehende Wettbewerbsvorteil ermöglicht es Südkorea, trotz seiner mittlerweile relativ hohen Lohnkosten immer noch stark exportorientiert zu arbeiten.

Chancen im Überblick

- Öffnung Nordkoreas
- Reformkurs Südkoreas hält an
- Zerschlagung der Chaebols
- Freihandelsabkommen mit Japan und anderen Ländern
  → steigende Exporte, Sicherung der Agrarrohstoffe
- Bekämpfung von Korruption
- Steigende Nachfrage aus China → dadurch steigende Kaufkraft in Gesamt-Asien
- Zunehmende Sättigung im Westen ermöglicht Dumping-Strategie Südkoreas
- Anpassungsfähigkeit und Innovation Südkoreas

Risiken

Wirtschaftsabkühlung in China und der Welt

Sollte es zu einer länger anhaltenden Wirtschaftsabkühlung Chinas, verbunden mit einer sinkenden Nachfrage aus den USA, kommen, so wird das Exportland Südkorea besonders negativ betroffen sein. Südkoreas Schwäche ist nach wie vor der Binnenmarkt. Die knapp 50 Millionen Einwohner Südkoreas konsumieren im Vergleich zu ähnlich starken Volkswirtschaften auffallend wenig. So wäre eine internationale Wirtschaftsabkühlung für das Exportland besonders tragisch, selbst wenn dadurch die Rohstoffpreise sinken, was insbesondere Südkoreas Wirtschaft zugute käme. Vor allem am südkoreanischen Aktienmarkt spürt man die Nervosität bei einer erwarteten schwächeren Entwicklung der wichtigsten Exportländer wie China, Japan und den USA. Der folgende Chart zeigt eindrucksvoll, wie stark der Kospi im Vergleich zum Dow Jones unter Druck geriet, als im Monat Mai 2004 die Spekulation einer Zinserhöhung in den USA die Runde machte und zudem die chinesische Regierung durch Kreditbeschränkungen versuchte, die drohende Überhitzung in den Griff zu kommen.

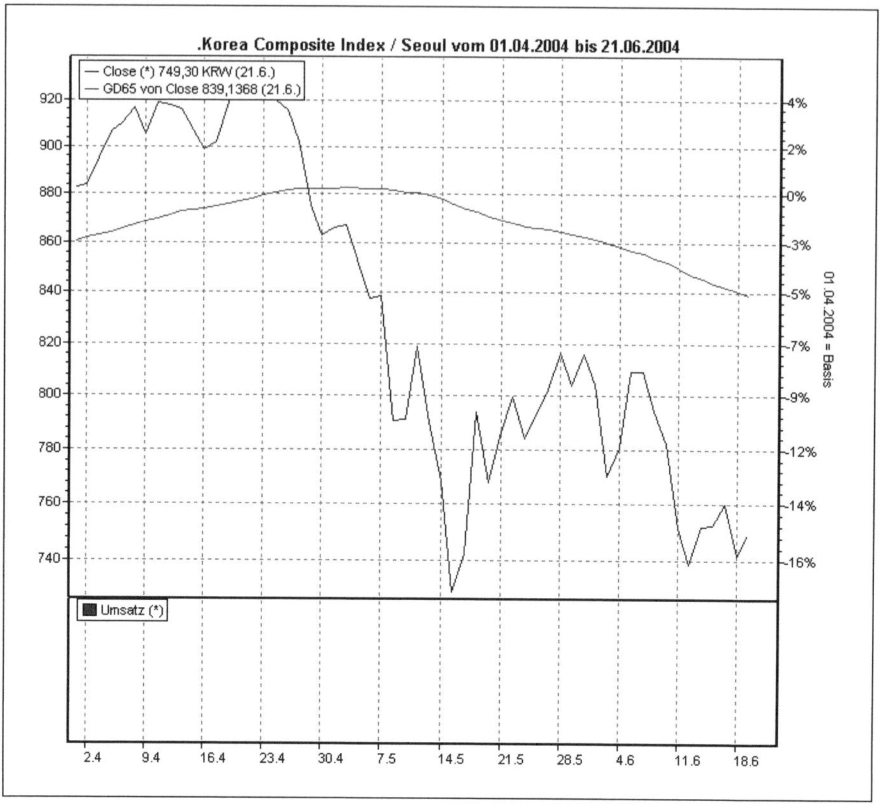

Koreas Aktienmarkt spiegelt die positive Entwicklungen nur unzureichend wieder
Quelle: Market-Maker

Abhängigkeit Südkoreas von der Konjunktur und von Handelspartnern

Vorsicht ausländischer Investoren ist häufig angebracht, wenn man die Risiken im Welthandel untersucht. Erinnern wir uns an die Asien-Krise, die unter anderem auch Südkorea getroffen hat und deren wesentlicher Auslöser die Handelsbeschränkungen aus den USA waren. Dies verdeutlicht nochmals die große Abhängigkeit Südkoreas gegenüber den größeren Industriestaaten. Im Falle der Asien-Krise war Südkorea (siehe Kapitel 4.3.) von den plötzlichen Handelsbeschränkungen aufgrund des geschlossenen Marktes stark betroffen. Bei einer zunehmenden Bedrohung beziehungsweise steigenden Handelsdefiziten gegenüber Südkorea sind solch beschränkenden Maßnahmen durchaus vorstellbar und stellen daher ein nicht geringes Risiko dar.

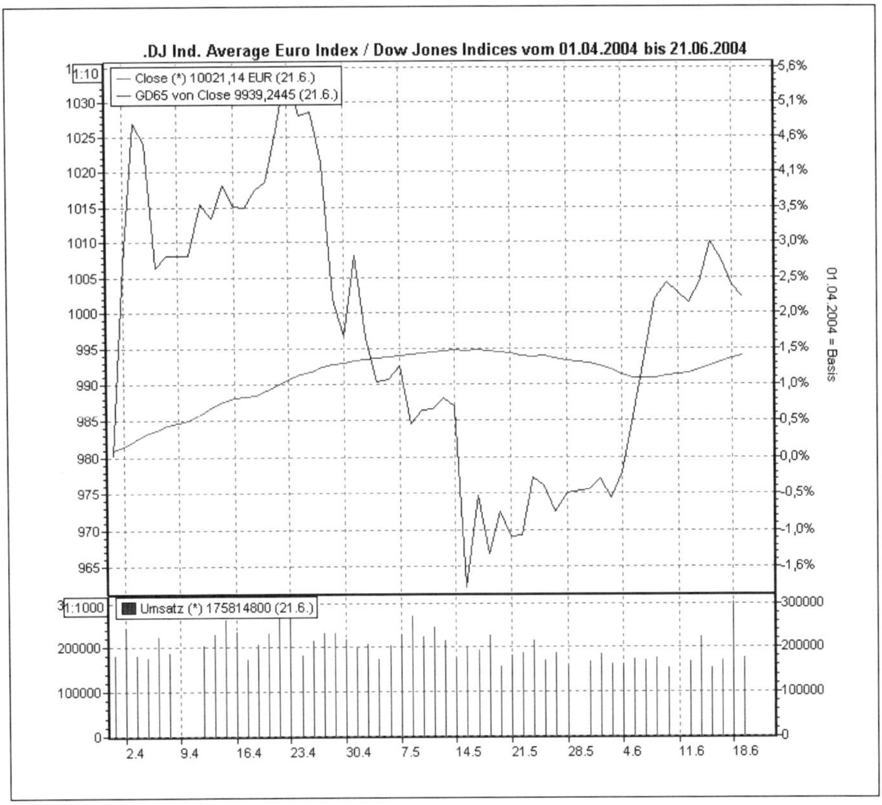

Der US-Markt kommt nicht vom Fleck *Quelle: Market-Maker*

Zudem darf nicht vergessen werden, dass steigende Rohstoffpreise vor allem Südkorea schaden, da dieses Land über fast keine Rohstoffe verfügt. Bei einem anhaltenden Nachfrage-Boom nach Rohstoffen, der größtenteils aus China stammt, wird sich dies durch die steigenden Preise negativ auf Südkorea auswirken. Andererseits hätten die konkurrierenden Unternehmen anderer Volkswirtschaften ebenfalls mit den steigenden Rohstoffpreisen zu kämpfen, und somit würde ein Gleichgewicht – zumindest für das produzierende Gewerbe – entstehen. Nichtsdestotrotz kann die Volkswirtschaft nicht durch den Verkauf von Rohstoffen wachsen, wie es beispielsweise in Indonesien der Fall sein könnte.

Wiedervereinigung mit Nordkorea

Zusätzliche Risikofaktoren ergeben sich aus einer möglichen Wiedervereinigung mit dem kommunistischen Norden, dessen Vorzüge wir bei unseren Ausführungen zu den Chancen Südkoreas bereits beleuchtet haben. Die Risiken liegen erfahrungsgemäß in der hohen finanziellen Belastung, die die finanziell stärkere Bevölkerungsschicht zu tragen hätte. Wenn die mögliche Wiedervereinigung nicht langsam und gründlich durchdacht ist, so wird dies nicht nur zu finanziellem Druck führen, sondern auch mögliche innenpolitische Spannungen auslösen. Das Ungleichgewicht zwischen beiden Ländern ist in allen Bereichen wie Bildung, Wirtschaftlichkeit, Selbstständigkeit und Gesellschaft enorm groß. Es wird also ein langer Weg, der auf alle Fälle von vielen Hochs und Tiefs begleitet sein wird und nicht bereits morgen ans Ziel führt.

Risiken im Überblick

- Öffnung Nordkoreas
- Steigende Rohstoffpreise → Südkorea verfügt über wenig Rohstoffe
- Sinkende Nachfrage im Export
- Handelsbeschränkungen durch geringen Import
- Schwacher Binnenmarkt
- Zunehmende Verschuldung → Kreditkartenproblem siehe LG Card
- Steigende Währung → Exportland
- Erhebliche Lohnunterschiede im Vergleich zu China

Was Sie wissen müssen

Staatlich verordnete Zwangshilfen

In mehreren Fällen wurde bereits deutlich, dass die südkoreanische Regierung ihre »Schützlinge« durch wirtschaftlichen Druck dahingehend erzieht, dass andere Unternehmen mit finanziellen Hilfen eine Insolvenz verhindern. Offensichtlich wurde dies beim Fall LG Card. Das Unternehmen war bereits zahlungsunfähig, als sowohl die Mutter von LG Card, LG Group, als auch die Kookmin Bank mit finanzieller Unterstützung einsprangen. Sicherlich gibt es solche Rettungsaktionen auch in anderen Volkswirtschaften. Aber die Häufigkeit der Rettungsaktionen durch südkoreanischen Konzerne ist kein Zufall. Außerdem zählt die LG-Familie zum Kreis der übrig gebliebenen Chaebols, was zusätzlich die enge Verknüpfung der riesigen Konglomerate in Krisensituationen (LG Card) verdeutlicht.

Handelbare Werte in Deutschland

Obwohl Südkorea eine Menge von interessanten Unternehmen an der heimischen Börse zählt, wird nur ein Hand voll an den deutschen Börsen gehandelt. Die Handelsnachfrage nach südkoreanischen Werten ist außer beim Top-Player Samsung Electronics sehr gering. Im Falle eines Engagements lohnt sich die Depoteröffnung bei einem südkoreanischen Broker.

Zusammenfassung

- Staatlicher Zwang zu Hilfen → LG Card – Kookmin Bank
- Chaebols → Finanzielle Unterstützung innerhalb der Konzerne
- Nur wenige Südkorea-Werte werden in Deutschland gehandelt
- Volumen südkoreanischer Wert meist gering → Limitsetzung oder Auslandskonto

6.4 Thailand

Thailand wurde im internationalen Anlegergeschäft nach der Asien-Krise häufig vernachlässigt: Im Laufe der vergangenen Jahre hat das Land seine Hausaufgaben gemacht und aufgrund von Regierungswechseln neue wirtschaftliche Möglichkeiten geschaffen. Die auslösenden Faktoren der Asien-Krise wurden weitestgehend beseitigt. Allerdings sind andere Krisenherde entstanden, die wiederum neue Risiken bergen.

Chancen

Relativ geringes Interesse internationaler Anleger

Am thailändischen Aktienmarkt sind die internationalen Investoren nach wie vor nur gering interessiert. Trotz einiger Privatisierungsaktivitäten in den vergangenen Jahren, wie der Ölkonzern PTT, wurde die Aufmerksamkeit noch nicht auf den thailändischen Aktienmarkt gelenkt. Die thailändische Regierung arbeitet zurzeit an mehreren Privatisierungsprojekten. Unter anderem soll ein staatlicher Stromriese an die Börse gebracht werden. Dieses und weitere IPOs werden aufgrund internationaler Kapitalsuche und Medienberichten das Interesse auf Thailand lenken, sodass sich weltweite Investoren auch bei den vergleichsweise sehr günstigen Aktien umschauen werden. Während die meisten internationalen Anleger ihre Engagements noch zurückhalten, haben sich die ersten ausländischen Unternehmen, hauptsächlich aus der Automobilindustrie, in Thailand angesiedelt.

Steigende Investitionen und Produktionsstandort

Investitionen ausländischer Unternehmen in den Produktionsstandort Thailand sind bereits seit ein paar Jahren zu beobachten. Bei den angesiedelten Unternehmen handelt es sich nicht mehr ausschließlich um Textilhersteller, sondern es sind insbesondere Unternehmen der Automobil- und Elektronikindustrie. In diesem Bereich hat die neue Regierung attraktive Freihandelszonen geöffnet, die den ausländischen Produzenten die zollfreie Einfuhr von Autoersatzteilen zur Fertigstellung ihrer Fahrzeuge ermöglichen. Bereits mehrere Autobauer, darunter Toyota Motor, Nissan Motor, Mitsubishi Motors und DaimlerChrysler, haben das Angebot der Regierung angenommen. Der Aufbau von Produktionsstätten ermöglicht die Bekämpfung der vor vier Jahren noch viel höheren Arbeitslosigkeit und bringt zusätzliche Kaufkraft ins Inland. Es ist absehbar, dass sich auch andere Branchen, wie es in der Elektronikindustrie der Fall ist, in Thailand ansiedeln.

Kaufkraft und Belebung des Binnenmarktes

Die Kaufkraft, die insbesondere durch die zuvor genannten Produktionsstätten vergrößert wird, gibt dem thailändischen Binnenmarkt zusätzlichen Schub. Das Pro-Kopf-Einkommen steigt jährlich durchschnittlich um über zehn Prozent. Im Jahre 2003 waren es durchschnittlich über 2200 US-Dollar. In China hingegen beträgt es im Durchschnitt gerade einmal die Hälfte. Somit ist in Thailand gegenüber China ein höherer Konsum möglich. Vor allem wird durch die Steigerung der Kaufkraft die für Thailand wichtige Landwirtschaft angetrieben. Thailand ist reich an Agrarrohstoffen, sodass die Importe von Früchten, Gemüse oder Fleisch sehr niedrig sind. Thailand wird auch künftig mehr Produkte exportieren, als es vom Ausland bezieht, und bietet daher interessante Möglichkeiten.

China

Auch für Thailand bietet der chinesische Markt eine große Chance. Obwohl die Billigprodukte aufgrund des höheren Lohnniveaus eher im Ausland hergestellt werden, profitiert bereits jetzt die thailändische Wirtschaft von China. Nutznießer sind die Automobilindustrie und die Landwirtschaft. Auch im Tourismus wird Thailand bei den Chinesen zunehmend auf Interesse stoßen.

Chancen im Überblick

- Steigende Investitionen und Produktionsstandort asiatischer Hersteller
- Zunehmende Kaufkraft und Belebung des Binnenmarktes
- Nachfrage aus China und den umliegenden Asien-Ländern
- Automobil-Freihandelszone

Risiken

China

In Bezug auf Billigprodukte stellt China eine steigende Gefahr dar. Die Zeiten des Lohnvorteils innerhalb Asiens hat Thailand gegenüber China, Indonesien und Vietnam schon lange verspielt. Deshalb könnten Teile der neu aufgebauten Produktionen ausländischer Unternehmen wieder verlagert werden. Wichtig ist nun also, dass Thailand einen Vorsprung durch steigende Produktivität erzielt und somit von den ausländischen Unternehmen bevorzugt wird.

Privatverschuldung

Die Privatverschuldung ist gegenüber westlichen Volkswirtschaften zwar immer noch gering, jedoch im Asien-Vergleich höher. Im Zuge der Niedrigzinspolitik, bei der bereits die ersten Warnungen vor der Inflation laut werden, wurden viele Kredite an Privatpersonen vergeben. Das Risiko, das einer Volkswirtschaft durch eine steigende Privatverschuldung entsteht, dürfte wohl bekannt sein. Aber die Banken haben bereits reagiert: Sie haben weitere Vorsichtsmaßnahmen ergriffen und ein besseres Risikomanagement eingeführt. Es bleibt nur zu hoffen, dass es dabei bleibt, denn sonst entwickelt sich die Privatverschuldung zu einem ernsthaften Problem.

Innere Unruhen

Die inneren Unruhen im Süden Thailands haben Anfang 2004 für internationales Aufsehen gesorgt. Hunderte von Toten waren die Folge der Kämpfe zwischen Moslems und der Armee. Die Gründe für diese Unruhen sind in diesem Zusammenhang sehr unklar. In Thailand sind etwa 15 Prozent der Bevölkerung Moslems, die größtenteils in Südthailand leben. Eine weitere Eskalation der Unruhen ist zwar nicht auszuschließen, jedoch langfristig nicht als großes Risiko zu bewerten. Sollte die Situation in Südthailand dennoch eskalieren, so trüge die thailändische Wirtschaft einen immens großen Schaden davon.

Risiken im Überblick

- Steigende Privatverschuldung
- Ethnisch bedingte innere Unruhen im Süden Thailands
- Lohnkosten sind gestiegen = steigende Produktivität für Konkurrenz

Was Sie unbdingt wissen müssen

Zwischenspiel von Politik und Wirtschaft

Für allgemeine Anlageentscheidungen ist es zwar nicht zwingend notwendig, die Verstrickung des Präsidenten mit der thailändischen Wirtschaft zu kennen, aber man sollte sich ihrer trotzdem bewusst sein. Es handelt sich dabei um die Aktiengesellschaften Shiwa Corp (Mischkonzern mit Beteiligung in PTT und seinen weiteren Unternehmen), Shiwanatra Computer (Thailands größter Computerhersteller) und AIS (Advanced Info Service, Thailands größten Mobilfunkanbieter). Man sollte dies wissen, weil sich diese Verstrickung bereits nach einer so kurzen Amtszeit in Zukunft durchaus zu einem Problem auswachsen könnte.

Einschätzung der nächsten Jahre

Aufgrund der genannten Chancen und Risiken kann man Thailand durchaus als interessantes Investitionsland betrachten. Vor allem Investoren, deren Investments in China überbewertet sind, könnte ein Ausflug nach Thailand nicht schaden. Die Risiken sind begrenzt. Zurzeit ist die Entwicklung eher positiv zu werten. Im Vergleich zu vielen anderen asiatischen Staaten ist die Abhängigkeit von anderen Volkswirtschaften eher gering. Die Rohstoffversorgung ist gesichert, und der Binnenmarkt ist intakt. Dies und die steigende Kaufkraft werden das Land wirtschaftlich voranbringen. Auch die staatlichen Entscheidungen in Bezug auf attraktive Produktionsstandorte ausländischer Unternehmen sind positiv zu werten. Eine wichtige Rolle wird spielen, wie Thailand seine Produktivität für die künftige Attraktivität als Produktionsstandort entwickelt.

6.5. Indonesien

Chancen

Rohstoffvorkommen und China-Nachfrage

Nicht umsonst ist Indonesien Mitglied in der OPEC (Organisation Erdöl produzierender Länder): Das Land verfügt über Unmengen von Rohstoffen, neben Öl und Gold auch im Agrarrohstoffsektor. Bei weiterhin steigenden Preisen im Zuge einer größer werdenden Nachfrage ist diese eine große Chance für Indonesien, sein Wachstum auch durch den Export zu generieren. Bei der Rohstoffnachfrage spielt natürlich China eine entscheidende Rolle. Bleibt das Wachstum Chinas weiterhin stabil hoch, so wird die Nachfrage unverändert hoch bleiben oder sogar noch steigen. Dies würde sich positiv auf die Rohstoffpreise auswirken und dadurch den rohstofforientierten Unternehmen steigende Gewinne ermöglichen.

Niedrige Löhne

Indonesien ist durch seine niedrigen Löhne ein Anwärter für Produktionsauslagerungen. Teilweise haben sich auch produzierende Unternehmen in Indonesien angesiedelt und profitieren von den niedrigen Produktionskosten, die zusätzlich das Pro-Kopf-Einkommen Indonesiens steigern. Das steigende Pro-Kopf-Einkommen wiederum wirkt sich auf die Kaufkraft und den bereits verbesserten Binnenmarkt positiv aus. Doch einige innenpolitische Schwierigkeiten sind noch Hindernisse für große Investoren, die noch beseitigt werden müssten. Falls man diese beseitigen könnte, hätten die Investitionen freie Fahrt.

Bekämpfung ethnischer Konflikte

Nach dem Bombenanschlag auf Bali (Indonesien) ist es in der internationalen Presse zwar ruhig um die ethnischen Konflikte in Indonesien geworden, aber sie halten trotzdem weiterhin an. Insbesondere die Sorge um Eskalationen schrecken, wie bereits angesprochen, die Unternehmen vor großen Investitionen ab. Werden die ethnischen Konflikte gelöst, wäre auch insoweit der Weg für Investitionen frei.

Chancen im Überblick

- Rohstoffnachfrage insbesondere Rohöl, Gold
- Niedriges Lohnniveau
- Bekämpfung der Konflikte

Risiken

Innere Unruhen und ethnische Konflikte

Die innenpolitische Schieflage ist einer der Hauptgründe für Unternehmen, ihre Produktion nicht nach Indonesien zu verlagern. Auch internationale Investoren befürchten eine Eskalation in Indonesien, sodass Direktinvestitionen, wie sie beispielsweise nach Thailand fließen, hier ausbleiben. Außer den ausbleibenden Investitionen, die vor allem für die Förderung von Rohstoffen eminent wichtig wären, ist der schwächer werdende Tourismus, der vor allem für die Inseln die Haupteinnahmequelle darstellt, aber auch für die Großstädte Geld bringt, ein Problem.

Wachsende Verschuldung und expansive Geldpolitik

Indonesien verfügt über ein hohes Wachstum von jährlich etwa 4,5 Prozent. Allerdings wird das Wachstum als OPEC-Land nicht aus dem Rohstoffexport generiert. Möglich ist dieses Wachstum durch den stark steigenden Binnenmarkt, der durch eine riskante expansive Geldpolitik angetrieben wird. Dadurch ist die Inflation in Indonesien auch auf zehn Prozent gestiegen, was eine Instabilität nicht mehr ausschließt.

Risiken im Überblick

- Innere Unruhen durch ethnische Konflikte
- Einbrüche im Tourismus
- Stark wachsende Verschuldung und expansive Geldpolitik
- Schwacher Export – sogar von Öl

6.6 Indien

Chancen

Bevölkerungswachstum

Das kontinuierliche Bevölkerungswachstum Indiens schafft eine zukünftige Basis für Nachfrage und versorgt die Wirtschaft mit günstigen Arbeitskräften, was vor allem dem Export zugute kommt. Indien wird in wenigen Jahren mehr Einwohner haben als China und ist bereits heute ein wichtiges Land für den internationalen Textilexport. Wenn man die Entwicklungen der anderen asiatischen Länder betrachtet, wird schnell deutlich, dass die Chance zunächst in den – von der Wertschöpfung her eher unten angesiedelten – Sektoren zu finden sein dürfte, in denen das niedrige Lohniveau zum Tragen kommt. Neben dem Textilsektor werden zunehmend auch der High-Tech-Sektor in Form von einfachen Programmierarbeiten und der Verwaltungssektor ein erhebliches Auslagerungspotenzial darstellen.

Privatisierungen

Sieben der zehn größten Unternehmen in Indien sind Staatsbetriebe. Davon sind fünf im Öl- und Gasgeschäft, eines im Stahl- und eines im Bankensektor tätig. Die Bank verwaltet zudem 90 Prozent der gesamten Spareinlagen des Landes und hält 40 Prozent der gesamten Staatsverschuldung. Obwohl die Privatisierungspolitik nach dem Amtsantritt neuer Regierungen in der Vergangenheit oft ins Stocken geraten ist, besteht für Indien dennoch die Möglichkeit, dass durch eine konsequente Privatisierungspolitik ein neuer Wachstumsschub ausgelöst wird. Privatunternehmen arbeiten wesentlich effizienter als Staatsunternehmen und helfen dabei, die Preise zu senken und die Qualitätsstandards zu erhöhen. Für den Export von Industrieprodukten wäre dies sicher wünschenswert. Darüber hinaus würden Kapazitäten freigesetzt, die für den Aufbau anderer Wirtschaftszweige, insbesondere den Ausbau der Infrastruktur, genutzt werden könnten. Der Staat würde dadurch ebenfalls entlastet und könnte sich auf seine wesentlichen Aufgaben konzentrieren, den Erhalt der inneren und äußeren Sicherheit sowie die Sicherung des Eigentums.

Abbau der Bürokratie

Indische Unternehmer verbringen im Durchschnitt 16 Prozent ihrer Zeit damit, sich mit den Beamten der Regierung zu verständigen. Ein Betrieb in Indien erhält oft jeden Monat Besuch von 40 bis 60 Regierungsinspektoren. Die Regierungsmitarbeiter kosten Geld und bremsen mit ihren Bestimmungen und Richtlinien die Entwicklung der Wirtschaft. So litt der innerstädtische Bereich in Indien jahrelang unter einer Obergrenze für Mieten, was mit zum Zerfall der indischen Großstädte beitrug und viele Unternehmen aus der Stadt trieb. Ein wirklicher Bürokratieabbau wäre notwendig, um die verkrusteten Strukturen aufzubrechen. Leider ist davon bislang wenig zu sehen, auch wenn die Ankündigungen der Regierungen in diese Richtung tendieren.

Öffnung des Landes

Indien war bis 1991 eine geschlossene Gesellschaft, doch dies hat sich seither geändert. Trotz aller sozialen und politischen Probleme hat sich Indien zu einem für die Weltwirtschaft wichtigen Import- und Exportpartner entwickelt. Die Öffnung des Landes birgt für Indien erhebliche Chancen. So ist man in der Lage, von ausländischen Investitionen und Know-how zu profitieren und seine niedrige Kostenbasis zu nutzen. Die Öffnung Indiens mit über einer Milliarde Einwohnern ist eine der größten Herausforderungen in der Neuzeit und birgt erhebliches Potenzial.

Chancen im Überblick

- Bevölkerungswachstum
- Privatisierungen
- Bürokratieabbau
- Öffnung des Landes für den Import und Export

Risiken

Staatsdefizit

Der indische Staat weist ein Defizit zwischen sechs und zehn Prozent pro Jahr aus und muss dieses über die Ausgabe von Anleihen decken. Da der größte Abnehmer der Anleihen eine staatliche Bank ist, führt dies zu langfristigen Problemen. So kann ein Großteil der privaten Investitionsvorhaben nicht durchgeführt werden, da der Staatssektor den Privatsektor verdrängt. Sollte der indische Staat sich einmal überschuldet haben, so stehen die Guthaben von Hunderten Millionen Menschen auf dem Spiel, was das Land sehr schnell in eine Finanzkrise stürzen könnte. Aufgrund der politischen Unsicherheiten wären extreme innere Unruhen die Folge. Gelingt es dem Staat nicht, sein Defizit über Privatisierungen und einen Abbau der Bürokratie zu senken, dürften die Probleme recht bald sichtbar werden. Ein weiteres Problem ist die Tatsache, dass die Steuereinnahmen in Indien trotz des Wirtschaftswachstums abgenommen haben. Ein effizienteres Steuersystem, das sich beispielsweise an einer Mehrwertsteuer orientiert und nicht, wie bisher, relativ willkürlich ist, könnte einige der Probleme des indischen Staates lösen.

Subventionspolitik

Ein weiteres Problem stellt die Finanzierung der vielen Subventionen dar. So helfen die Agrarsubventionen vor allem den reichen Provinzen und sind mit dafür verantwortlich, dass Indiens Bodenertrag nur rund 30 Prozent des weltweiten Durchschnitts beträgt, obwohl das Land flächenmäßig der weltweit zweitgrößte Agrarstaat ist.

Mangelnde Effizienz im Bildungssystem

Das indische Bildungssystem ist in einem katastrophalen Zustand. Nur etwa 35 von 165 Millionen Kindern besuchen zurzeit eine Grundschule, und nur 58 Prozent der Menschen in Indien können lesen und schreiben, im Vergleich zu China mit 85 Prozent. Dies ist eine Tatsache, obwohl Indien offiziell vier Prozent seines Bruttoinlandsprodukts in den Bildungssektor investiert, wohingegen China nur zwei Prozent benötigt. Indien möchte diesen Anteil in den nächsten Jahren weiter anheben, doch scheint man damit an den Grundproblemen vorbeizugehen. Eine Studie hat kürzlich herausgefunden, dass in Indien 25 Prozent der Lehrkräfte gar nicht erst zum Unterricht erscheinen. Es scheint also eher ein Problem von schlechter Verteilung, Verwaltung und Bürokratie zu sein als der oft zitierte Geldmangel. Indien benötigt besser ausgebildete Arbeitskräfte und ein funktionierendes Gesundheitssystem. Bislang sind aber allenfalls ansatzweise leichte Verbesserungen zu beobachten.

Politik

Die Anfang 2004 neu gewählte Regierung der »Congress Party« hat Indien die meiste Zeit seit seiner Unabhängigkeit regiert und ist für eine ganze Reihe von Problemen in Indien verantwortlich. Die noch jungen Ankündigungen dieser neuen Regierung sind als nicht besonders positiv einzustufen und orientieren sich am Grundsatz: mehr Staat anstatt weniger Staat. So soll in jeder Familie mindestens ein Einkommensbezieher für 100 Tage im Jahr beschäftigt werden, und die Nahrungsmittelhilfen sollen weiter fortgeführt werden, obwohl sie kaum die Hungerleidenden erreichen und einen immensen Lagerbestand von 40 Millionen Tonnen Getreide benötigen, was etwa einem Viertel des gesamten Verbrauchs entspricht. In puncto Privatisierungspolitik scheint man ebenfalls zurückzurudern. Obwohl Indien bislang kaum ein Unternehmen vollständig privatisiert hat, kündigte die neu gewählte Regierung an, dass man auf keinen Fall profitable Unternehmen verkaufen wolle.

Ausbau der Infrastruktur

Wer in Indien mit dem Mobiltelefon unterwegs ist, wird schnell feststellen, dass es kaum möglich ist, überall im Land eine Verbindung zu erhalten. In China beispielsweise ist so etwas ohne Probleme möglich. Darüber hinaus sind die Telefongebühren trotz der schlechten Infrastruktur extrem hoch, und Inder zahlen oft höhere Minutenpreise als Menschen in der westlichen Welt. Der Ausbau der Telekommunikationsnetze ist damit mindestens genauso schlecht wie der Zustand der Straßen, die von Autos, Lkw, Eselskarren, Fußgängern und Fahrrädern zugleich benutzt werden und die Transportgeschwindigkeit extrem verlangsamen. Auch die staatliche Eisenbahn – die im Übrigen die meisten Mitarbeiter eines Unternehmens auf der ganzen Welt beschäftigt – ist aufgrund ihres schlechten Zustandes keine Alternative für den Transportsektor. Indien benötigt für seine künftige Entwicklung mehr Autobahnen, Telekommunikationsnetze und Häfen. Leider ist nicht zu erkennen, wer für diese Infrastrukturinvestitionen aufkommen soll, wenn ein

Großteil der staatlichen Mittel in die Bezahlung von Beamten und in soziale Transferleistungen fließt.

Risiken im Überblick

- Staatsdefizit und Bürokratie
- Subventionen
- Mangelnde Effizienz im Bildungssystem
- Politik
- Infrastruktur

Was Sie wissen müssen

Wirtschaftlich wird Indien oft als ein Land gesehen, das zwei separate Strukturen besitzt. So gibt es das ländliche Indien, das durch primitive Produktionsmethoden in der Landwirtschaft geprägt ist, in dem 70 Prozent der Bevölkerung beschäftigt sind und in dem ein Viertel der Bevölkerung unterhalb der Armutsgrenze lebt. Daneben gibt es das städtische Indien, das durch ein hohes Maß an Industrialisierung geprägt ist und die stärker werdende Mittelschicht repräsentiert. Diese Unterschiede finden sich auch in Ländern wie China wieder, doch sind sie dort nicht so stark ausgeprägt. Für die weltweite Wirtschaft und das Entwicklungspotenzial Indiens ist es zwar relativ unerheblich, ob in Indien 200 oder 300 Millionen Menschen leben, die den Konsum anheizen, doch für die Entwicklung Indiens ist es sehr gefährlich, wenn fast 80 Prozent der Bevölkerung vom neuen Wohlstand ausgeschlossen sind. Anhand der politischen Ungleichgewichte und der zunehmenden Ausschreitungen zwischen Moslems und Hindus wird deutlich, dass Indien kein geeintes Land ist und sich geopolitisch in einem Auflösungsprozess befindet – kein Wunder, hat doch die englische Besatzungsmacht Indien ohne Rücksicht auf die kulturellen und geschichtlichen Eigenheiten zusammengeschustert.

7 »Tiger«-Modell

Insbesondere in Zeiten der Hochkonjunktur an den Börsenmärkten schießen neue Handelssysteme förmlich aus dem Boden. Monatlich, ja fast täglich erreichen uns auf den Märkten neue softwareoptimierte Modelle, die zeigen wollen, wie man Aktien anhand verschiedener Kennziffern optimal bewerten kann und dadurch einmalige Investmententscheidungen herausfiltert. Zusätzlich haben charttechnische Analysen innerhalb der vergangenen Jahre zu einem regelrechten Boom geführt, und die Momentum-Trader wurden für ihre ausgeklügelten Systeme gefeiert. Aber wenn die Börsen, wie nach der Nasdaq-Bubble, einzubrechen beginnen, fällt auch eine Menge von Systemen in sich zusammen, und aus dem Traum wird ein Alptraum. Wie häufig haben wir von so genannten Chartexperten gehört, dass die nächste Widerstandslinie bei XY liege oder die Bewertungen einzelner Unternehmen in der vergleichbaren Benchmark günstig seien. Es waren größtenteils die Fundamentalexperten, die frühzeitig zum Ausstieg pfiffen und ihre Analysen an makroökonomischen Rahmendaten festmachten. Unserer Einschätzung zufolge gehört zu einer Bewertung nicht nur ein einzelner Faktor, beispielsweise die Indexbewertung oder Einzelbewertung von Unternehmen, sondern es zählt eine Reihe anderer Bestandteilen dazu. Insbesondere die makroökonomischen Kennzahlen und Ereignisse stellen für uns einen wesentlichen Indikator für künftige Entscheidungen dar.

Makroökonomie ist der wesentliche Indikator für eine Entscheidung ...

Wir haben uns aus diesem Grund auf die Theorie des Top-down-Prinzips konzentriert. Konkret ausgedrückt bedeutet dies, dass wir die Volkswirtschaft als Basis unserer Untersuchung nehmen. Finden wir bereits in dieser

Basis, also in der Volkswirtschaft, Gefahren oder Risiken für die künftige Entwicklung, so ist eine Vertiefung in diesem Umfeld nur begrenzt notwendig oder sinnvoll. Können wir allerdings in der Volkswirtschaft anhand der makroökonomischen Analyse künftiges Potenzial feststellen, so sehen wir uns die Details, die Branchen innerhalb der Volkswirtschaft, näher an.

... Ist die Makroanalyse erfolgversprechend, so untersuchen wir die Branchen ...

Die gezielte Analyse führt uns also von der makroökonomischen Einschätzung zur Branche. Insbesondere die Stärken einer Volkswirtschaft sind für die Ermittlung der favorisierten Sektoren maßgeblich. Haben wir es mit einer Volkswirtschaft zu tun, die keine innenpolitischen Unruhen mehr aufweist, deren Binnenmarkt aufgrund steigender Kaufkraft durch neu aufgebaute Fabriken wachsen wird und bereits erste Großinvestoren oder Unternehmen in den Markt treten, so konzentrieren wir uns verstärkt auf binnenmarktorientierte Branchen. Sollte das Ergebnis unserer Makroanalyse eher die exportorientierten Branchen als stabilisiert erkennen (beispielsweise neue Handelsabkommen mit starken Nationen), so richten wir unseren Fokus verstärkt auf Exportbranchen.

... Filtern der Branchen: Exportorientiert – Binnenmarktorientiert ...

Wie in der Anwendung des Bewertungsmodells später ausführlich behandelt wird, ändert sich bereits jetzt unsere Bewertungsstruktur bei exportorientierten und binnenmarktorientierten Branchen. Der Hintergrund ist ganz einfach der: Exportbranchen, wie die Automobilindustrie, sind nicht nur von der eigenen Volkswirtschaft abhängig, sondern von jenen Konsumenten anderer Staaten, die die Fahrzeuge abnehmen. Das ermittelte volkswirtschaftliche Umfeld, das unsere Basis darstellt, bleibt aber bei binnenmarktorientierten Branchen unverändert. Wir befinden uns somit bei folgender Ausgangsposition für die weitere Entscheidung:

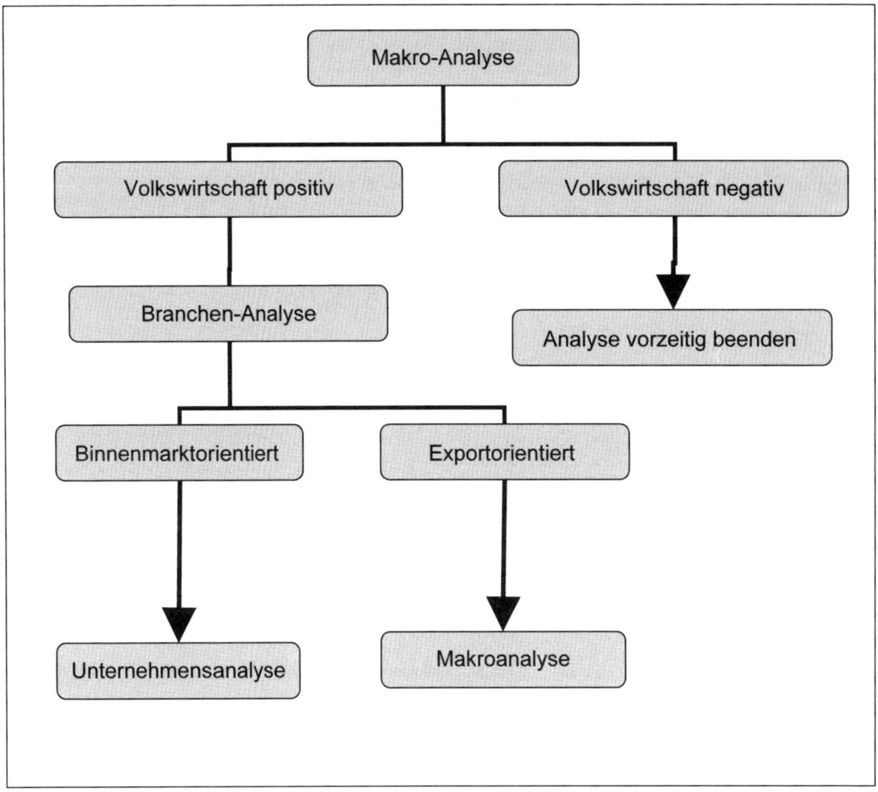

Die Grundbestandteile des Tiger-Modells nach dem »Top-Down« Ansatz von Andreas Lambrou und Rainer Hahn *Quelle: Eigene Darstellung*

Doch bevor wir nun mit der Unternehmensanalyse der binnenmarktorientierten Branchen beginnen, werden zunächst alle Sektoren mit entscheidenden Faktoren, die ausführlich im Kapitel 7.3. »Branchenanalyse« aufgelistet und erklärt werden, selektiert.

... Branchen werden analysiert und bewertet ...

Die Branchenanalyse gibt uns darüber Aufschluss, wie nationale oder internationale Entwicklungen in Bezug auf die Nachfrage, Konkurrenzverhalten oder Investitionsbedürfnisse einzuschätzen sind. Sollten wir uns nun auf einen Exportsektor konzentriert haben, müssen die wesentlichen Volkswirtschaften, die den Export am stärksten beeinflussen, definiert werden. Hier beginnt dann wieder die Makro-Analyse der kaufkräftigsten Nationen. In diesem Zusammenhang ist es wichtig zu wissen, dass Wachstumsmotoren aufgrund hoher Nachfragesteigerungen weitere Volkswirtschaften und Branchen beflügeln können.

... Die Einschätzung der Exportbranche ist das Resultat einzelner Volkswirtschaftsanalysen aus den nachfragenden Ländern ...

Diese Situation ist beispielsweise 2003 in China eingetreten. Weltweit war das Reich der Mitte für das Wachstum kleiner und großer Industrieländer verantwortlich. Wir begründen diese Behauptung mit der enormen Nachfragesteigerung von Rohstoffen und Import von Konsumentengütern sowie mit den Handelsbilanzen vieler Industrieriesen, wie etwa Japan. Da wir diesen Faktor nicht unterschätzen dürfen, ergibt sich eine erweiterte Struktur unseres Vorgehens:

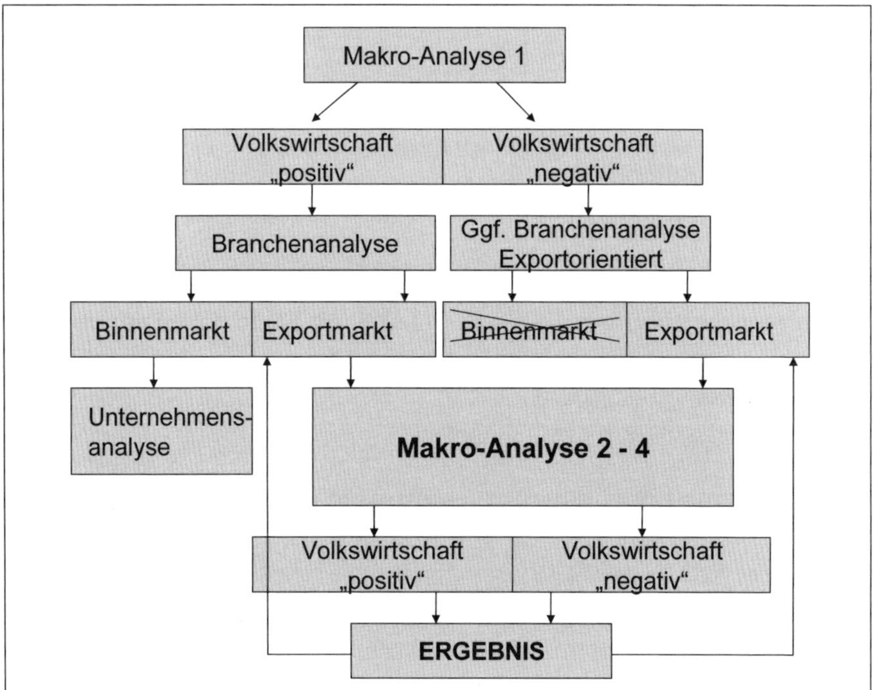

Das erweiterte Tiger-Modell *Quelle: Eigene Darstellung*

Wir entscheiden also erst dann über die tatsächliche Attraktivität eines exportorientierten Sektors, wenn wir die Exportabhängigkeit der wichtigsten Absatzmärkte analysiert haben.

Je nachdem, ob wir mit dem Ergebnis einzelner Branchen in ihrem zutreffenden Marktumfeld zufrieden sind, oder nicht, kommen wir zum letzten Glied unseres Bewertungsmodells, zur Unternehmensanalyse. Im Vergleich zu vielen anderen Bewertungsmodellen oder Handelssystemen hat sich hier ein systematischer Ablauf von künftigen Wahrscheinlichkeiten großer Einflüsse wie jene der Volkswirtschaften ergeben, der uns nun bei der Entscheidung für das tatsächliche Investment helfcn wird.

... Branchenanalyse bietet Entscheidung für U-Analyse

In der Unternehmensanalyse ist es notwendig, die einzelnen Kennzahlen – diese werden im Kapitel 7.4. ausführlich dargestellt – auf die Branchen abzustimmen. Beispielsweise sind in der Technologiebranche Cashflow und Cash äußerst hoch zu bewerten, da man künftig von weiteren hohen Investitionen ausgehen muss. Die nun untereinander konkurrierenden Unternehmen werden innerhalb der Branche auf alle wesentlichen Faktoren hin überprüft. Im Ergebnis erhalten wir dann das wachstumsstärkste, renditekräftigste und günstigste Investment. Wir haben somit unser Modell bis zur Anlageentscheidung ausgearbeitet.

Sicherlich sind individuelle Anpassungen in diesem Bewertungsmodell nötig, um weitere »Sonderfaktoren« einzubeziehen, die man nicht grundsätzlich in einer bestimmten Gewichtung erahnen kann. Deshalb wird in der Anwendung des Bewertungsmodells im Kapitel 7.5. genügend Freiraum zur individuellen Strategie gelassen. Außerdem wollten wir Ihnen nicht die Freude an kurzfristigen Trades nehmen. Wir sind jedoch auf langfristige Investitionen ausgerichtet, die sich mit Hilfe dieses Systems herausfiltern lassen.

Für Investoren, die sich für ein einzelnes Unternehmen interessieren, ist das Modell ebenfalls anwendbar. Die Vorgehensweise ist dabei im umgekehrten Falle möglich, sodass von der Unternehmensanalyse über die Branchenanalyse bis hin zu den makroökonomischen Rahmenbedingungen alles

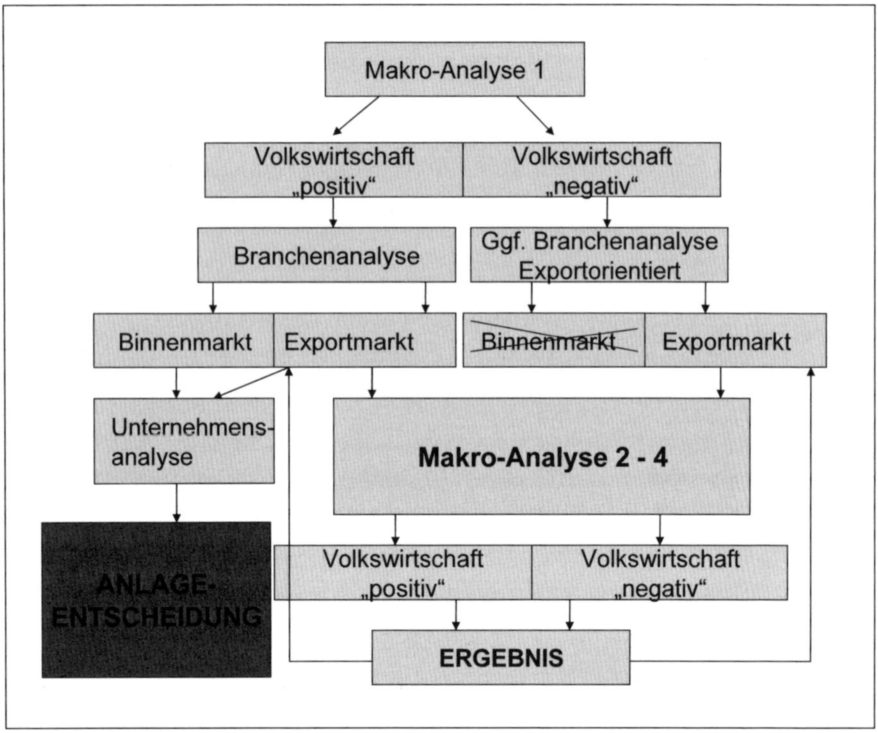

Das Tiger-Modell in seiner Vollendung *Quelle: Eigene Darstellung*

abgedeckt ist. Auch die Gewichtung der einzelnen Einflussfaktoren ist individuell verschiebbar.

Auf einen wesentlichen Bestandteil unseres Bewertungsmodells wurde bislang noch nicht eingegangen. Die Rede ist vom Phasenmodell von Dr. Marc Faber, das verschiedene Symptome innerhalb einer Volkswirtschaft als Basis für künftige Entwicklungen nutzt. Dieses Modell wird im Kapitel 7.1 vorgestellt. Es ist ein ähnlicher Aufbau, der sich primär auf die Volkswirtschaft stützt. Wir nehmen dieses Phasenmodell in unserer Struktur als Kontrollfunktion für die Makroanalyse auf. Nach der Analyse unserer Volkswirtschaft erhalten wir die nötigen Informationen, um die Volkswirtschaft in den Gesamtzyklus eines Börsenmarktes einzubinden. Dieses Phasenmodell gibt zusätzliche Sicherheit, ob man sich langfristig positionieren kann.

In den folgenden Kapiteln werden die Bewertungsgrundlagen und Einflussfaktoren beschrieben. Sie erhalten einen Einblick in das weite Feld der

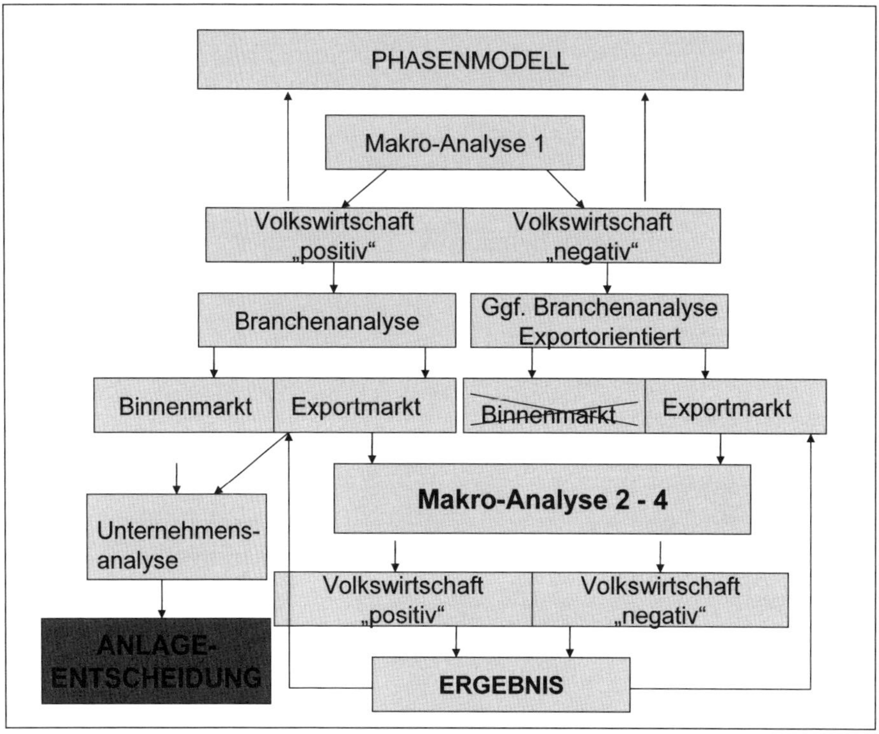

Optionale Erweiterung des Tiger-Modells um das Phasenmodell von Dr. Marc Faber
Quelle: Eigene Darstellung

Einflussfaktoren, die den Wert unsere Investments verändern. Der Weitblick, der in dem Leitfaden vermittelt wird, ermöglicht eine zusätzliche langfristige Renditesteigerung. Es lohnt sich, kontinuierlich die Volkswirtschaften und Rahmenbedingungen zu verfolgen, um in regelmäßigen Abständen neue Investitionsmöglichkeiten zu entdecken.

7.1 Phasenmodell »Zyklusanalyse«

Einstufung der einzelnen Volkswirtschaften in Phasen innerhalb des langfristigen Zyklus

Wir haben uns innerhalb des Phasenmodells auf die Beschreibung von Dr. Marc Faber bezogen, das er in seinem Buch »Zukunftsmarkt Asien« ausführlich beschreibt. Wie bereits erwähnt, stellt das Phasenmodell eine Kontrollfunktion unserer restlichen Bewertungsmaßstäbe dar. Es dient dazu, in dem weiten Feld der Investmentanalyse den Überblick zu behalten.

Hauptüberlegung dieses Phasenmodells ist, dass sich jeder Markt in verschiedenen Phasen innerhalb eines Zyklus bewegt. Mit Hilfe der Einteilung verschiedener Phasen in einem Zyklus kann somit eine Wahrscheinlichkeit von sich entwickelnden beziehungsweise wechselnden Trends abgeleitet werden. Faber teilt die Zyklen in sieben Phasen ein.

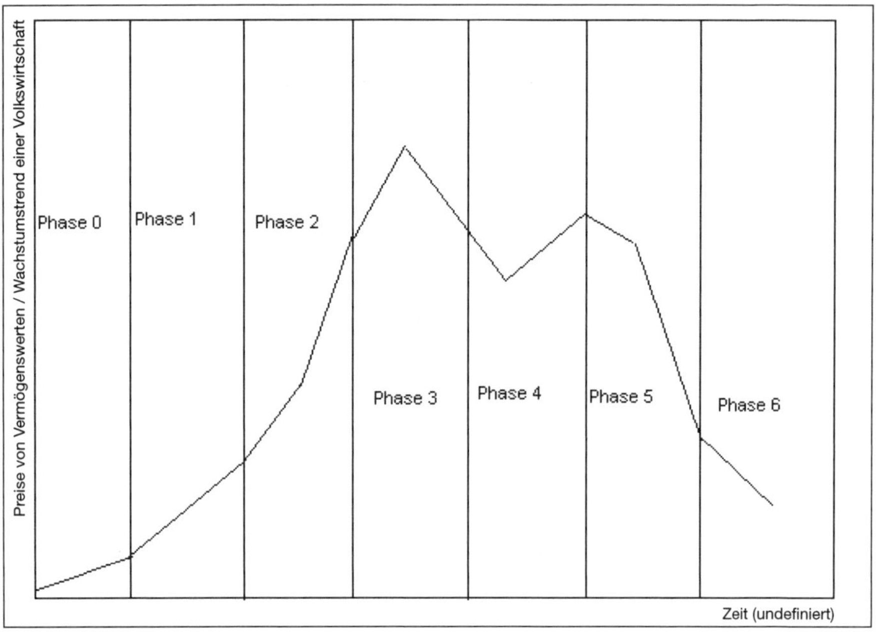

Nachbildung des Phasenmodell von Dr. Marc Faber *Quelle: Eigene Darstellung*

Den exakt richtigen Trendwechsel zu erkennen ist nahezu unmöglich, da Schwankungen innerhalb einer Phase die exakte Analyse nicht ermöglichen. Aber aufgrund der sich entwickelnden Faktoren, die durch die Symptome erkannt werden (diese werden in jeder Phasenbewegung ausführlich beschrieben), besteht die Option, sich an die Trends heranzutasten. Bei einer tatsächlichen Wende hat man dann die Sicherheit, den zuvor untersuchten Markt für sich auszunutzen und seine Investitionsentscheidung zu fällen. Viele Anleger sind bestrebt, immer den optimalen Einstieg zu finden. Aber bei einer langfristigen Investition – man spricht hier von drei bis zehn Jahren – ist die Auswahl eines richtigen Trends die entscheidende Größe, obwohl sich hier selbstverständlich der Markt ebenfalls in Boom- und Konsolidierungsphasen bewegt. Deshalb sollte eine Investition zunächst von den Rahmenbedingungen abhängig gemacht werden und bestens analysiert sein.

Wenn Sie sich die Zeit nehmen, mehrere Märkte in regelmäßigen Abständen auf der Basis des Phasenmodells zu beobachten, werden Sie neue Trends erkennen und daraus folgend Ihre Anlagemöglichkeiten mit Hilfe der weiteren Analyse-Tools herausfiltern. Eine entscheidende Überlegung, die Dr. Marc Faber im Buch »Zukunftsmarkt Asien« anstellte, ist die Erkenntnis über den Kapitalfluss in so genannte interessante Boom-Märkte. Faber erklärte dies anhand einer großen Wasserschüssel, die das Kapital – ausgeschüttet von den Zentralbanken – darstellt. Das Wasser, also das Kapital, fließt dabei immer in diejenigen Kanäle, in die es durch einzelne mächtige Organisationen wie Investmentbanken oder Medien in einzelne Märkte geleitet wird. Die Institutionen – Faber beschreibt sie als »Elefantentreiber« – treiben ihre Anleger (Elefanten) auf eine bestimmte Seite der vielen Anlageklassen. Im deutschen Börsenjargon hat sich die These der »Schafe« entwickelt, die genau diesen Platz einnehmen. Mit diesem Phasenmodell sollen Sie also eine objektive Einschätzung über die Entwicklung einzelner Märkte erhalten und sich somit den teilweise illegalen Machenschaften der Analysten und Medien entziehen. Sie werden dadurch Ihre Rendite langfristig enorm steigern, da Sie selbst beim Beginn der Trends investiert sind.

Man sollte immer bedenken, dass Trends dann erst entstehen, wenn sie erkannt, gemacht und diskutiert werden. Erst dann, wenn die Trends erkannt und kommuniziert werden, fließt Kapital in diese Anlageklassen. Aber erinnern wir uns an das wahrscheinlich allen gut in Erinnerung gebliebene Beispiel der Technologieblase Ende des vergangenen Jahrhunderts. Das Wachstum der Technologiebranche war bereits offensichtlich, als Medien und Analysten zum Kauf der bereits in unwahrscheinlichem Ausmaß überbewerteten Aktien rieten. Auf Grundlage einer stetigen Phasen-Zyklusanalyse wäre man wahrscheinlich deutlich früher aus dem Wahnsinn ausgestiegen. Viele hätten einen belächelt, weil die letzten Highs nicht mehr im Depot mit zig Prozent Kursanstieg auftauchten. Doch vor dem Crash hätte man bereits in andere Anlageklassen wie Gold oder andere Rohstoffe, die unterbewertet waren, umgeschichtet und so weiter langfristig sicher an der Renditeschraube gedreht.

Wenn man sich heutige Analysen genau betrachtet, so wird zu einem erschreckenden Großteil nur auf das Unternehmen selbst geachtet. Aber ist es nicht von viel größerer Bedeutung, die volkwirtschaftlichen Größen zu untersuchen, um überhaupt ein Potenzial für einzelne Unternehmen ausarbeiten zu können? – Denken wir über die aktuelle Situation der Vereinten Staaten nach, an Unternehmen, die sich größtenteils vom Export fernhalten. Mit einer solch hohen Privatverschuldung und zunehmenden Konsumsättigung der US-Amerikaner könnte ich mir eine Investition in diese Unternehmensklasse nicht vorstellen. Dagegen erinnere ich mich an März/April 2003, als politische Änderungen und Reformen beispielsweise in Thailand zu fruchten begannen und ausländische Unternehmen diesen Standort zum Investieren bereits wählten, weil die Rahmenbedingungen stetig verbessert wurden. Wir trafen zu dieser Zeit in unseren Publikationen und Empfehlungen auf www.asia-economy.de kaum auf Gehör, geschweige denn Verständnis. Oder erinnern wir uns an den WTO-Beitritt Chinas. Zunächst waren dic Anleger vorsichtig, weil sie wahrscheinlich noch von den hohen Verlusten der Wall Street unter Schock standen und deshalb die Chance eines großen Trends verpassten. Oder erinnern wir uns an Ende 2003/Anfang 2004. Zu dieser Zeit kamen Erinnerungen verschiedenster Blasen im chinesischen Markt auf. Ob man sich in der Bank beraten ließ, in den lokalen Zeitungen den Finanzteil las oder von den Fernsehmedien über das Wachstumswunder Chinas berieselt wurde, überall war das Anlagethema China in aller Munde. Es ist unbestritten, dass China noch viele Jahre lang wachsen wird, doch Risiken werden verdrängt. Außerdem scheint der Zyklus Chinas bereits an einem Punkt angelangt zu sein, an dem der Erholungstrend beginnt.

Im Folgenden werden einige Beispiele genannt, die Ihnen den Beginn eines längerfristigen Trends zeigen, aber auch Anlageklassen, bei denen eine negative Trendwende begann. Außerdem werden verschiedene Anlageklassen aufgezeigt, bei denen sich ein Beobachten und Abwarten auf lange Sicht bestimmt lohnt. Es sollte aber auch darauf hingewiesen werden, dass Anlageklassen nicht nur aus Aktien bestehen, sondern auch Rohstoffe, Anleihen, Renten und Immobilien dieses große Feld von Investitionen abdeckt.

Beschreibung und Symptome von Phasen auf der Grundlage des Faber-Modells

Wie können wir nun die einzelnen Phasen innerhalb eines Zyklus bestimmen und herausfiltern? Diese Frage werden wir mithilfe der Symptome des Faber-Modells verdeutlichen. Doch wie bereits eingangs erwähnt, ist eine exakte Trendwende kaum zu definieren. Es ist vielmehr ein stetiger Übergang, dessen Symptome für den Wechsel erkannt werden müssen, um rechtzeitig umzuschichten. Nun die Symptome der einzelnen Phasen, die Faber in seinem Buch »Zukunftsmarkt Asien« dargestellt hat:

Phase 0

Ereignisse

- Lang andauernde wirtschaftliche Stagnation oder langsame Schrumpfung in realen Werten
- Das reale Pro-Kopf-Einkommen ist seit Jahren gleich geblieben oder gefallen
- Hohe Arbeitslosigkeit
- Wenig Investitionen
- Die politische und soziale Situation wird / ist instabil
- Unternehmensgewinne fallen
- Keine ausländischen Direkt- oder Portfolioinvestitionen
- Kapitalflucht

Symptome

- Nächtliche Ausgangssperren
- Wenig Tourismus -- Hotelbelegung von nur 30 %, neue Hotels wurden seit Jahren nicht mehr gebaut, Hotels werden geschlossen
- Extrem niedriges Handelsvolumen an den Aktienmärkten
- Aktienmärkte jahrelang seitwärts oder leicht abwärts – solide Basis
- Aktien lächerlich unterbewertet
- Boom-Bedingungen irgendwo anders in der Welt
- Internationales Kapital und die heimischen Ersparnisse sind woanders investiert und vernachlässigen die Volkswirtschaft in Phase 0 total. Kaum ein ausländischer Fondsmanager besucht das Land
- Überschriften in der Presse sind sehr negativ
- Kreditvolumen schrumpft wegen des hohen Anteils schlechter Kredite
- Keine ausländischen Broker und/oder Büroschließungen, keine Research-Reports
- Meinung: Dieser Markt geht sowieso immer nach unten; man hat viel verloren und investiert nicht noch einmal

Beispiele
- Lateinamerika und vor allem Argentinien nach dem Petrodollar-Boom in den 80ern
- Der Mittlere Osten vor dem Ölboom der 70er
- Kommunistische Länder nach dem Zweiten Weltkrieg bis in die späten 80er
- Ein Großteil von Asien ex Japan, neben anderen einschließlich Thailand, den Philippinen und Südkorea zwischen 1980 und 1985
- Indonesien, Thailand, die Philippinen und Malaysia nach der 97er Krise bis vor kurzem?
- Südafrika und der gesamte afrikanische Kontinent in den letzten Jahren ?

Phase 1

Ereignisse
- Soziale, politische und wirtschaftliche Bedingungen beginnen sich zu verbessern
- Neue Wirtschaftspolitik
- Externe Faktoren
- Liquiditätsverbesserung auf Grund von steigenden Exporten, der Rückführung von Kapital und steigenden Mittelzuflüssen ausländischer Portfolios und Direktinvestitionen
- Ausblick auf Unternehmensgewinne verbessert sich erheblich
- Aufnahme von großen Infrastrukturprojekten
- Privatisierungen ganzer Industriezweige

Symptome
- Wohlstandsanstieg
- Konsum, Investition, Unternehmensgewinne und Aktien beginnen zu steigen, während die Kreditkonditionen aufgelockert werden
- Aktien beginnen plötzlich zu steigen
- Tourismus verbessert sich
- Arbeitslosigkeit beginnt zu fallen
- Hotelbelegung steigt auf 70 %
- Ausgangssperren werden aufgehoben

Beispiele

- Mittlerer Osten nach 1973
- Mexiko nach 1984
- Thailand nach 1985
- Indonesien nach 1987
- China nach 1990
- Argentinien, Brasilien und Peru nach 1990
- Russland und Osteuropa nach 1993

Phase 2

Ereignisse

- Arbeitslosigkeit fällt und Löhne steigen
- Kapazitätserweiterungsinvestitionen
- Hohe Zuflüsse ausländischer Fonds
- Schnelle Kreditexpansion
- Immobilienpreise steigen um ein Vielfaches
- Neuemissionen von Aktien und Anleihen erreichen Rekordmarken
- Ausländische Broker und andere ausländische Finanzinstitutionen eröffnen Büros
- Merger&Acquisition-Tätigkeiten steigen an
- Inflation beginnt sich zu beschleunigen, Zinssätze steigen

Symptome

- Riesige Bauplätze
- Hotels sind voll mit ausländischen Geschäftsleuten und Portfoliomanagern, viele neue Hotels werden gebaut
- Überschriften in der internationalen Presse sind jetzt sehr positiv
- Die Mittelzuflüsse ausländischer Portfolios steigen an
- Dicke, bullishe Research-Reports

Beispiele

- Houston, Dallas, Denver und Calgary in den späten 70ern
- Der gesamte Mittlere Osten, Iran eingeschlossen, zwischen 1978 und 1980
- Japan zwischen 1987 und 1990
- Süd- und Nordasien in den späten 80ern
- Lateinamerika zwischen 1992 und 1994

Phase 3

Ereignisse

- Überkapazitäten in vielen Sektoren der Wirtschaft
- Infrastrukturelle Probleme, Engpässe und übermäßige Kreditexpansion – starker Inflationsdruck
- Wachstumsrate der Unternehmen verlangsamt sich
- Schock führt zu unerwartetem Aktienkursverfall
- Hausse nährt die Hausse
- Insider steigen aus
- Aktienangebot (Neuemissionen + Insider) übersteigt die Nachfrage

Symptome

- Manie und Crash
- Kreditvolumen explodiert
- Viele Appartmenthäuser, Hausbauprojekte und neue Hotels, Bürogebäude und Einkaufszentren werden fertig gestellt
- Die wirtschaftliche Hauptstadt ähnelt einer »Boom Town"
- Neuer Flughafen wird eingeweiht, ein zweiter befindet sich in der Planungsphase
- Berühmte Geschäftsleute, Immobilien- und Aktienspekulanten werden zu Volkshelden
- Die investierende Masse findet alle möglichen Gründe dafür, »warum der Aktien- und Immobilienmarkt nicht fallen kann"
- Umsatz beträgt ein Vielfaches von Phase 1
- Schlüsselwörter M&A, Red Chips, Tiger Economies, Tiger Cub Economies, New Era, New Economy
- Menschen geben ihren Job auf, um sich darauf zu konzentrieren, den Markt »zu spielen«

- Unternehmensvorstände gehen auf Übernahme-Einkaufsorgien, in der Regel schuldenfinanziert
- Ausländische Mittelzuflüsse erreichen ein sehr hohes Level

Beispiele
- Ölfördernde Regionen in den 80ern
- Hong Kong 1973, 1980 und 1997
- Thailand zwischen 1992 und 1994
- Singapur 1980 / 81
- Japan 1989
- Indonesien 1990
- Taiwan 1990
- Lateinamerika 1994
- TMT-Sektor 1999 / 2000

Phase 4

Ereignisse
- Das Kreditwachstum verlangsamt sich, Unternehmensgewinne sinken
- Überkapazitäten werden in wenigen Industriezweigen zu einem Problem, aber die Gesamtwirtschaft läuft weiterhin gut
- Nach einem ersten starken Verfall erholen sich die Aktien wieder
- Ausländer vergrößern ihre Aktienkäufe
- Der Großteil der Aktien erreicht kein neues Hoch
- Advance-Decline-Linie fällt

Symptome
- Zahl notleidender Kredite beginnt anzusteigen
- Appartementhäuser haben einen Preis erreicht, der die Kaufkraft der Ortsansässigen übersteigt. Sie werden nun in Übersee beworben.
- Die Touristenzahlen verringern sich, die Hotelbelegung fällt, Rabatte werden angeboten
- Broker veröffentlichen weiterhin sehr bullishe Reports und argumentieren, dass der Rückgang in den Aktienpreisen eine im Leben einmalige Kaufgelegenheit darstellt
- Politische und soziale Bedingungen verschlechtern sich

Beispiele

- Lateinamerika in den frühen 80ern
- Thailand und Malaysia nach 1994
- Hong Kong in und nach 1997
- USA in den frühen 30ern, im Herbst 1973 und 2000 / 2001

Phase 5

- Ereignisse
- Aufschläge für Anleihen weiten sich aus
- Mehr und mehr Pleiten
- Der Konsum verlangsamt sich merklich
- Unternehmensprofite kollabieren
- Aktien treten in einen harten Abwärtstrend ein
- Immobilienpreise fallen stark
- Einer oder mehrere »Big Players« gehen pleite (normalerweise diejenigen, die in Phase 3 die Schlagzeilen gemacht haben)
- Unternehmen müssen Cash generieren

Symptome

- Leere Bürogebäude, hohe Leerstandsrate in den Hotels
- Unterbrochene und nicht fertig gestellte Bauten
- Arbeitslosenquote beginnt zu steigen
- Haushaltsüberschüsse werden zu -defiziten
- Aktienbroker entlassen Angestellte oder schließen ihre Büros
- Research-Reports werden dünner
- Das Land ist nicht länger ein beliebtes Touristenziel, weil es oftmals unsicher wird

Beispiele

- Singapur 1982 und 1983
- Indonesien, Malaysia, Thailand und die Philippinen 1998
- Argentinien 2002?

Phase 6

Ereignisse

- Das Volumen ist normalerweise um 90 % niedriger als in Phase 3
- Investitionen fallen stark
- Zinssätze fallen weiter und erreichen neue Tiefs im Zyklus
- Ausländische Investoren verkaufen weiterhin
- Die Währung schwächt sich ab oder wird abgewertet

Symptome

- Schlagzeilen extrem negativ
- Ausländische Broker werden bearish und schließen ihre Büros
- Vermögenswerte in den Aktienfonds sind um rund 90% gefallen
- Flüge, Hotels und Nachtclubs sind leer

Beispiele

- USA 1932 und Ende 1974
- Hong Kong 1974 und 2002
- Asien nach 1997
- Lateinamerika und vor allem Argentinien 2002?

Wenn wir die Symptome der einzelnen Phasen auf die Top-Drei Asiens projizieren, so kommen wir zu folgendem Ergebnis:

Symptome und Einteilung der Märkte in Phasen

CHINA (Phase 2)	JAPAN (Phase 6)	SÜDKOREA (Phase 4)
Ereignisse • Arbeitslosigkeit sinkt und Löhne steigen • Kapazitätserweiterungs-investitionen • Große Zuflüsse ausländischer Fonds • Schnelle Kreditexpansion • Immobilienpreise steigen um ein Vielfaches • Neuemissionen von Aktien und Anleihen erreichen Rekordmarken • Ausländische Broker und andere ausländische Finanzinstitutionen eröffnen Büros • Merger & Acquisition-Aktivitäten nehmen zu • Inflation beginnt sich zu beschleunigen, Zinssätze steigen	**Ereignisse** • Das Volumen ist normalerweise um 90 Prozent niedriger als in Phase 3 • Investitionen fallen stark • Zinssätze fallen weiter und erreichen neue Tiefs im Zyklus • Ausländische Investoren verkaufen weiterhin • Die Währung schwächt sich ab oder wird abgewertet	**Ereignisse** • Kreditwachstum verlangsamt sich, Unternehmensgewinne gehen zurück • Überkapazitäten werden in wenigen Industriezweigen zu einem Problem, aber die Gesamtwirtschaft läuft weiterhin gut • Nach einem ersten starken Verfall erholen sich die Aktien wieder • Ausländer vergrößern ihre Aktienkäufe • Der Großteil der Aktien erreicht kein neues Hoch • Advance-Decline-Linie fällt
Symptome • Riesige Bauplätze • Hotels sind voll mit ausländischen Geschäftsleuten und Portfoliomanagern. Viele neue Hotels werden gebaut. • Überschriften in der internationalen Presse sind jetzt sehr positiv. • Die Mittelzuflüsse ausländischer Portfolios steigen an. • Dicke, bullishe Research-Reports	**Symptome** • Schlagzeilen extrem negativ • Ausländische Broker werden bearish und schließen ihre Büros • Die Vermögenswerte in den Aktienfonds sind um rund 90 Prozent gefallen	**Symptome** • Die Zahl notleidender Kredite wird größer • Appartementhäuser haben einen Preis erreicht, der die Kaufkraft der Ortsansässigen übersteigt. Sie werden nun in Übersee angeboten • Die Touristenzahlen verringern sich, die Hotelbelegung fällt, Rabatte werden angeboten • Broker veröffentlichen weiterhin sehr bullishe Reports und argumentieren, dass der Rückgang bei den Aktienpreisen eine im Leben einmalige Kaufgelegenheit darstellt

Quelle: Eigene Darstellung

7.2 Makro-Analyse

Unser zweiter Baustein des Bewertungsmodells ist die Makro-Analyse. Dabei haben wir die einzelnen Faktoren in drei Rubriken gegliedert, die sich überschneiden und sich somit gegenseitig beeinflussen.

- **Politische Faktoren**
- **Wirtschaftliche Faktoren**
- **Soziale Faktoren**

Wie bereits angesprochen, sind die Rahmenbedingungen einer Volkswirtschaft ein bedeutender Faktor für Investitionen. Sollten die einzelnen Merkmale nicht unseren Vorstellungen entsprechen, so ist eine Vertiefung unserer Analyse in die einzelnen Segmente und Branchen nahezu hinfällig.

Sicherlich ändern sich im Laufe der Monate und Jahre die makroökonomischen Grundlagen. Deshalb bietet sich eine regelmäßige Kontrolle diverser Volkswirtschaften an, um zeitnah einen Ein- beziehungsweise Ausstieg zu finden. Wie wir unsere einzelnen Faktoren gewichten, wird im Kapitel 7.5. »Anwendung des Bewertungsmodells« beschrieben.

Nun zu den einzelnen Faktoren, die bei der Makro-Analyse zu beachten und zu bewerten sind. Die zusätzliche Beschreibung soll verdeutlichen, welche volkswirtschaftliche Entwicklung sich positiv beziehungsweise negativ auf die künftigen Chancen und Risiken auswirken wird.

Währung

Die Währung ist in einer Volkswirtschaft ein zentrales Instrument, um das Vertrauen ausländischer Investoren abzuschätzen. In unserer historischen Betrachtung haben wir die verheerenden Auswirkungen eines Vertrauensverlustes in eine Landeswährung vor allem im Zeitraum der Asien-Krise kennen gelernt. Durch den Abzug von Kapital – die Folge des schwindenden Vertrauens der Investoren – ist die Währung Indonesiens beispielsweise binnen sechs Monaten um 85 Prozent gefallen. Dies führte zu einer enormen Verschuldung inländischer Unternehmen, die Kredite im Ausland, etwa in den USA, aufgenommen haben.

Zusatz: Je stabiler die Währung, desto sicherer ist eine Investition in einer Volkswirtschaft.

Steuern

Die Steuerpolitik eines Landes umfasst viele verschiedene Bereiche. So unterscheiden wir zunächst zwischen Unternehmenssteuern und Mehrwertsteuer. Während sich Unternehmenssteuern direkt auf die Attraktivität ausländischer Direktinvestitionen durch Unternehmensverlagerungen auswirken, ist die Mehrwertsteuer vornehmlich dem Binnenmarkt zuzuordnen. Wir erleben die Diskussion hoher Unternehmenssteuern in Deutschland bereits seit längerem, und das nicht zu Unrecht. Ist die Investition für ausländische Unternehmen in einer Volkswirtschaft unattraktiv, so werden sich diese nicht hier ansiedeln.

Zusatz: Sind die Unternehmenssteuern hoch oder werden sie erhöht, so wirkt sich dies negativ auf die Direktinvestitionen aus.

Zinsen

Das Zinsspektakel und die Spekulationen über Erhöhung und Senkung erfahren wir beim täglichen Börsengeschehen. Bei niedrigen Zinsen werden bekanntlich die Investitionen angekurbelt. Aber nicht immer wirken sich langfristig niedrige Zinsen positiv auf eine Volkswirtschaft aus. Die Asien-Krise hat gezeigt, dass niedrige Zinsen und daraus folgend hohe Investitionen zu Überkapazitäten führen. Dieser Aufbau von Überkapazitäten sowie die steigende Verschuldung der Unternehmen und Konsumenten führten zu einem volkswirtschaftlichen Desaster. Eine lange Phase zu hoher Zinsen dämpft dagegen Investitionen und privaten Konsum, und auch das hat negative Auswirkungen auf die Volkswirtschaft. Darüber hinaus haben hohe Zinsen den Effekt, dass der Abzinsungswert einer Anlage niedriger ausfällt. Das durchschnittliche Kurs-Gewinn-Verhältnis ist in Hochzinsphasen beispielsweise in der Regel wesentlich niedriger als in Niedrigzinsphasen. Deshalb sollten Anleger die künftige Entwicklung des Zinsniveaus berücksichtigen.

Zusatz: Die Zinspolitik eines Staates muss immer zum Gleichgewicht der wirtschaftlichen Entwicklung führen. Sollte dieses Gleichgewicht nicht eintreten, so wirkt sich die Zinspolitik negativ aus. Langfristige Zinswendepunkte beeinflussen das Verhalten der Marktteilnehmer und führen zu Veränderungen des »fairen« Wertes einer Anlage.

Geldpolitik

Die Geldpolitik ist im Wesentlichen die Strategie der Zentralbank eines Landes. Diese Strategie beinhaltet die Bereitstellung von Liquidität. In den USA beispielsweise sehen wir eine expansive Geldpolitik, die der Volkswirtschaft eine ungeheure Menge von Liquidität zur Verfügung stellt, das sich kurzfristig auf den Konsum positiv auswirkt, da Kapital vorhanden ist. Allerdings sehen wir am Beispiel Chinas, wie die Liquidität aufgrund von Kreditstopps eingeengt wird.

Zusatz: Expansive Geldpolitik führt zur kurzfristigen Belebung von Konsum und Investitionen. Aber langfristige Folgen sind unter anderem steigende Inflation und Überschuldung. Liquiditätsverknappung führt langfristig zu einem niedrigeren Konsum und sinkender Nachfrage, höherer Sparneigung und einer »Sanierung der Bilanzen«.

Inflation und Deflation

Die weltwirtschaftlichen Entwicklungen laufen in Phasen der Inflation und Deflation ab. Die Phasen, in denen es keine großen Preisveränderungen gibt, waren in den vergangenen Jahren sehr kurz, da unser heutiges Geldsystem die Stabilität nicht fördert. Die Entstehung von Deflation kann zu verheerenden Auswirkungen für hochverschuldete Unternehmen und Anleger führen.

Aber auch eine Inflation kann enorme Probleme mit sich bringen, da die ständigen Preisanpassungen der Entwicklung der Volkswirtschaft schaden, die langfristige Planung gefährden sowie die Kaufkraft über die Abwertung der Währung schmälern.

Zusatz: Inflation führt zu hohen Zinsen und/oder einem Rückgang der Kaufkraft. Deflation führt bei der Kreditrückzahlung zu einem hohen »Realzinsniveau«, kann im Gegenzug aber die reale Kaufkraft erhöhen und einen »deflationären« Boom auslösen. Inflation und Deflation können, wenn man sie nicht erwartet, zum Problem werden.

Abhängigkeit anderer Volkswirtschaften

Alle Industrieländer sind mehr oder weniger stark von anderen Ländern abhängig. Gefährlich wird es nur dann, wenn sich die Abhängigkeit (Export / Import) auf wenige Länder konzentriert und beschleunigt. Bei der Asien-Krise beispielsweise hatten die plötzlichen Handelsbeschränkungen aus den USA Südkorea beinahe in den Staatskonkurs getrieben, da die USA den wesentlichen Exportanteil ausmachten.

Zusatz: Je stärker ein Land wirtschaftlich und politisch von anderen Volkswirtschaften abhängt, desto gravierender sind die negativen Folgen.

Arbeitslosenzahlen

Die Arbeitslosenzahlen bilden einen Großteil der aktuellen Stimmung eines Landes ab. Nicht nur das Konsumverhalten und die soziale Sicherheit wird reflektiert, sondern auch die konjunkturelle Lage einer Volkswirtschaft. Steigt die Arbeitslosenquote, so werden der Konsum und dadurch der Binnenmarkt und mittelfristig die gesamte Wirtschaft geschwächt.

Zusatz: Steigen die Arbeitslosenzahlen, wirkt sich dies negativ aus. Umgekehrt entwickelt sich daraus ein dynamisches Wachstum aus der Volkswirtschaft.

Wachstum

Jede Volkswirtschaft will und muss wachsen, um den Lebensstandard beizubehalten oder zu steigern. Industrieländer bewegen sich dabei eher mit kleineren Schwankungen, während die Länder der Emerging Markets zyklisch auf die Konjunktur der großen Wirtschaftsnationen reagieren. Dieses Phänomen ist vor allem bei den rohstoffreichen Volkswirtschaften der Emerging Markets anzutreffen, deren Preise bei einem konjunkturell stabilen Umfeld steigen. Zu schnell wachsende Volkswirtschaften könnten aufgrund zu hoher Attraktivität bei ausländischen Investoren mit Kapital leicht überhitzen. Auch hier kann an die Asien-Krise erinnert werden.

Zusatz: Emerging-Markets-Länder wachsen pro-zyklisch. Einstiegschancen ergeben sich vor einer weltweit konjunkturellen Erholung oder einem Aufschwung. Gefahren drohen bei einer zunehmenden Überhitzung durch ausländisches Kapital.

Lohnentwicklung

Die Lohnentwicklung ist für den künftigen Standard innerhalb einer Volkswirtschaft ein entscheidender Faktor. Obwohl man zunächst davon ausgeht, dass ein steigendes Lohnniveau einer Volkswirtschaft nur Positives mit sich bringt, haben wir in der Vergangenheit auch das Gegenteil erlebt. Steigende Löhne führen langfristig zur Auslagerung der Produktion ins Ausland und somit größtenteils zu Arbeitsplätze-Abbau und niedrigerem Wohlstand. Bleiben jedoch die Löhne trotz Wirtschaftswachstums unverändert niedrig, führt dies meist zu Spannungen zwischen Arbeitgebern und Arbeitnehmern.

Zusatz: Eine parallele Entwicklung von Wirtschaftswachstum und Lohnentwicklung ist vernünftig. Gerät das Gleichgewicht außer Kontrolle, ergeben sich zwangläufig Spannungen.

Staatsverschuldung

Staatsverschuldung ist ein Begriff, der sich in den letzten Jahren immer mehr aus den Köpfen der politischen Führung verabschiedet hat. Die Industrienationen versuchen, ihre Wirtschaftskraft mit steigendem Schuldenberg zu erhöhen, und verdrängen damit die Gefahren eines solchen Vorgehens. Wie sich eine hohe Staatsverschuldung langfristig negativ auf eine Volkswirtschaft auswirken kann, haben wir am jüngsten Beispiel Argentiniens erfahren. Eine hohe Staatsverschuldung, deren Währung zusätzlich nicht mit Gold gedeckt ist, führt zu schwindendem Vertrauen. Dadurch wird eine Platzierung von Staatsanleihen immer problematischer, was langfristig in den Staatskonkurs führen kann.

Zusatz: Bei steigender Staatsverschuldung steigt das Risiko einer ernsthaften Krise einer Volkswirtschaft.

Privatverschuldung

Ähnlich der Staatsverschuldung ist die Privatverschuldung für die künftige Kaufkraft einer Volkswirtschaft verantwortlich. Private Haushalte können sich nur so hoch verschulden, wie es das Finanz- und Bankensystem erlaubt. Sobald der Punkt erreicht ist, an dem die Banken das verliehene Kapital zurückfordern, platzt die Blase. Die Auswirkungen liegen auf der Hand: Die Banken geraten aufgrund ihrer faulen Kredite in Schwierigkeiten, Konsum und Binnenwirtschaft kommen zum Erliegen.

Zusatz: Nimmt die Privatverschuldung zu, so steigt das Risiko einer ernsthaften Krise. Steigen sowohl die Privatverschuldung als auch die Staatsverschuldung überdimensional an, ist äußerste Vorsicht geboten.

Nachfrage und Kaufkraft

In einer Volkswirtschaft kann Nachfrage erst durch ausreichende Kaufkraft entstehen. Zu berücksichtigen ist dabei, wodurch die Kaufkraft generiert wurde. Hierbei gibt es diverse Ansätze: Zum einen kann die Kaufkraft durch steigende Exporte und erhöhte Produktion erzielt werden, zum anderen kann ein stärkerer Binnenmarkt zu steigender Kaufkraft führen.

Zusatz: Eine Untersuchung der Kaufkraftentwicklung ist unumgänglich. Entsteht die Kaufkraft ausschließlich durch eine expansive Geldpolitik, so wirkt sich dies langfristig negativ aus. Zwar ist ein kurzfristiger Nachfrageanstieg zu erwarten, aber auf lange Sicht wird die Währung geschwächt.

Investitionszugang für ausländische Investoren

Welche Möglichkeiten haben Investoren in einem Staat, in dem Investitionen aus dem Ausland nicht erlaubt sind? Keine. Es ist daher wichtig einzuschätzen, inwieweit sich ein Staat künftig öffnen möchte und welche Möglichkeiten bereits bestehen. In Kuba beispielsweise haben sich bereits einige Spekulanten mit einem Joint Venture eingekauft. Sollte in naher Zukunft die Öffnung des Landes durchgesetzt werden, so werden diese Investoren stark profitieren. Beobachtet man und informiert sich über die stetige Entwicklung einer Regierung, so könnte sich dies bei einer Öffnung für Investoren durchaus positiv auswirken.

Zusatz: Besteht eine Möglichkeit künftiger Öffnungen für Investoren, so wird sich dies auf die Volkswirtschaft und auf deren Umfeld positiv auswirken.

Direktinvestitionen aus dem Ausland

Direktinvestitionen sind nur bei einer Marktöffnung möglich. Meist findet in diesen Zeiten ein regelrechter Wettlauf der Großinvestoren statt, die sich in den geöffneten Märkten positionieren wollen. Eine solche Entwicklung durchlief zuletzt China, als nach der Öffnung Direktinvestitionen in Milliardenhöhe flossen und immer noch fließen. Sicherlich führt die gigantische Kapitalsumme zunächst zu einem enorme Wachstum, doch sie kann auch, wie die Asien-Krise gezeigt hat, schwer wiegende Folgen haben. Gefährlich wird es dann, wenn das Inland von den Direktinvestitionen abhängig wird und bei einem plötzlichen Stopp bereits eingeplantes Kapital fehlt.

Zusatz: Zu viele Direktinvestitionen bergen hohe Risiken, eine erste Öffnung für Direktinvestitionen aus dem Ausland birgt großes Potenzial.

Immobilienpreise

Ein wesentlicher Stimmungsindikator sind die Immobilienpreise. In Boom-Regionen steigen die Preise für Büro- und Wohnflächen in unglaublicher Geschwindigkeit. Teilweise werden die Immobilienpreise künstlich hoch gehalten, sodass eine Region nach außen hin weiterhin als attraktiver Standort gilt. Zusätzlich bieten höhere Immobilienpreise eine bessere Chance der Hypothekenfinanzierung privater Haushalte. Historisch betrachtet war stets die Hochphase einer Immobilienblase die letzte Phase eines Hypes, was man auch bei der Asien-Krise sehen konnte.

Zusatz: Sind die Immobilienpreise im internationalen Vergleich ausgesprochen hoch angesiedelt und stiegen beziehungsweise steigen sie in enormen Raten weiter, so muss das Umfeld verstärkt beobachtet werden, denn dies kann ein Indikator für die letzte Phase des Booms sein.

Aktuelle Mediendiskussion im Ausland

Steigende Aktienmärkte im Ausland bieten immer Zündstoff für die Medien. Ob wir uns an die Japan-Rally in den achtziger Jahren erinnern, an die Nasdaq-Bubble oder an die Euphorie am chinesischen Aktienmarkt Mitte bis Ende 2003: Überall war der Zug bereits abgefahren.

Zusatz: Je besser die Stimmung an den Märkten, desto größer ist die Gefahr einer Überbewertung, Überhitzung, eines baldigen Kapitalabflusses und hoher Verluste.

Staatliche Reformen

Aktuell unterentwickelte und in der internationalen Presse vernachlässigte Volkswirtschaften arbeiten häufig an Reformen, die das Land wieder »nach vorn bringen« sollen. In der allgemeinen Presse werden diese Reformpläne meist nicht publiziert. Somit ergeben sich für informierte Anleger gute Möglichkeiten, früh an einem jungen Markt teilnehmen zu können. Im Gegenzug ist eine mangelnde Reformbereitschaft, wie man es meist aus entwickelten Industriestaaten kennt, ein Grund für den Investitionsausstieg.

Zusatz: Stehen wesentliche Wirtschaftsreformen in vermeintlich »uninteressanten« Staaten bevor, wirken sich eine gründliche Recherche und ein Engagement meist positiv aus.

Marktöffnung

Am Beispiel Südkoreas ist die Wichtigkeit einer Marktöffnung deutlich zu erkennen. Das Land war durch die offenen Märkte, beispielsweise zu den USA, beim Export sehr erfolgreich. Südkorea verschloss sich jedoch dem Import US-amerikanischer Produkte, was zu einem »Handelskrieg« führte und die Asien-Krise weiter anheizte. Wenn sich eine Volkswirtschaft nicht öffnet, spielen die vermeintlichen Partner ab einem gewissen Zeitpunkt nicht mehr mit. Umgekehrt gilt: Wenn sich ein Land plötzlich öffnet, erhält es zunehmend Potenzial für den Export.

Zusatz: Öffnet sich eine Volkswirtschaft gegenüber anderen, so ist dies eine positive Entwicklung.

Handelsabkommen – auch geplante staatliche Reformen

Bei der Marktöffnung spielen Handelsabkommen eine wesentliche Rolle. Handelsabkommen sind meist von günstigeren Einfuhrzöllen begleitet und führen dadurch zu steigendem Absatz der Exportgüter. Wichtig dabei ist, dass man die Auswirkungen des neuen Handelsraumes erkennt. Beispielsweise erhalten japanische Unternehmen durch das Handelsabkommen mit Mexiko einen ersten Zugang zum südamerikanischen Wirtschaftsraum. Trotzdem sind Handelsabkommen zweigleisig zu sehen, da auch die andere Volkswirtschaft das Recht zur Lieferung von Produkten erhält, was den einen oder anderen Wirtschaftssektor belasten könnte.

Liste der geplanten Freihandelsabkommen:

Korea – Chile
Japan – Mexiko
Japan – Korea
Japan – Thailand
Japan – Philippinen
Singapur – Kanada
Singapur – Mexiko
Singapur – Hongkong
China – ASEAN

Quelle: Eigene Darstellung

Zusatz: Zunehmende Handelsabkommen bergen großes Potenzial für exportorientierte Länder. Bei Ländern, deren Exporte einen eher geringfügigen Anteil ausmachen, muss das Abkommen genauer beleuchtet werden.

Liberalisierung / Privatisierung von Sektoren

Die Liberalisierung und Privatisierung von Sektoren bringt sowohl Vor- als auch Nachteile mit sich. Zum einen wird das Konkurrenzverhalten verstärkt, zum anderen entsteht durch die höhere Konkurrenz Margendruck für die Unternehmen. Darüber hinaus werden selbst marode Staatsunternehmen durch die Privatisierung zu Restrukturierungen und Effizienzsteigerungen gezwungen. Zunehmende Privatisierung weckt zusätzlich das Interesse ausländischer Investoren, was zu Direktinvestitionen führen kann.

Zusatz: Privatisierungen ziehen internationale Investoren an. Sehr früh schon ergeben sich gute Einstiegsmöglichkeiten.

Politische Stabilität

Sowohl innen- als auch außenpolitische Stabilität sind für die volkswirtschaftliche Entwicklung enorm wichtig. Bei Unruhen, Kriegsängsten und Terror wächst die Unsicherheit der Investoren und Konsumenten. Alle Begleiterscheinungen politischer Instabilität wirken sich auf eine Volkswirtschaft negativ aus. Selbst wenn man in der Börsenwelt gerne verkündet: »Kaufen, wenn die Bomben fallen«, ist dies ein langfristiger Trugschluss. Dies beweist der Dow Jones: Seit den Terroranschlägen vom 11.September 2001 bis Juli 2004 ist er im Minus.

Zusatz: Anzeichen einer politischen Instabilität sind ein negatives Zeichen. Friedensverträge bieten dagegen ein positives Umfeld für Investitionen.

All diese Faktoren werden wir in Kapitel 7.5 einer Bewertung unterziehen. In der folgenden Tabelle erhalten Sie nochmals einen ausführlichen Überblick über die wesentlichen Faktoren unserer Makroanalyse:

- Politische Stabilität
- Liberalisierung / Privatisierung von Sektoren
- Handelsabkommen – auch geplante staatliche Reformen
- Marktöffnung
- Immobilienpreise
- Aktuelle Mediendiskussion im Ausland
- Direktinvestitionen aus dem Ausland
- Investitionszugang für ausländische Investoren
- Nachfrage und Kaufkraft
- Geldpolitik
- Inflation – Deflation
- Privatverschuldung
- Staatsverschuldung

- Lohnentwicklung
- Arbeitslosenzahlen
- Abhängigkeit anderer Volkswirtschaften
- Wachstum
- Zinsen
- Anleihen
- Steuern
- Währung

7.3 Branchenanalyse

Die Branchenanalyse stellt den dritten bedeutenden Baustein unseres Bewertungsmodells dar. Wie im vorherigen Abschnitt »Makro-Analyse« bereits erklärt, ist eine Vertiefung in die Sektoren einer Volkswirtschaft nur dann sinnvoll, wenn das Ergebnis der volkswirtschaftlichen Analyse positiv ausgefallen ist.

Die Branchenanalyse betrifft die Auswertung der einzelnen Sektoren der Volkswirtschaft der Makroanalyse im vorherigen Kapitel. Zunächst werden einige Definitionen vorgenommen, beispielsweise export- oder binnenmarktorientierte Branchen, Sättigungsgrad, Investitionsbedürfnisse und die Nachfrage beziehungsweise Kaufkraft für die Produkte der Branche. Das Lebenszyklusmodell einer Branche soll Ihnen bei der langfristigen Entscheidung eine Hilfestellung sein.

Die Branchenanalyse wird am Beispiel eines Herstellers von Mobilfunkgeräten beschrieben, wobei der Nachfrage eine entscheidende Rolle zukommt.

Phase 1: Einführung

Das Produkt ist entwickelt und wird langsam zu hohen Preisen auf den Markt gebracht. Hightech-Fans sind die ersten Nachfrager. Die ersten Mobilfunkgeräte werden von Nutzern von Autotelefonen gekauft.

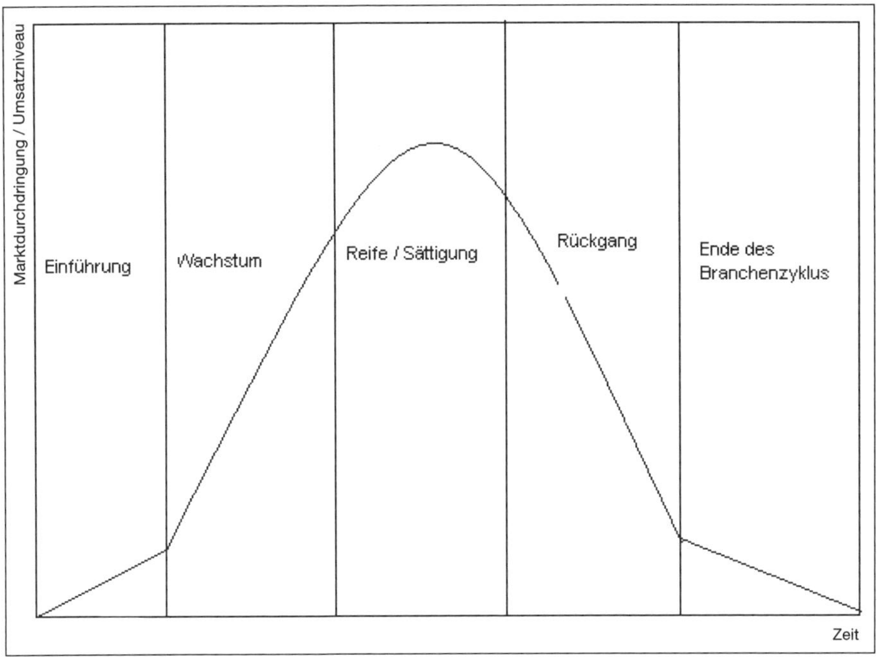

Lebensyyklusmodell nach Ichak Adizes *Quelle: Eigene Darstellung*

Phase 2: Wachstum

Das Produkt wird stärker vermarktet und zu einem niedrigeren Preis angeboten, um die Nachfrage weiter anzukurbeln. Die Nachfrage kommt nun von Händlern und Geschäftleuten, die die Vorteile des Mobilfunks nutzen. Die ersten Marktanteile werden innerhalb der Branche verteilt.

Phase 3: Reife / Sättigung

Das Produkt wird über viele Kanäle angeboten und so für breitere Käuferschichten interessant. Die Vermarktung wird vorangetrieben. Die Produktionskapazitäten sind vollständig ausgelastet. Dann tauchen erste Sättigungstendenzen auf, und Preiskämpfe entstehen. Das Produkt ist auf dem Markt vollständig etabliert.

Phase 4: Rückgang

Der Markt ist bereits weitestgehend gesättigt, und nun treten die Skeptiker auf den Markt. Die Hersteller versuchen, die allerneuesten Innovationen an den Mann zu bringen, um die Nachfrage stabil zu halten, was durch Innovationen durchaus gelingen kann.

Phase 5: Ende des Branchenzyklus

Das Produkt findet auf dem Markt kaum noch Abnehmer. Der Preiswettbwerb und die niedrige Nachfrage machen die Produktion unrentabel. Das Produkt verschwindet vom Markt. Seine Weiterentwicklung für eine neue Markteinführung im Lebenszyklus ist möglich.

Unterscheidung der Branchen

Die Einteilung der verschiedenen Gewichtung von Export- und Binnenmarkteinteil der Sektoren muss selbstverständlich an die einzelnen Volkswirtschaften angepasst werden. Dabei gilt:

X = kleiner Treffer
XX = hoher Treffer
XXX = sehr hoher Treffer

	exportorientiert	binnenmarktorientiert
Telekommunikation		XXX
Flug / Reisen	X	X
Einzelhandel / Großhandel		XXX
Banken / Versicherungen		XXX
Immobilien / Bau		XXX
Pharma / Chemie	X	XX
Energie/ Öl	XX	X
Stahl	XX	X
Maschinenbau	XX	X
Elektronikkomponenten / Chips	XXX	
Elektronikgeräte	XX	X
Transportmittel / Verkehr	XX	X
Transport / Logistik	X	XX
Nahrungsmittel	X	XX
Papier	X	XX
Textilien	XX	X

Nachfrage nach Produkten aus der Branche

Die aktuelle und künftige Nachfrage nach Produkten sind entscheidende Größen für eine positive oder negative Bewertung eines gesamten Sektors. Im täglichen Leben erleben wir immer wieder Phasen von Innovationen, die ganze Sektoren in einen Boom verfallen lassen. Dagegen gibt es auch Branchen, die insbesondere in Sättigungsphasen unter substanziellen Druck geraten. Beispiele dafür haben wir in der IT-Branche erlebt. Ende des 20. Jahrhunderts wurde Software sowohl von privaten als auch von gewerblichen Konsumenten stark nachgefragt. Die gesamte Branche erfuhr einen enormen Aufstieg, bis sie in die Sättigungsphasc trat. Die Folge war, dass nach einer zuvor großen Nachfrage internationaler Investoren ein massiver Kapitalabzug bei diesen Unternehmen stattfand. Weitere Auswirkungen waren Preiskämpfe und Pleiten.

Zusatz: Nähern wir uns einer Marktsättigung, so wirkt sich dies auf die Branche negativ aus. Erwartet man eine neue Nachfragewelle, so wird der Sektor attraktiv.

Konkurrenzverhalten

Auf die Nachfrageanalyse aufbauend, ist das Konkurrenzverhalten in einem Sektor ein maßgeblicher Indikator. In Phasen des Aufschwungs beziehungsweise bei Innovationen wird die Konkurrenz immer größer. Ein Beispiel dafür war beziehungsweise ist immer noch der Telekommunikationssektor. Besonders anschaulich: die Dumpingpreise für das Breitbandinternet in Japan, bei denen die Gebührenpreise deutlich unter den Kosten bleiben. Ein Ende ist dabei nicht abzusehen. Zunehmende Konkurrenz ist jedoch auch in abschwächenden Märkten zu beobachten. Beispiel Automobilsektor in den USA: Hier übertreffen sich die internationalen Autobauer gegenseitig mit Null-Zins-Finanzierungen, was sowohl Zahlungsausfälle als auch sinkende Margen mit sich bringt.

Zusatz: Sektoren durchlaufen einen Zyklus. Steigendes Konkurrenzverhalten mit aufkommendem Preiskampf wirkt sich mittelfristig negativ aus. Langfristig wird der Stärkste gewinnen.

Investitionsbedürfnis

Branchen, die einen hohen technologischen Standard erfüllen, werden auch künftig hohe Investitionen tätigen müssen. Ob Forschung und Entwicklung, ob der Erwerb neuer Maschinen: Die Unternehmen solcher Branchen benötigen viel Kapital. Ein interessantes Beispiel dafür sind die von Siemens ausgegliederten Töchter Infineon und Epcos, die aufgrund eines positiven Kapitalmarktumfeldes ihren Cash-Bestand mit Hilfe eines Börsenganges durchsetzten. Durch die schnelle Konkurrenz (insbesondere aus Asien) sind diese beiden Unternehmen stets mit Investitionen beschäftigt. Erleidet eine Branche, die ohnehin mit hohen Investitionen zu kämpfen hat, einen Preissturz bei ihren Produkte, so hilft meist nur eine Kapitalerhöhung. Häufig ist es nur eine Frage der Zeit, bis die Investoren die Geduld verlieren und aus solchen Branchen aussteigen. Ein Beispiel für die abnehmende Geduld der Investoren war der Eisenbahnsektor in den USA Ende der zwanziger Jahre. Die stetigen Investitionen, hohes Konkurrenzaufkommen und steigende Verluste bewogen die Anleger zum Ausstieg, was zum Untergang einer gesamten Branche führte und die Börse mit dem Wall-Street-Crash 1929 gleich mit in die Tiefe riss.

Zusatz: Je höher die Wahrscheinlichkeit steigender Investitionen, desto gefährlicher werden potenzielle Preisrückgänge. Diese Behauptung muss jedoch nach den einzelnen Sektoren abgewogen werden.

Diskussion über eine Branche

Wie bereits im Kapitel 7.2 »Makro-Analyse« beschrieben, ist eine in den Medien viel diskutierte Branche meist von Investoren bereits überkauft oder enorm überverkauft. Deshalb ist eine unterschiedliche Betrachtung in Bezug auf tatsächlich gerechtfertigte Übertreibungen notwendig. Während positive Äußerungen zu verschiedenen Sektoren ziemlich sicher zu bereits hohen Bewertungen geführt haben, ziehen negative Schlagzeilen massive Unterbewertungen nach sich. Ein Beispiel für die euphorische Medienberichterstattung war der Mediensektor zur Zeit der Hochkonjunktur des Neuen Marktes in Deutschland. Ohne Fundament erhielt hier ein aus Luft bestehendes Unternehmen wie EM. TV Bewertungen, die bereits an jene einer Old-Economy-Legende herankamen. Umgekehrt haben wir die Unterbewertungen japanischer Elektronikgerätehersteller im März 2003 gesehen, als die Presse mit schlechten Berichten die Investoren noch immer weiter verunsicherte, obwohl die Branche operativ bereits den Turnaround geschafft hatte.

Zusatz: Positive Meldungen führen zu übertrieben hohen Bewertungen, negative Schlagzeilen häufig zu unberechtigter Unterbewertung.

- Aktuelle Nachfrage nach den Produkten dieser Branche
- Künftige Nachfrage nach den Produkten dieser Branche
- Angebot und Nachfrage
- Konkurrenz – international und national
- Abhängigkeit von anderen Volkswirtschaften
- Aktuelle Diskussion über die Branche
- Investitionsbedürfnis

7.4 Unternehmensanalyse

Im Top-down-Bewertungsmodell ist die Unternehmensanalyse der abschließende Teil. Nur dann, wenn die vorherigen Analysen (Phasenmodell, Makroanalyse, Branchenanalyse) erfolgreiche Zukunftsperspektiven versprechen, führen diese zu den entscheidenden Unternehmen beziehungsweise zu endgültigen Investitionen.

Zunächst stellen wir die einzelnen Bewertungskennziffern vor und gewichten diese innerhalb der Sektoren. Der Grund für diese Gewichtung liegt darin, dass beispielsweise in Technologiebranchen der Cashflow aufgrund künftiger Investitionen stabil hoch sein sollte. Anders bei den Banken: Hier stellt das Eigenkapital im Verhältnis zur Bilanzgröße ein wesentliches Entscheidungskriterium dar.

Marktposition

Marktposition und Marktanteile sind Faktoren, die höhere oder niedrigere Bewertungen erlauben. Obwohl Unternehmen mit einem geringeren Marktanteil mehr Möglichkeiten haben, diesen zu steigern, ist das Risiko auch höher. Außerdem muss innerhalb der Branchen nach Unternehmensgröße und Marktmacht unterschieden werden, da Marktführer meist über eine stärkere Finanzkraft verfügen und somit im Konkurrenzkampf länger mithalten könnten. Andererseits schleppen größere Unternehmen einen höheren Kostenblock mit sich.

Zusatz: Marktführer sind in hart umkämpften Branchen meist die Gewinner. In Branchen ohne Preiskampf haben hingegen die »schwächeren« Unternehmen meist mehr Potenzial.

Margen

Margen sind die Gewinnspannen eines Unternehmens; sie können sowohl operativ als auch netto errechnet werden. Wichtig bei der Unternehmensanalyse ist dabei, dass die aktuellen Margen ausbaufähig sind. Fallen die Margen langfristig niedriger aus, wird das Unternehmen voraussichtlich weniger Gewinn erwirtschaften. Ausnahmen wäre eine Expansionspolitik, die den Margendruck auffängt.

Zusatz: Margensteigerung wirkt sich direkt auf das Ergebnis aus. Besteht eine hohe Wahrscheinlichkeit für Margensteigerungen, steigt die Wertentwicklung.

Expansionsmöglichkeit / Vision

Expansionsstrategien müssen an die einzelnen Sektoren angepasst werden. Expansionen sind im Ausland oder Inland möglich, in Form von Kapazitätserweiterungen oder Diversifikation von Produkten oder in Gestalt des Eintritts in neue Geschäftsfelder. Da dieser Begriff sehr weitläufig ist, bedarf er einer individuellen Anpassung.

Zusatz: Unternehmen müssen gesund wachsen. Expansionen und Visionen sind daher unterschiedlich zu bewerten.

Kapazitätsauslastung

Insbesondere in Boom-Phasen erleben wir einen Wettlauf konkurrierender Unternehmen, die ihre Kapazitäten weiter erhöhen, um noch mehr Aufträge an Land zu ziehen. Gefährlich wird es dann, wenn die Nachfrage rückläufig wird und die Kapazitätsauslastung auf ein niedriges Niveau sinkt. Wenn sie so niedrig ist, dass durch den Produktverkauf die Fixkosten nicht gedeckt sind, entstehen Verluste. Im produzierenden Gewerbe ist die Kapazitätsauslastung ein wesentlicher Faktor.

Zusatz: Eine langfristig stabile Kapazitätsauslastung ist die Basis für eine gesunde Unternehmenspolitik.

Wachstumspotenzial

Obwohl die Frage des Wachstumspotenzials bereits in der übergeordneten Branchenanalyse abgehandelt wurde, ist sie im Rahmen der Unternehmensbewertung nochmals ein wichtiger Faktor. Wie bereits in den Punkten »Marktanteile und Expansion« erläutert, ist das Wachstum einzelner Unternehmen innerhalb ihrer Branche unterschiedlich stark zu erwarten.

Zusatz: Wachstum ist ein wichtiges Anlagekriterium, das aber branchenspezifisch behandelt werden muss.

Investitionen

Auch Investitionen haben wir bereits in der Branchenanalyse behandelt. Hier wird nochmals individuell auf das Unternehmen eingegangen. Die erwarteten Investitionen fließen zu einem späteren Zeitpunkt in unsere Gewinn-Verlust-Schätzung für das Folgejahr ein.

Zusatz: Sind die Investitionen langfristig hoch, so muss das Geschäftsmodell in sich schlüssig sein. Ein stetig hohes Investitionsbedürfnis in konjunkturabhängigen Unternehmen (Branchen) stellt ein steigendes Risiko dar.

Verschuldung

Unternehmen müssen investieren, darüber ist man sich einig. Die Frage dabei ist nur die Finanzierung. Ist ein Unternehmen zunehmend auf externe Geldgeber angewiesen, ist die Abhängigkeit des Unternehmens bei Zinsentwicklungen ein entscheidendes Kriterium.

Zusatz: Je höher der Verschuldungsgrad eines Unternehmens, desto größer ist die Gefahr, dass bei Zinserhöhungen die Kosten steigen. Bei Zinssenkungen wirkt sich dies kurzfristig positiv aus.

Cashflow

Können Investitionen überhaupt aus eigener Kraft bewältigt werden? – Ist das Forderungsmanagement erfolgreich? – Fließt überhaupt wirklich Cash? – Das sind die Fragen, die durch die Cashflow-Analyse beantwortet werden. Ein Unternehmen, dessen Cashflow (operativ und nach Investitionen) nicht positiv ist, wird langfristig finanzielle Schwierigkeiten haben. Deshalb stellt für uns der Cashflow ein wesentliches Instrument bei der Unternehmensbewertung dar.

Zusatz: Langfristig negativer Cashflow wird jedes Unternehmen in die Pleite führen.

Kurs-Gewinn-Verhältnis

Das Kurs-Gewinn-Verhältnis errechnet sich aus dem Verhältnis zwischen dem Wert je Aktie (Kurs) und dem Gewinn je Aktie. Innerhalb der Unternehmensanalyse ist für uns das erwartete KGV ausschlaggebend. Hier gibt es diverse

Möglichkeiten, die entsprechenden Informationen zu erhalten: Entweder man kommt aufgrund der vorherigen Überlegungen auf ein wahrscheinliches Wachstum und gleicht dies mit den Unternehmensprognosen ab, oder man vertraut auf Research-Häuser, die ihre Gewinnschätzungen in regelmäßigen Abschnitten kommunizieren. Wie man nun die einzelnen KGVs einschätzen kann, hängt von der relativen Bewertung von Vergleichsunternehmen ab. Ein KGV von unter 10 ist historisch gesehen als günstig zu bezeichnen.

Zusatz: Je niedriger das künftige KGV ist, desto attraktiver ist das Investment.

Enterprise Value / Ebitda

Der Enterprise Value (EV) / Ebitda ist eine feste Größe, um die aktuelle Bewertung eines Unternehmens einzuschätzen. Zur Erklärung: Der Enterprise Value setzt sich aus der Marktkapitalisierung plus den langfristigen Schulden zusammen. Er ist der Wert, den man bei einer Übernahme aufbringen müsste. Ebitda ist der Gewinn vor Steuern, Zinsen und Abschreibungen. Welchen Wert man als fair beziehungsweise überbewertet ansieht, hängt von der relativen Bewertung von Vergleichsunternehmen ab. Tendenziell sollte man einen Wert von unter 5 als »günstig« ansehen.

Ebitda = Umsatz – Operative Kosten (Umsatzkosten, Vertriebs- und Verwaltungskosten) – Forschung & Entwicklung – Rückstellungen + Einkommen verbundener Unternehmen

Das Ebitda dient als Näherungswert für die Errechung des operativen Cashflows und ermöglicht darüber hinaus eine bessere Vergleichbarkeit der Unternehmensgewinne, die aufgrund unterschiedlicher Abschreibungspraktiken und Steuerauslegungen stark voneinander abweichen können.

Das Ebitda können Sie in der Regel aus der Gewinn- und Verlustrechnung entnehmen. Sollte dies nicht möglich sein, so können Sie als Näherungswert den operativen Cashflow aus der Kapitalflussrechnung nehmen und die Steuern und Zinsen dazuaddieren.

Die Kennzahl EV/ Ebitda bezieht die Verschuldung eines Unternehmens mit in die Renditeberechnung ein und ermöglicht so eine relativ genaue Einschätzung, inwieweit das Unternehmen inklusive Fremd- und Eigenkapital profitabel arbeitet.

Eigenkapitalquote

Die Eigenkapitalquote ist das Verhältnis des Eigenkapitals zu den Gesamtaktiva beziehungsweise zur Bilanzsumme. Wie der folgenden Tabelle zu entnehmen ist, ist die Eigenkapitalquote bei kapitalaufwändigen Geschäftsfeldern meist niedriger. Je höher die Eigenkapitalquote in einem Unternehmen ist, desto mehr besitzt ein Aktionär an dem entsprechenden Unternehmen.

Zusatz: Eine hohe Eigenkapitalquote bietet viele Sicherheiten, die positiv zu werten sind.

Streubesitz

Der Streubesitz ist der Anteil handelbarer Aktien eines Unternehmens. Wäre der Streubesitz zu 100 Prozent vergeben, so wären alle Anteile frei handelbar. Aufgrund der Angebot-Nachfrage-Verhältnisse, die an der Börse für die Kursentwicklung beim Kauf beziehungsweise Verkauf maßgeblich sind, ist der Spread (Unterschied zwischen Ask und Bid) bei hohem Streubesitz niedriger.

Zusatz: Je niedriger der Streubesitz ist, desto höher ist die Volatilität eines Investments und somit auch das Risiko.

Dividendenrendite

Die Dividendenrendite eines Unternehmens sollte immer in Verbindung mit seinen Wachstumsaussichten, der Dividendenzahlungsfähigkeit und der Höhe im Vergleich zur »risikolosen« Anleihenverzinsung gesehen werden. Ein Unternehmen, das über einen sehr niedrigen Cashflow und eine hohe Verschuldung verfügt, schüttet unter Umständen eine hohe Dividende aus, um die negativen Aspekte einer Anlage zu kaschieren.

Zusatz: Verfügt das Unternehmen über eine gesunde Ertragskraft, so stellt die Höhe der Dividendenrendite einen guten Indikator für die Gesamtbewertung dar. Generell lässt sich sagen, dass Dividendenrenditen oberhalb von fünf Prozent als attraktiv einzustufen sind.

Einflussfaktoren im Überblick:

- Marktposition
- Margen
- Expansionsmöglichkeit / Vision
- Kapazitätsauslastung
- Wachstumspotenzial
- Investitionen
- Verschuldung
- Cashflow
- Kurs-Gewinn-Verhältnis
- Enterprise Value / Ebitda
- Eigenkapitalquote
- Streubesitz
- Dividendenrendite

7.5 Anwendung des Bewertungsmodells

Die Anwendung des Bewertungsmodells wird auf zwei verschiedenen Ebenen ablaufen. Wir achten dabei sowohl auf die langfristig orientierten Investoren als auch auf die Stock-Picker.

Wie in den einleitenden Kapiteln erklärt, stützen wir uns in dem Langfristmodell auf die Theorie des Phasenmodells von Dr. Marc Faber. Auch im Modell für die Einzeltitel binden wir die restlichen Bewertungsbestandteile der Branchenanalyse, Makro-Analyse und des Phasenmodells ein. Es ergibt sich daraus der Ansatz, den wir bereits in der Einleitung dargestellt haben.

Um nun mit diesem Modell zur Anlageentscheidung zu kommen, beginnen wir mit der kontinuierlichen Aktualisierung und Bewertung einer ausge-

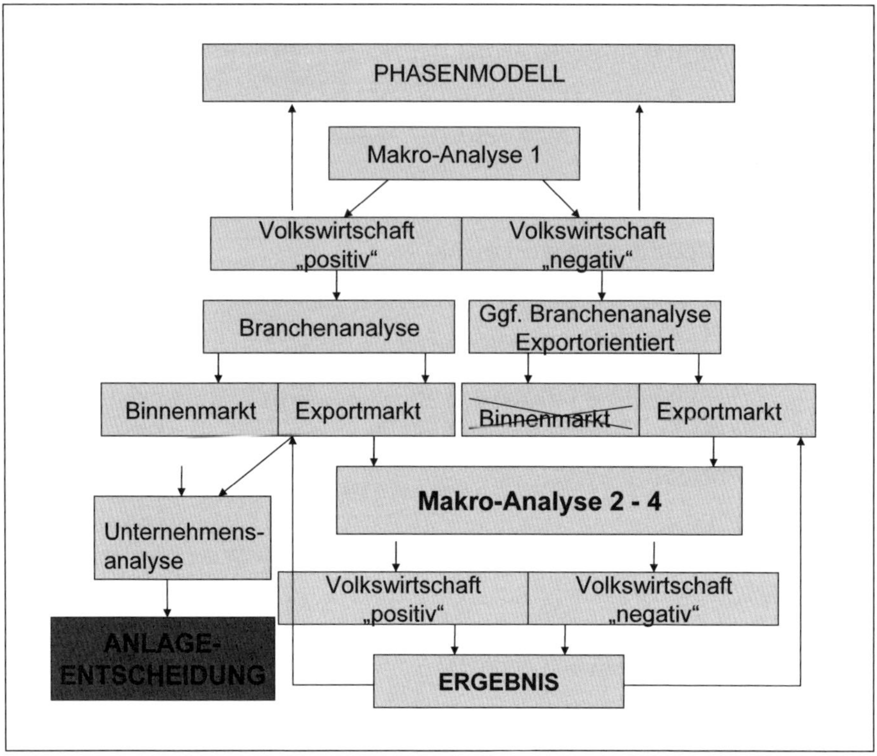

Das Bewertungsmodell in der Praxis – Grafik zur Erinnerung   Quelle: Eigene Darstellung

wählten Volkswirtschaft, an die sich die Kontrollfunktion, also die Einteilung in das Phasenmodell, anschließt. Wir stellen die in Kapitel 7.2 vorgestellten Merkmale der Makro-Analyse in einer Liste zusammen und erweitern diese durch die Vergabe von Punkten. Insgesamt werden Punkte zwischen 1 und 5 vergeben, wobei die Punktzahl 5 die beste und die Punktzahl 1 die schlechteste Ausgangsposition darstellt. Im unteren Feld haben wir ein Beispiel für die Volkswirtschaft Südkoreas aufgebaut, sodass ein erster Anhaltspunkt gegeben ist. Außerdem erhalten Sie eine kurze Begründung für unsere Bewertung, die von der einen oder anderen Vorstellung durchaus abweichen kann. Die einzelnen Bewertungsfelder haben wir bereits ausführlich in Kapitel 7.2. vorgestellt.

Makro-Analyse

Politische Stabilität

1	2	3	4	5
		X		

Begründung

Innenpolitisch ist Südkorea stabil. Allerdings unterliegt das Land aufgrund seines kommunistischen Nachbarn Nordkorea potenziellen außenpolitischen Risiken. Zusätzlich ist Südkorea aufgrund der Entsendung von Truppen in den Irak nicht vor terroristischen Angriffen gefeit. Die Risiken sind jedoch überschaubar, und die Punktzahl bewegt sich mit drei Punkten im Mittelfeld.

Liberalisierung / Privatisierung von Sektoren

1	2	3	4	5
			X	

Begründung

Die Privatisierung ist in den wesentlichen Sektoren bereits durchgeführt und bietet daher keine Vision. Aber die einzelnen Branchen werden zunehmend liberalisiert. Das ist für ausländische Unternehmen ein Anreiz, in Südkorea zu investieren. Investitionen bieten somit eine weitere Stabilität der ohnehin bereits ausgezeichneten Arbeitslosenquote von unter drei Prozent. Deshalb haben wir vier Punkte vergeben.

Staatliche Reformen

1	2	3	4	5
				X

Begründung

Nach der Asien-Krise hat Südkorea die wesentlichen Fehler erkannt und sich seither mit Reformen um die Verbesserung der Wirtschaftspolitik bemüht. Vor allem die angestrebte Zerschlagung der Chaboels, die Förderung von Technologieunternehmen und Bildung, die Steigerung der Binnenmarktattraktivität und die Bekämpfung der Korruption sind Grund für die Vergabe von fünf Punkten.

Marktöffnung

1	2	3	4	5
			X	

Begründung

Die Probleme, die Südkorea aufgrund seiner Marktschließung gegenüber anderen Ländern in der Asien-Krise erfahren musste, zeigen, wie wichtig eine Marktöffnung ist. Südkorea bietet seit 1998 zunehmend mehr Freiraum für den ausländischen Handel und wird daher künftig nicht von großen Handelsbeschränkungen betroffen sein. Dies rechtfertig die Vergabe von vier Punkten.

Handelsabkommen – auch geplante staatliche Reformen

1	2	3	4	5
			X	

Begründung

Die südkoreanische Regierung befindet sich mit mehreren Staaten in Gesprächen über Freihandelsabkommen, darunter Singapur und Japan. Selbst wenn auch Japan Exportvorteile genießen wird, profitieren die südkoreanischen Hersteller nachdrücklich. Aus diesem Grund sind vier Punkte gerechtfertigt, mit Tendenz zu fünf Punkten.

Direktinvestitionen aus dem Ausland

1	2	3	4	5
			X	

Begründung

Die Reformbemühungen der südkoreanischen Regierung umfassen auch die Steigerung der Attraktivität des Landes für ausländische Direktinvestitionen. Bereits seit der Asien-Krise ist der Trend ausländischer Direktinvestitionen in Südkorea ungebrochen. Im Zuge der Liberalisierung einzelner Branchen kann künftig von steigenden Investitionen ausgegangen werden. Die vier Punkte sind somit gerechtfertigt.

Immobilienpreise

1	2	3	4	5
	X			

Begründung

Die Immobilienpreise sind in den Jahren nach 1999 stark gestiegen, um jährlich etwa fünf Prozent. Seit kurzem stagniert der Immobiliensektor mit einem jährlichen Anstieg von nur noch zwei Prozent. Die Immobilien sind zwar nicht stark überbewertet, haben jedoch künftig nur ein geringes Potenzial, was uns zur Vergabe von zwei Punkten bewog.

Aktuelle Mediendiskussion im Ausland

1	2	3	4	5
		X		

Begründung

Südkorea ist als weltweit zwölftgrößte Volkswirtschaft in der internationalen Presse vertreten. Auch bedeutende Unternehmen und Konzerne wie Samsung, LG oder Hyundai sind Thema in den Medien. Aber Südkorea ist als

Anlagenstandort immer noch kein weltweit interessierendes Thema, und daher haben noch längst nicht alle potenziellen Investoren Interesse an einem Engagement. Wir haben uns für drei Punkte entschieden.

Investitionszugang für ausländische Investoren

1	2	3	4	5
			X	

Begründung
Im Zuge der Direktinvestitionen nach Südkorea ist der Zugang für ausländische Investoren stark verbessert worden. Auch dieser Faktor wird mit vier Punkten bewertet.

Nachfrage und Kaufkraft

1	2	3	4	5
		X		

Begründung
Obwohl die Nachfrage im Binnenmarkt Südkoreas weiter auf sich warten lässt und nach wie vor das Sorgenkind Südkoreas darstellt, gleicht die Kaufkraft diesen erschwerenden Faktor aus. Die Kaufkraft weist aufgrund der geringen Arbeitslosigkeit und der angeglichenen Löhne in Südkorea großes Potenzial auf. Wir haben zunächst drei Punkte vergeben, werden diesen Wert aber bei einer Belebung des Binnenmarktes auf vier Punkte erhöhen.

Privatverschuldung

1	2	3	4	5
	X			

Begründung
Die Privatverschuldung Südkoreas ist mit über 60 Prozent des BIP im Vergleich zu seinen asiatischen Emerging-Markets-Nachbarn relativ hoch. Dies ist unter anderem auf die Einführung der Kreditkarten Mitte der neunziger Jahre zurückzuführen, was zum Problem der nicht zurückzahlbaren Kreditkartenschulden führte. Die Privatverschuldung hat allein in den vergangenen fünf Jahren um 50 Prozent zugenommen. Wir vergeben deshalb nur zwei Punkte.

Staatsverschuldung

1	2	3	4	5
		X		

Begründung
Die Staatsverschuldung ist mit 53 Prozent des Bruttoinlandsprodukts im internationalen Vergleich (Japan: 140 Prozent des BIP) niedrig. Doch was uns zur Vergabe von »nur« drei Punkten bewog, ist die Auslandsverschuldung, die 26 Prozent des BIP beträgt.

Lohnentwicklung

1	2	3	4	5
			X	

Begründung
Die Lohnentwicklung ist und bleibt auch nach der Asien-Krise konstant positiv. Selbst wenn der südkoreanische Binnenmarkt noch immer schwächelt, ist die potenzielle Kaufkraft in Südkorea vorhanden. Die Vergabe von vier Punkten ist gerechtfertigt.

Arbeitslosenzahlen

1	2	3	4	5
				X

Begründung
Die Vergabe von fünf Punkten ist in diesem Fall mehr als gerechtfertigt. Die Arbeitslosenquote liegt in Südkorea unter drei Prozent; insoweit ist das Land eine Vorzeige-Volkswirtschaft. Die Daten sind auch von Regierungsseite nicht mit Statistiktricks verfälscht.

Abhängigkeit von anderen Volkswirtschaften

1	2	3	4	5
	X			

Begründung
Ein Nachteil ist die große Abhängigkeit von ausländischen Volkswirtschaften. Südkorea verfügt kaum über eigene Rohstoffe und ist ein klassisches Exportland. Deshalb ist Südkorea stark von der Weltkonjunktur und seinen Handelspartnern abhängig. Sollte eine allgemeine Konjunkturschwäche einsetzen, so würde Südkorea extrem darunter leiden. Aus diesem Grund haben wir beim Faktor Abhängigkeit von anderen Volkswirtschaften nur zwei Punkte vergeben.

Wachstum

1	2	3	4	5
			X	

Begründung
Mit Ausnahme der Jahre 1997 und 1998 wächst Südkorea seit rund 40 Jahren stabil. Die Ursachen für das stetige Wachstum wie beispielsweise die enorme Anpassungsfähigkeit haben wir bereits beschrieben. Auch künftig

kann insbesondere aufgrund der geographischen Nähe zum »Wirtschaftsmotor« China von einem steigenden BIP ausgegangen werden. Wir vergeben vier Punkte.

Zinsen

1	2	3	4	5
		X		

Begründung
Aktuell sind die Zinsen weltweit niedrig. Auch Südkorea hat beim Zinssenkungstrend teilgenommen. Weltweit werden steigende Zinsen erwartet. Da die südkoreanischen Unternehmen vom Staat zum Schuldenabbau angehalten wurden und diese tatsächlich zurückgefahren werden, wird eine Zinserhöhung keine negativen Überraschungen mit sich bringen. Deshalb bewerten wie den Faktor »Zinsen« mit drei Punkten.

Steuern

1	2	3	4	5
			X	

Begründung
Die Unternehmenssteuern liegen in Südkorea bei durchschnittlichen 30 Prozent. Dies ist im internationalen Vergleich günstig und erklärt auch, warum sich immer mehr ausländische Unternehmen in Südkorea ansiedeln. Diesen elementar wichtigen Bestandteil unserer Analyse bewerten wir mit vier Punkten.

Währung

1	2	3	4	5
		X		

Begründung
Südkorea ist als Exportland auf einen nicht allzu starken Won angewiesen. Allerdings ist eine starke Währung auch ein Zeichen für internationales Vertrauen. Die Entwicklung der südkoreanischen Währung ist daher mit drei Punkten zu bewerten.

Südkorea erreichte in unserer Einschätzung 66 Punkte.
Wir dividieren die Zahl unserer Einschätzung durch die gesamten Einflussfaktoren:

66 : 19 = 3,5

Da die volkswirtschaftlichen Rahmendaten die wesentliche Größe unseres Modells darstellt, multiplizieren wir diesen Faktor mit 3

3,5 x 3= **10,5**

Zu Kontrollzwecken betrachten wir nochmals unser Phasenmodell auf der Grundlage von Dr. Faber, ob der Trendzyklus tatsächlich für eine langfristige Investition in diesem Markt Südkoreas spricht. In unserer Einteilung der aktuell befindlichen Phase Südkoreas, die wir aufgrund der Symptome ausarbeiten konnten, haben wir die Phase 4 definiert, die uns eine mittelfristige Investitionsmöglichkeit bietet. Somit ist die Kontrollfunktion erfolgreich abgehandelt.

Anwendung der Branchenanalyse

Innerhalb der Branchenanalyse haben wir in Kapitel 7.3. erklärt, dass wir zunächst zwischen exportorientierten und binnenmarktorientierten Branchen unterscheiden müssen. Wir haben aus diesem Grund zwei unterschiedliche

Branchen-Szenarien Südkoreas aufgebaut, um die Strategie am Beispiel Südkorea weiter auszubauen. Auch hier können Sie die einzelnen Bewertungskriterien in Kapitel 7.3. ausführlich nachlesen. Die Punktevergabe ist die gleiche wie bei der Makro-Analyse: 5 ist die höchste Punktzahl, 1 die niedrigste. Die individuelle Punktevergabe kann auch hier leicht variieren.

Beispiel 1: (Export-)Chipbranche Südkorea

Aktuelle Nachfrage nach den Produkten dieser Branche

1	2	3	4	5
		X		

Begründung
Die weltweite Nachfrage in der Chipindustrie hat sich seit der internationalen Konjunkturschwäche im Jahre 2001 wieder erholt. Allerdings sind die Kapazitäten höher als die Nachfrage, weshalb wir nur drei Punkte vergeben.

Künftige Nachfrage nach den Produkten dieser Branche

1	2	3	4	5
		X		

Begründung
Die künftige Nachfrage wird in der Chipbranche immer vom konjunkturellen Umfeld abhängig sein. Wir werden sowohl Zeiten hoher Nachfrage als auch Zeiten schwacher Nachfrage erfahren. Deshalb ist dieser Faktor mit neutralen drei Punkten zu bewerten.

Angebot und Nachfrage

1	2	3	4	5
	X			

Begründung

Das Angebot ist durch die vielen neuen Unternehmen, die in den vergangenen Jahren entstanden sind, enorm gestiegen. Außerdem haben diese Unternehmen aufgrund steigenden Interesses einen starken Kapitalfluss erlebt, der das weltweite Angebot zu Überkapazitäten aufblähte. Außerdem deckt sich die Nachfrage nur in konjunkturellen Boom-Zeiten mit dem Angebot. Wir vergeben deshalb nur zwei Punkte.

Konkurrenz – international und national

1	2	3	4	5
X				

Begründung

Die Konkurrenz ist weltweit groß. Wie bei Angebot und Nachfrage bereits beschrieben, stehen die unzähligen neuen Unternehmen zunehmend in Konkurrenz zueinander,was sich zusätzlich negativ auf die Preise auswirkt. Insbesondere chinesische Konzerne wie SMIC belasten die weltweiten Halbleiterproduzenten mit ihrer kostengünstigen Produktion. Die Konkurrenz im Chipbereich ist groß, und wir vergeben nur einen Punkt.

Abhängigkeit von anderen Volkswirtschaften

1	2	3	4	5
		X		

Begründung
Die Chipindustrie in eine Exportbranche und deshalb von anderen Volkswirtschaften stark abhängig. Bei diesem Bewertungskriterium müssen wir die erwartete Entwicklung der wichtigsten Exportnationen einbinden. Aufgrund mehrerer Szenarien, die sich weltweit abspielen und somit die südkoreanische Chipindustrie beeinflussen könnten, vergeben wir nur drei Punkte .

Aktuelle Diskussion über die Branche

1	2	3	4	5
	X			

Begründung
Die Stimmung in der Diskussion innerhalb der Chipbranche wechselt häufig und sehr heftig. Die Chipindustrie wird von den Medien stetig begleitet. Wie groß der Einfluss der begleitenden Berichterstattung ist, wird vor allem in den großen Kurssprüngen (plus und minus) zu erkennen. Die Unsicherheit bei den internationalen Anlegern führt zu einer schwächeren Bewertung mit zwei Punkten.

Investitionsbedürfnis

1	2	3	4	5
	X			

Begründung
Die Chipbranche ist von Innovationen, Forschung und Entwicklung getrieben, die nicht nur zeitaufwändig sind, sondern auch enorme Investitionssummen binden. Bei einer weltweiten konjunkturellen Schwäche könnten die Investitionen die Einnahmen übersteigen und somit zu Verlusten führen. Das Risiko veranlasst uns zur Vergabe von zwei Punkten.

Die Halbleiterindustrie ist eine exportorientierte Branche und bedarf deshalb der zusätzlichen Analyse von Makro-Daten der beeinflussenden Volkswirtschaften. Von Vorteil für die südkoreanische Chipbranche ist die technologische Unterstützung durch den Staat. Grundsätzlich haben wir erklärt, dass bei exportorientierten Branchen diejenigen Volkswirtschaften herangezogen werden müssen, die die größte Nachfrage stellen. In der Chipindustrie sind dies meist Industrien wie Computer, Mobilfunk oder Automobil. Somit wäre eine vertiefende Analyse in diese Branchen sinnvoll, die wir in diesem Bewertungsmodell jedoch nicht berücksichtigen. Wie bereits eingangs erläutert, lohnt sich die fortlaufende und regelmäßige Aktualisierung der Makro-Analyse der wichtigsten Volkswirtschaften, weil auf diese Weise der Überblick erhalten bleibt und die Makro-Daten für die exportorientierten Branchen jederzeit zur Verfügung stehen.

Branche 2: (Import-) Telekommunikationsbranche Südkorea

Aktuelle Nachfrage nach den Produkten dieser Branche

1	2	3	4	5
			X	

Begründung
Telekommunikation ist mittlerweile ein weiter Begriff. Er umfasst das gewöhnliche Festnetz, Mobilfunk und Internetanschlüsse. Im Zeitalter der Kommunikation ist die Nachfrage zurzeit stabil hoch, weshalb wir vier Punkte vergeben.

Künftige Nachfrage nach den Produkten dieser Branche

1	2	3	4	5
			X	

Begründung
Auch künftig wird die Nachfrage nach Telekommunikatinsdienstleistungen auf hohem Niveau stabil bleiben. Selbst wenn zu einem absehbaren Zeitpunkt eine Sättigung in Südkorea eintritt, ist ausschließlich das Wachstum schwächer, allerdings der Investitionsbedarf – zum Beispiel Netzaufbau – geringer. Wir vergeben daher ebenfalls vier Punkte.

Angebot und Nachfrage

1	2	3	4	5
			X	

Begründung
Die Anbieterseite in Südkorea ist recht überschaubar, und dies bei einer stabilen Nachfrage. Insbesondere im Festnetz- und Internetservicegeschäft sind es gerade einmal zwei Unternehmen. Da, wie beschrieben, auch die künftige Nachfrage stabil hoch bleiben wird, wäre die Vergabe von fünf Punkten gerechtfertigt. Allerdings besteht die Möglichkeit, dass der Telekommunikationssektor liberalisiert und ausländischen Investoren so der Markteintritt ermöglicht wird, was zu einem höheren Angebot führen könnte. Deshalb haben wir nur vier Punkte vergeben.

Konkurrenz – international und national

1	2	3	4	5
				X

Begründung
Die internationale Konkurrenz für den südkoreanischen Telekommunikationssektor ist als eher zweitrangig zu bewerten. Auf dem nationalen Telekommunikationssektor ist die Konkurrenz sehr gering und bietet daher keinen Anlass zu Preiskämpfen. Im Gegenteil: Würde die Regierung im Zuge der Liberalisierung den Unternehmen Freiraum zur eigenen Preisgestaltung geben, so könnten sich die Preise dem internationalen Markt anpassen, und da-

mit könnten die Margen steigen. Wir bewerten die Wettbewerbssituation im südkoreanischen Telekommunikationssektor trotz des »schwachen« Binnenmarktes mit fünf Punkten.

Abhängigkeit von anderen Volkswirtschaften

1	2	3	4	5
				X

Begründung
Der südkoreanischen Telecomsektor ist nicht von anderen Volkswirtschaften abhängig. Deshalb müssen keine weiteren volkswirtschaftlichen Daten anderer Nationen herangezogen werden. Aufgrund seiner Stabilität innerhalb der eigenen Volkswirtschaft erhält Südkorea fünf Punkte.

Aktuelle Diskussion über die Branche

1	2	3	4	5
				X

Begründung
Die Diskussionen über den südkoreanischen Telecomsektor sind international sehr dünn gesät. Auch innerhalb von Analystenempfehlungen erhalten die Telecomtitel (KT Corp) nur einen geringen Anteil. Dies ist Interessenpotenzial für die Zukunft – und für uns ein Grund, die Höchstpunktzahl von fünf Punkten zu vergeben.

Investitionsbedürfnis

1	2	3	4	5
			X	

Begründung
Sicherlich ist der Telekommunikationssektor aufgrund seiner stetigen Weiterentwicklung mit hohen Investitionen verbunden. Allerdings ist die Volkswirtschaft Südkoreas mit knapp 50 Millionen Einwohnern überschaubar. Die Netze sind bereits ausgebaut. Deshalb lässt sich auch erklären, dass die künftigen Investitionen im Vergleich zu anderen Ländern niedriger und dadurch schnelle Gewinne möglich sind. Allerdings sollte eine mögliche Wiedervereinigung zwischen Süd- und Nordkorea nicht in Vergessenheit geraten, denn sie würde die Investitionen enorm nach oben treiben. Deshalb bleiben wir zunächst bei vier Punkten.

Auch in diesem Fall addieren wir die Punkte und dividieren die Summe durch die Anzahl der Bewertungsmerkmale. Insgesamt haben wir 31 Punkte erzielt, die auf sieben Faktoren zurückzuführen sind. Die durchschnittliche Punktezahl beträgt 4,4. Wir multiplizieren diese Punktezahl mit zwei, da die Branchenanalyse die zweitwichtigste Entscheidung darstellt, und erhalten 8,8 Punkte.

Wie bereits beschrieben, ist die Branchenbewertung für den binnenmarktorienten Telecomsektor somit abgeschlossen. Die Vergabe dieser hohen Punktezahl ist Anlass genug, sich weiter mit den entsprechenden Unternehmen zu beschäftigen. Nun sollten die gesamten (oder zumindest wichtigsten) Unternehmen dieser Branche in einer Peer-Group zuammengefasst werden, um tatsächlich das attraktivste Unternehmen herauszufiltern. Aus Platzgründen entscheiden wir uns in diesem Beispiel jedoch auf die Unternehmensanalyse des größten Festnetzanbieters »KT Corp«.

Unternehmensanalyse

Wie in der vorherigen Vorgehensweise verteilen wir auch innerhalb der Unternehmensanalyse Punktzahlen von 1 bis 5, wobei 5 die höchste Punktezahl darstellt. Als Bezugsquellen verwenden wir die zuvor in Kapitel 7.4 besprochenen Merkmale. Auch in diesem letzten Entscheidungskriterium nehmen wir ein Beispiel aus dem Telekommunikationssektor Südkoreas, nämlich die KT Corp, zur Grundlage:

Marktposition

1	2	3	4	5
			X	

Die KT Corp verfügt in Südkorea über einen 95-prozentigen Marktanteil im Festnetzgeschäft und ist der führende Anbieter von Breitband-Internet-Zugängen. In diesen zwei Bereichen ist KT Marktführer. Künftig könnten die Marktanteile aufgrund möglicher Liberalisierungseffekte sinken, trotzdem wird KT noch über einen sehr langen Zeitraum Marktführer bleiben. Ein kleiner Nachteil ist allerdings das wachstumsstarke Mobilfunkgeschäft. Hier ist KT schwach aufgestellt. Deshalb sind vier Punkte gerechtfertigt.

Margen

1	2	3	4	5
				X

Die Festnetzgebühren werden in Südkorea immer noch staatlich vorgegeben und sind im internationalen Durchschnitt absolut niedrig. Der Minutenpreis beträgt durchschnittlich 0,02 US-Dollar. Sollte die Regierung die Preisgestaltung den Unternehmen übergeben, so ist eine Margensteigerung von 100 Prozent mehr als möglich. Deshalb vergeben wir fünf Punkte.

Expansionsmöglichkeit / Vision

1	2	3	4	5
		X		

Südkorea ist mit knapp 50 Millionen Einwohnern ein relativ kleines Land und bietet für binnenmarktorientierte Unternehmen wie KT Corp nur geringe Expansionsmöglichkeiten. Der Konkurrent, SK Telecom, ist dagegen mit einem Mobilfunk-Joint-Venture in China aufgestellt. Diesen Schritt hat die

KT Corp noch nicht getan, gilt aber trotzdem als innovatives Unternehmen, das auf lange Sicht sicherlich im Ausland seine Technologien absetzen kann. Allerdings sind hier die Visionen noch nicht so ganz überschaubar, was die Vergabe von drei Punkten erklärt.

Kapazitätsauslastung

1	2	3	4	5
			X	

Es ist schwierig, bei einem Dienstleister die Kapazitätsauslastung zu bewerten. Doch sind die Telekommunikationsnetze in Südkorea ausgebaut, und die große Anzahl von Kunden lässt auf ausgelastete Kapazitäten schließen. Wir vergeben daher vier Punkte.

Wachstumspotenzial

1	2	3	4	5
		X		

Das Wachstumspotenzial der KT Corp ist aufgrund des »kleinen« Binnenmarktes und der bislang nicht angestrebten Auslandsexpansion sowie der vielen vorhandenen Abnehmer begrenzt. Allerdings kann man von einer Konsolidierung im Sinne der Margensteigerung und künftig relativ geringen Investitionen von Wachstum sprechen. Drei Punkte erscheinen gerechtfertigt.

Investitionen

1	2	3	4	5
			X	

Der Telekommunikationssektor zählt zu den High-Tech-Branchen. Auch die KT Corp wird künftig in Forschung und Entwicklung investieren müssen, um einer möglichen Liberalisierung auf dem südkoreanischen Telekommunikationsmarkt vorzubeugen. Allerdings sind die riesigen Kostenblöcke durch den Netzaufbau weitestgehend abgeschlossen, sodass hohe Investitionen eher unwahrscheinlich sind. Wir vergeben vier Punkte.

Cashflow

1	2	3	4	5
			X	

Der freie Cashflow ist mit 15 Prozent im Vergleich zu den übrigen asiatischen und weltweiten Telekommunikationskonzernen deutlich höher. Da der Finanzvorstand von KT auf diesen ausschlaggebenden Punkt achtet, ist die Vergabe von vier Punkten gerechtfertigt.

Kurs-Gewinn-Verhältnis

1	2	3	4	5
				X

Das Kurs-Gewinn-Verhältnis per Stand Juli 2004 auf erwarteter Basis des Gesamtjahres 2004 ist mit sechs äußerst niedrig. Insbesondere westliche Telekommunikationskonzerne werden mit einem KGV von über zehn deutlich höher bewertet. Der potenzielle Bewertungsaufschlag rechtfertigt die Vergabe von fünf Punkten.

Enterprise Value / Ebitda

1	2	3	4	5
			X	

Der Enterprise Value von KT wurde mit drei errechnet; er ist im asiatischen Durchschnitt attraktiv niedrig. Zum Vergleich: Die meisten asiatischen Telekommunikationstitel weisen einen Enterprise Value zwischen vier und zehn auf. Deshalb haben wir vier Punkte vergeben.

Eigenkapitalquote

1	2	3	4	5
		X		

Die Eigenkapitalquote der KT Corp ist mit 35 Prozent in der Peer-Group der weltweiten Telekommunikationsbranche relativ hoch. Da es sich in unserer Vorstellung im Mittelmaß befindet, vergeben wir drei Punkte.

Dividendenrendite

1	2	3	4	5
				X

Begründung
Die Dividendenrendite liegt aktuell bei sieben Prozent und somit über dem Durchschnitt. Wir vergeben daher die maximale Punktzahl von fünf.

Gesamtpunkte : Anzahl der Faktoren

44 : 11 = 4,0

Fazit

Wir haben aus den einzelnen Bewertungsfaktoren folgendes Ergebnis erhalten:
Südkorea Makro-Analyse: **10,5**
Südkorea Branchenanalyse (Telekommunikation): **8,8**
Südkorea Unternehmensanalyse (KT Corp): **4,0**

Gesamtpunktzahl: 23,7

1	2	3	4	5
Verkaufen	Reduzieren	Neutral	Akkumulieren	Kaufen
6-9	10-15	16-20	21-26	27-35
			23,7	

Am Beispiel Südkorea haben wir mit der KT Corp tatsächlich ein interessantes Unternehmen gefunden, bei dem sich ein Einstieg langfristig lohnt. Dafür sprechen sowohl die Rahmenbedingungen der Makro-Analyse mit Kontrollfunktion des Faber-Modells als auch die Branchenanalyse sowie die Unternehmensanalyse. Im Folgenden stellen wir Ihnen die Bewertungstabellen zur Verfügung, mit denen Sie in Zukunft erfolgreich arbeiten können. Wie Sie gesehen haben, bedarf das Bewertungsmodell individueller Anpassungen, da Sonderfaktoren generell nicht als Maßstab genutzt werden können. Abschließend wünschen wir Ihnen mit der Anwendung des Bewertungsmodells viel Erfolg bei Ihren Investitionen!

Tabellenüberblick

Politische Stabilität

1	2	3	4	5

Liberalisierung / Privatisierung von Sektoren

1	2	3	4	5

Handelsabkommen – auch geplante staatliche Reformen

1	2	3	4	5

Staatliche Reformen

1	2	3	4	5

Marktöffnung

1	2	3	4	5

Immobilienpreise

1	2	3	4	5

Aktuelle Mediendiskussion im Ausland

1	2	3	4	5

Direktinvestitionen vom Ausland

1	2	3	4	5

Investitionszugang für ausländische Investoren

1	2	3	4	5

Nachfrage und Kaufkraft

1	2	3	4	5

Privatverschuldung

1	2	3	4	5

Staatsverschuldung

1	2	3	4	5

Lohnentwicklung

1	2	3	4	5

Arbeitslosenzahlen

1	2	3	4	5

Abhängigkeit von anderen Volkswirtschaften

1	2	3	4	5

Wachstum

1	2	3	4	5

Zinsen

1	2	3	4	5

Anleihen

1	2	3	4	5

Steuern

1	2	3	4	5

Währung

1	2	3	4	5

Ergebnis: Addieren Sie alle Punkte und dividieren Sie die Summe durch die Anzahl der bearbeiteten Faktoren. Multiplizieren Sie dieses Ergebnis mit drei!

Branchenanalyse

Vergabe der Punktezahl von 1 bis 5, wobei 1 die niedrigste Bewertung und 5 die höchste darstellt.

Aktuelle Nachfrage nach den Produkten dieser Branche

1	2	3	4	5

Künftige Nachfrage nach den Produkten dieser Branche

1	2	3	4	5

Angebot und Nachfrage

1	2	3	4	5

Konkurrenz – international und national

1	2	3	4	5

Abhängigkeit von anderen Volkswirtschaften

1	2	3	4	5

Aktuelle Diskussion über die Branche

1	2	3	4	5

Investitionsbedürfnis

1	2	3	4	5

Ergebnis: Addieren Sie alle Punkte und dividieren Sie die Summe durch die Anzahl der bearbeiteten Faktoren. Multiplizieren Sie dieses Ergebnis mit zwei.

Unternehmensanalyse

Vergabe der Punktezahl von 1 bis 5, wobei 1 die niedrigste Bewertung und 5 die höchste darstellt.

Marktposition

1	2	3	4	5

Margen

1	2	3	4	5

Expansionsmöglichkeit / Vision

1	2	3	4	5

Kapazitätsauslastung

1	2	3	4	5

Wachstumspotenzial

1	2	3	4	5

Investitionen

1	2	3	4	5

Verschuldung

1	2	3	4	5

Cashflow

1	2	3	4	5

Kurs-Gewinn-Verhältnis

1	2	3	4	5

Enterprise Value / Ebitda

1	2	3	4	5

Eigenkapitalquote

1	2	3	4	5

Streubesitz

1	2	3	4	5

Dividendenrendite

1	2	3	4	5

Ergebnis: Addieren Sie alle Punkte und dividieren Sie die Summe durch die Anzahl der bearbeiteten Faktoren. Multiplizieren Sie dieses Ergebnis mit eins.

Entscheidung:

Addieren Sie die Gesamtpunktzahl. Vergleichen Sie diese mit den angegebenen Punkten und treffen Sie auf dieser Grundlage Ihre Entscheidung. Dieses Bewertungsmodell ist auf langfristige Entscheidungen konzipiert. Kurzfristige Trading-Möglichkeiten zeigt dieses Modell nicht.

1	**2**	**3**	**4**	**5**
Verkaufen	Reduzieren	Neutral	Akkumulieren	Kaufen
6-9	10-15	16-20	21-26	27-35

Quellen für Daten

Abschließend finden Sie eine Liste der Quellen für die erforderlichen Daten.

Quelle	Beschreibung
www.emfis.com	Tägliche Nachrichten über die Emerging Markets. Zusätzliche Analysen und Empfehlungen zu Märkten, Branchen und Unternehmen. (Deutsch)
Tiger & Dragon (www.zukunftsmarkt-asien.de)	Anlegermagazin mit Schwerpunkt Emerging Markets und Asien. Der Aufbau ist der Struktur dieses Bewertungsmodells angeglichen und wird monatlich aktuell per Print oder E-Mail versendet. (Deutsch)
www.corporateinformation.com	Große Datenbank mit den wichtigsten Unternehmensdaten. Leider können täglich nur fünf Unternehmen gefiltert werden. (Englisch)
www.aastocks.com	Tägliche Nachrichten über die Märkte China und Hongkong. Mit kostenpflichtigem Zugang erhalten Sie Zugriff auf weitere Kennzahlen. (Englisch).
www.japantimes.com	Täglich aktuelle Informationen über die japanische Politik, Wirtschaft und Soziales. (Englisch)
www.japantoday.com	Täglich aktuelle Informationen über die japanische Politik, Wirtschaft und Soziales. (Englisch)
www.koreaherald.co.kr	Täglicher Informationsfluss über die südkoreanische Wirtschaft, Politik und Soziales. (Englisch)
www.boom.com	Asiatischer Broker mit Sitz in Hongkong. Er bietet den Handel in elf asiatischen Ländern (plus USA) an 15 Handelsplätzen an. Zusätzlich tägliche Analysen von führenden Brokern. (Englisch)
www.kelieve.com	Analysen und Research zu thailändischen Aktien. (Englisch)
Sg.finance.yahoo.com	Große Datenbank asiatischer Unternehmen und Märkte, die außer Kursabfrage auch tägliche Nachrichten bereitstellt.
Börse (Hongkong)	www.hkex.com.hk
Börse (Tokio)	www.tse.or.jp/english/index.shtml
Börse (Seoul)	www.kse.or.kr/webeng/index.jsp
Börse (Bangkok)	www.set.or.th/th/index.html
Börse (Jakarta)	www.indoexchange.com
Börse (Singapur)	www.sgx.com
Börse (Manila)	www.pse.org.ph

Folgende Bücher sind im Handel erhältlich oder können bestellt werden bei:

FinanzBuch Verlag

Frundsbergstraße 23 I D-80634 München I Telefon: 089 651285-0 I Fax: 089 652096
eMail: bestellung@finanzbuchverlag.de

www.finanzbuchverlag.de

Marc Faber

Zukunftsmarkt Asien

Seiten 387, Hardcover, € 34,90 (D); € 35,90 (A); SFr. 58,60
ISBN: 3-89879-046-0

Der renommierte Investmentberater Marc Faber schickt den Leser auf den Weg das „Gold von morgen" zu finden – den Markt der Zukunft. Anhand vieler Daten und Fakten zeigt dieses Buch, warum China bereits heute die zweitgrößte Ökonomie hinter den USA ist und warum es nur eine Frage der Zeit ist, bis China die Rolle des weltweit wichtigsten Exportziels übernehmen wird. Und das bedeutet, dass Asien die dominierende wirtschaftliche Kraft der Zukunft sein wird.

Doch was heißt das für den einzelnen Anleger?

Faber durchleuchtet die Märkte und zeigt auf, wann und wo man sich engagieren soll. Aber nicht um die Vorhersage wirtschaftlicher Desaster oder extremer Boomphasen geht es in diesem Buch. Vielmehr will der Autor die gigantischen Möglichkeiten einer Welt aufzeigen, die durch große politische, wirtschaftliche und soziale Veränderungen geprägt ist. Der Autor kombiniert seine Beobachtungen der aktuellen weltweiten Begebenheiten mit Investmenterfahrungen und Ausflügen in die Wirtschaftsgeschichte. Er analysiert langfristige Investmentanlagen und zeigt wahrscheinliche wirtschaftliche und finanzielle Trends auf.

Oliver Süß

Das Jahrhundert der Emerging Markets

Seiten 300, Hardcover, € 34,90 (D); € 35,90 (A);
SFr 60,40; ISBN: 3-89879-071-1

Wer sich als Anleger künftig nur mit den Börsen in Europa und den USA beschäftigt, der verpasst eine einmalige Chance: denn wir stehen am Anfang des Jahrhunderts der Emerging Markets! Diese aufstrebenden Märkte, zu denen zahlreiche Volkswirtschaften in Asien, Südamerika und Osteuropa zählen, steht im 21. Jahrhundert ein Wirtschaftsboom bevor, wie ihn die USA, Europa und später auch Japan im Laufe des 20. Jahrhunderts erlebt haben. Welche Chancen sich daraus für den Anleger ergeben, zeigt Oliver Süß in seinem neuen Buch.

Roland Leuschel und Klaus Vogt

Das Greenspan-Dossier

Seiten 380, Hardcover, € 34,90 (D); € 35,90 (A);
SFr 58,60; ISBN: 3-89879-101-7

Eine knallharte und schonungslose Abrechnung mit der Geldpolitik des »Herren der Blasen«, des berühmtesten Notenbankers aller Zeiten. Die »dunkle« Seite Greenspans, beleuchten Roland Leuschel und Claus Vogt in ihrem provozierenden Buch. Eine »Gelddruckmaschine riesigen Ausmaßes«, sei die Federal Reserve Bank unter Greenspans Führung geworden, so die Autoren. Greenspan erwarb sich den Ruf als »Magier der Märkte«: Wie von Zauberhand machte er aus Geldmengenwachstum Wohlstand. Doch ein Teufelskreis begann und aus dem Magier Greenspan wurde eine »Zauberlehrling«, dem die Situation mehr und mehr entglitt. Die kommenden zehn Jahre werden schwierig werden. Bereiten Sie sich darauf vor, und setzen Sie Ihren ganz persönlichen Vorsorgezug rechtzeitig auf das richtige Gleis. Die Autoren geben gezielte Hinweise, wie Sie Ihr Vermögen und Ihre Altersvorsorge vor dem Verfall schützen können.

Wenn Sie **Interesse** an **unseren Büchern** für z.B.

Ihre Kundenbindungsprojekte als Geschenk haben, fordern Sie unsere attraktiven Sonderkonditionen an.

?

Weitere Informationen erhalten Sie bei Stefan Schörner unter 089 / 651285-0

@

oder schreiben Sie uns per e-mail an: sschoerner@finanzbuchverlag.de